"十二五"职业教育国家规划教材
经全国职业教育教材审定委员会审定

旅游类专业系列教材

旅游法规教程

（第五版）

主　编　赵利民
副主编　朱　廉

科学出版社
北　京

内 容 简 介

本书较全面地介绍了与旅游业密切相关的法律、法规，包括宪法常识、旅行社管理法规、导游人员管理法规、旅游消费者权益保护法规、旅游合同法规、旅游饭店管理法规、旅游交通运输管理法规、食品安全管理法规、旅游者出入境管理法规、旅游资源管理法规、旅游安全法规、旅游保险法规、旅游纠纷解决法规。全书以最新的法律、法规为准，注重内容的准确性和权威性，突出实用性、技能性和可读性，在内容上注重贴合旅游工作者的实际需要。

本书可作为高职高专院校旅游服务与管理类专业和全国导游人员资格考试旅游政策与法规科目的教材，也可作为旅游从业人员的岗位培训教材，还可作为广大旅游者了解旅游法规的参考读物。

图书在版编目（CIP）数据

旅游法规教程/赵利民主编. —5版. —北京：科学出版社，2022.5

（"十二五"职业教育国家规划教材·旅游类专业系列教材）

ISBN 978-7-03-070209-8

Ⅰ.①旅… Ⅱ.①赵… Ⅲ.①旅游业-法规-中国-高等职业教育-教材 Ⅳ.①D922.296

中国版本图书馆CIP数据核字（2021）第214976号

责任编辑：纪晓芬 周春梅 / 责任校对：马英菊

责任印制：吕春珉 / 封面设计：东方人华平面设计部

科 学 出 版 社 出版

北京东黄城根北街16号

邮政编码：100717

http://www.sciencep.com

天津市新科印刷有限公司 印刷

科学出版社发行 各地新华书店经销

*

2007年6月第 一 版 2022年5月第 五 版

2010年4月第 二 版 2023年8月第十二次印刷

2013年1月第 三 版 开本：787×1092 1/16

2015年4月第 四 版 印张：16 1/2

字数：391 000

定价：49.50元

（如有印装质量问题，我社负责调换〈新科〉）

销售部电话 010-62136230 编辑部电话 010-62138978-2018（VF02）

第五版前言

“旅游法规”是高职高专院校旅游管理专业的主干课程之一。《旅游法规教程》自2007年6月出版以来，已再版3次，现在离最近一次再版已有7年。在这7年中，我国旅游法规发生了较大的变化：《中华人民共和国旅游法》《旅行社条例》《旅行社条例实施细则》《导游人员管理条例》《中国公民出国旅游管理办法》《中华人民共和国食品安全法》《中华人民共和国文物保护法》《风景名胜区条例》《中华人民共和国自然保护区条例》《历史文化名城名镇名村保护条例》《中华人民共和国民事诉讼法》《中华人民共和国仲裁法》等法律、法规都进行了修正或修订，《旅游安全管理办法》《导游管理办法》《中华人民共和国电子商务法》等法律、法规相继颁布施行。尤为重要的是，《中华人民共和国民法典》于2021年1月1日起施行，9部法律同时废止，其中包括与旅游密切相关的《中华人民共和国合同法》《中华人民共和国民法通则》《中华人民共和国民法总则》。

此次修订，作者将上述变化融入本书，并更新了过时的数据和内容，简化了一些冗长的叙述，重新整合了部分内容，增加了一些练习题，在保持本书原有优点的基础上，使内容更为新颖、准确、简洁、充实。本书主要有如下特点。

1）注重内容的准确性和权威性。法律、法规的具体规定是本书的基石。本书的每个章节都先找出与该部分内容相关的现行法律、法规，再根据法律、法规编排章节内容，使本书的准确性、权威性有了保障。本书删除了与现行法律、法规相冲突的内容和过时的内容。

2）融入最新的法律、法规。旅游法规在不断制定完善，旅游法规教材的内容也要不断更新。《旅游法规教程》第一版就很注重融入新颁布或修订的旅游法规内容，再版也是为了保证教材能始终跟上旅游法规的变化，使内容更加新颖、实用。

3）突出实用性、技能性和可读性。本书在文字叙述上尽量采用通俗易懂的语言，在内容上突出实用性和技能性。为方便教师教学和学生自学，本书设置了许多小栏目，将“补充阅读”“思考”“案例分析”“课堂讨论”等穿插在正文当中，使内容更丰富，生动性和可读性更强。另外，本书在每章之后设立了“小结”“重点概念”“练习题”等栏目，并提供相应的答案，方便学生巩固所学知识。

4）在内容的取舍上注重满足旅游工作者的实际需要。旅游法规内容繁多，现有同类教材在内容取舍上存在较大差异。本书从旅游工作者的实际需要出发，对导游资格考试的内容进行取舍。例如，在介绍旅游合同时，本书通过大量案例介绍了旅游合同的应用与操作；根据目前通过在线平台销售旅游产品日益增多的情况，增加了对《中华人民共和国电子商务法》的介绍；加大对旅行社管理法规、导游人员管理法规、消费者权益保护法规和食品安全法规的介绍力度，增加了贴近工作实际、贴近生活的案例；对旅游交通管理中关于客票和行李的内容进行了简化，增加了承运人权利义务的内容；增加了对餐饮管理和娱乐场所管理的介绍；改变过去只介绍旅游投诉的做法，对调解、仲裁、诉讼等旅游纠纷解决的方式一并进行介绍。

本书在章节编排上改变了过去较为零乱的情况，使各部分内容存在一定的逻辑联系。

本书由赵利民（深圳信息职业技术学院）担任主编，朱廉（江西旅游商贸职业学院）担任副主编。赵利民负责本书大纲的拟定和全书的统稿定稿。具体编写分工如下：赵利民编写绪论、第一～五章、第七章、第九～十三章；朱廉与赵利民共同编写第六章、第八章。

本书借鉴了法学界、旅游界专家的研究成果，在此一并向他们表示感谢。

受作者水平和时间的限制，本书难免有不足之处，敬请广大读者批评指正。

第一版前言

“旅游法规”课程是高职高专院校旅游管理专业的主干课之一。本书在总结现有旅游法规教材优缺点的基础上，结合旅游业发展的新变化，较全面地介绍了与旅游业密切相关的法律、法规知识。本书的主要特点如下。

1. 注重内容的准确性和权威性

法律、法规的具体规定是本书内容的基石。本书的每个章节都先找出与这一部分内容相关的有效的法律、法规，再根据法律、法规的规定编排章节的内容，使本书的准确性、权威性有了更好的保障。

2. 融入最新的相关法律、法规

旅游法规在不断修订完善，旅游法规教材的内容也要不断更新。我们将近两年来我国新颁布或修订的与旅游相关的法律、法规融入本书之中，使本书的内容更加新颖、丰富和实用。例如，《导游人员管理实施办法》（2005 年 6 月修订，2005 年 7 月 3 日起施行）、《星级饭店访查规范》（LB/T 006—2006，2006 年 3 月 7 日颁布实施）、《国内航空运输承运人赔偿责任限额规定》（2006 年 3 月 28 日起施行）、《大陆居民赴台湾地区旅游管理办法》（2006 年 4 月 16 日颁布实施）、《风景名胜区条例》（2006 年 12 月 1 日起施行）、《中华人民共和国护照法》（2007 年 1 月 1 日起施行）等法律、法规中的一些新规定在本书中都有体现。

3. 突出实用性、技能性和可读性

本书在文字叙述上尽量采用通俗易懂的语言，在内容上突出实用性和技能性。为方便教师教学和学生自学，本书设置了许多小栏目，将“案例”“小资料”“补充阅读”“小思考”“课堂讨论”等穿插在正文当中，既使本书的内容更为丰富，也增强了本书的生动性和可读性。本书还在每章之后设立了“小结”“重点概念”“练习题”等栏目，并提供相应的答案，方便读者对知识的掌握。

4. 在内容的取舍上注重满足旅游工作者的实际需要

旅游法规内容繁多，现有的教材在内容取舍上存在较大差异。本书从旅游工作者的实际需要出发，对各地导游资格考试的内容进行取舍，在许多方面实现了创新。例如，在介绍旅游合同时，本书通过大量案例以较大篇幅介绍了旅游合同的应用和操作；将出入境管理法规的内容分成相互联系的两部分（出入境管理和出入境旅游管理），使该章内容更有条理，也使学生更好掌握；改变过去只介绍旅游投诉的做法，将旅游纠纷及纠纷解决法规作为一章来介绍，这样更符合旅游从业者的实际需要。

本书在章节编排上改变了过去较为零乱的情况，使各部分内容存在一定的逻辑联系。本书可分成四部分：第一部分即第一章，介绍了宪法常识；第二部分包括第二至四章，分别介绍了旅行社管理法规、导游人员管理法规和旅游消费者权益保护法规，侧重于从旅游法律关系的主体角度来说明问题，阐述了旅行社监督管理、导游人员管理和旅游消费者权益保护方面的法律问题；第三部分包括第五至十二章，分别介绍了旅游合同法规、旅游市场管理法规（旅游饭店管理法规、旅游交通运输管理法规、食品卫生管理法规、旅游者出入境管理法规等）、旅游资源管理法规、旅游安全法规与旅游保险法规；第四部分即第十三章，介绍了旅游纠纷及纠纷解决法规。

本书由江西旅游商贸职业学院的赵利民担任主编，浙江商业职业技术学院的项园园、番禺职业技术学院的吕新强、南昌大学的胡华爱担任副主编。赵利民承担了本书大部分内容的编写工作，并负责本书大纲的拟定和全书的统稿定稿。具体的编写分工为：赵利民编写了绪论，第二章的第二节，第四、五、七、十至十三章，并与吕新强共同编写了第六、九章，与胡华爱共同编写了第一、八章；项园园编写了第二章的第一、三、四节和第三章。

本书在编写过程中，得到了科学出版社的支持和指导，并参考和借鉴了法学界、旅游界同行和专家的研究成果，在此一并表示感谢。

受作者水平和时间的限制，本书难免有不足之处，敬请广大读者批评指正。

目　录

绪　论

学习重点

- 旅游法规的含义
- 旅游法规的构成

作为一种古老的社会活动，旅游有着悠久的历史，但古代的旅游只局限于少数人和狭小的范围。随着生产力的发展和科学技术的进步，近代旅游开始出现。1841年，英国人托马斯·库克（Thomas Cook）用包租火车的方式将570多人组织起来，集体参加了一次往返全程仅24英里（1英里≈1.609千米）的禁酒大会，这标志着近代旅游活动和旅游业的产生。此后，旅游业在世界范围内蓬勃兴起，尤其是第二次世界大战以后，旅游业更是获得了长足的发展。如今，旅游业已成为当今世界经济中既具有综合性又相对独立的产业，同时也是发展势头最为强劲且持久不衰的产业，在世界经济中扮演着越来越重要的角色。

我国改革开放以后，旅游业获得了迅猛的发展。如今，旅游已日益成为人们日常生活中的重要组成部分，旅游业已成为我国国民经济的重要产业，我国已经从旅游资源大国发展成为世界旅游大国。

随着旅游业的迅猛发展，我国的旅游法规也逐步建立起来，并日趋完善。如今，旅游法规已成为我国高等院校和中职学校旅游类专业的一门重要课程，并逐渐成为法学界越来越重视的一门学科。

一、旅游法规的含义

旅游法规是调整旅游活动领域中各种社会关系的法律规范的总称，这一概念包括以下两个方面的含义。

1. 旅游法规调整的是旅游活动中形成的带有旅游或体现旅游活动特点的社会关系

这种特定的社会关系主要包括以下几个方面。

1）国家行政管理部门之间的关系，如旅游行政管理部门之间的关系，旅游行政管理部门与文物、市场监督管理、建设、外汇等行政管理部门之间的关系。

2）国家行政管理部门与旅游经营者之间的关系，如旅游、市场监督管理、税务、外汇、物价等行政管理部门与旅游经营者之间的关系。

3）国家行政管理部门与旅游者之间的关系，如旅游行政管理部门与旅游者之间的关系，市场监督管理、公安、海关、园林等行政管理部门与旅游者之间的关系。

4）旅游经营者相互之间、旅游经营者与相关部门之间的关系，如作为旅游经营者的旅行社、宾馆饭店、旅游景区、旅游车船公司等相互之间的关系，旅游经营者与民航、铁路、餐饮、购物等部门的关系。

5）旅游经营者与旅游者之间的关系，如旅游者在游览、住宿、乘坐交通工具、购物、参加娱乐活动等环节中与旅游经营者之间产生的权利与义务关系。

6）中国旅游经营者与外国旅游经营者在业务交往中所产生的关系。

2. 旅游法规是一系列法律规范的总称

旅游法规不是某一种特定的法律或法规，而是某一些特定法律规范的总称，有时也直接简称为“旅游法”。它既包括《中华人民共和国旅游法》（以下简称《旅游法》），也包括国务院及旅游行政管理部门颁布的单行旅游行政法规和部门规章，还包括散见于其他法律之中的与旅游有关的法律规定。

二、旅游法规的构成

随着旅游业的发展，我国的旅游法制建设也在不断地向前推进。目前，我国的旅游法规主要由以下几个部分构成。

1. 法律

长期以来，我国的旅游法规中没有一部是由全国人民代表大会常务委员会制定的法律。这一情况在 2013 年得到改变。2013 年 4 月 25 日，《旅游法》由第十二届全国人民代表大会常务委员会第二次会议通过并公布，自 2013 年 10 月 1 日起施行（2016 年 11 月第一次修正、2018 年 10 月第二次修正）。《旅游法》是我国旅游业的第一部法律，是我国旅游业发展史上的一个里程碑。这部法律对维护旅游市场秩序、保护和合理利用旅游资源、促进旅游业持续健康发展有着重要作用。

补充阅读

根据《中华人民共和国立法法》（2000 年 3 月 15 日通过， 2015 年 3 月 15 日修正）的相关规定，全国人民代表大会和全国人民代表大会常务委员会行使国家立法权。其中，全国人民代表大会制定和修改刑事、民事、国家机构的和其他的基本法律；全国人民代表大会常务委员会制定和修改除应当由全国人民代表大会制定的法律以外的其他法律。

国务院根据宪法和法律，制定行政法规。

省、自治区、直辖市的人民代表大会及其常务委员会根据本行政区域的具体情况和实际需要，在不同宪法、法律、行政法规相抵触的前提下，可以制定地方性法规。设区的市的人民代表大会及其常务委员会根据本市的具体情况和实际需要，在不同宪法、法律、行政法规和本省、自治区的地方性法规相抵触的前提下，可以对城乡建设与管理、环境保护、历史文化保护等方面的事项制定地方性法规，法律对设区的市制定地方性法规的事项另有规定的，从其规定。设区的市的地方性法规须报省、自治区的人民代表大会常务委员会批准后施行。

国务院各部、委员会、中国人民银行、审计署和具有行政管理职能的直属机构，可以根据法律和国务院的行政法规、决定、命令，在本部门的权限范围内，制定规章。省、自治区、直辖市和设区的市、自治州的人民政府，可以根据法律、行政法规和本省、自治区、直辖市的地方性法规，制定规章。

2. 国务院行政法规

（1）《旅行社条例》

1985 年 5 月 11 日，国务院颁布了《旅行社管理暂行条例》，这是我国旅游法制建设史上的第一个行政法规。1996 年 10 月 15 日，国务院发布了《旅行社管理条例》，并于 2001 年 12 月 11 日对其进行了修订，以适应我国旅游业对外开放的需要，更好地履行我国加入世界贸易组织的承诺。2009 年 2 月 20 日，国务院发布了《旅行社条例》，对原《旅行社管理条例》进行了全面修改，进一步降低了旅游市场准入门槛，减轻了旅行社的经营负担，同时加大了对旅行社违法经营行为的打击力度。《旅行社条例》自 2009 年 5 月 1 日起实施，并分别于 2016 年 2 月、2017 年 3 月、2020 年 11 月进行了修订。

（2）《导游人员管理条例》

经国务院批准，国家旅游局于 1987 年 12 月 1 日，发布了《导游人员管理暂行规定》。该规定为我国导游人员的管理提供了法律依据。1999 年 5 月 14 日，为规范导游活动，保障旅游者和导游人员的合法权益，促进旅游业的健康发展，国务院发布了《导游人员管理条例》，自 1999 年 10 月 1 日起施行，并于 2017 年 10 月 7 日进行了修订。该条例的实施，极大地促进了我国导游人员队伍的建设和发展。

（3）《中国公民出国旅游管理办法》

1997 年 7 月 1 日，国家旅游局、公安部经国务院批复，联合发布了《中国公民自费出国旅游管理暂行办法》，它标志着我国公民自费出国旅游的开始。随着我国公民出国旅游活动的迅速发展，2002 年 5 月 27 日，国务院公布了《中国公民出国旅游管理办法》（《中国公民自费出国旅游管理暂行办法》同时废止），自 2002 年 7 月 1 日起施行，并于 2017 年 3 月 1 日进行了修订。

3. 旅游部门规章

旅游部门规章是指由国家旅游行政管理部门制定的规范旅游服务和管理行为的规定和技术性规范，主要涉及旅行社管理、导游人员管理、旅游饭店管理、出入境旅游管理、旅游安全和保险管理、旅游投诉等方面的内容。旅游部门规章构成了我国现阶段旅游立法的重要内容，对促进我国旅游业的健康发展、规范旅游服务行为、提高旅游服务质量发挥了重要的作用。

目前的旅游部门规章主要有《旅行社条例实施细则》《旅行社责任保险管理办法》《导游管理办法》《导游人员等级考核评定管理办法（试行）》《旅游投诉处理办法》《旅游安全管理办法》《旅游行政处罚办法》《旅游统计管理办法》等。

4. 规范性文件

与旅游业相关的规范性文件包括《国家旅游局关于放宽旅行社设立服务网点政策有关事项的通知》（2015 年 9 月 22 日发布）、《国家旅游局关于打击旅游活动中欺骗、强制购物行为的意见》（2015 年 9 月 29 日发布）、《国家旅游局关于打击组织“不合理低价游”的意见》（2015 年 9 月 29 日发布）、《国家旅游局办公室关于换发电子导游证等相关事宜的通知》（2017 年 3 月 15 日发布）、《国家旅游局办公室关于领队管理工作有关事宜的通知》（2017 年 8 月 14 日发布）等。

5. 国家标准及行业标准

与旅游业相关的国家标准及行业标准有《旅游业基础术语》（GB/T 16766—2017）、《游览船服务质量要求》（GB/T 26365—2010）、《旅行社服务通则》（GB/T 31385—2015）、《旅游饭店星级的划分与评定》（GB/T 14308—2010）、《中国旅游饭店行业规范》（2002 年 5 月 1 日实施，2009 年 8 月修订）、《旅游区（点）质量等级的划分与评定》（GB/T 17775—2003）等。

6. 地方旅游法规

地方旅游法规是指由地方人民代表大会制定的综合性旅游法规。1995 年 6 月，海南省人大常委会通过了《海南省旅游管理条例》，这是我国第一部地方旅游法规。目前，我国的省级行政区大都制定了综合性旅游法规，我国地方旅游法规体系的构建已初步完成。

7. 其他相关法律、法规

旅游业是一项极具综合性的产业，涉及许多领域。在我国的法律、法规体系中，有许多法律、法规虽然不完全谈的是旅游业，但其内容与旅游业密切相关，它们也是我国旅游立法体系的重要组成部分。

这些法律、法规主要有《中华人民共和国民法典》（以下简称《民法典》）《中华人民共和国文物保护法》（以下简称《文物保护法》）、《中华人民共和国森林法》（以下简称《森林法》）、《中华人民共和国环境保护法》（以下简称《环境保护法》）、《中华人民共和国出境入境管理法》（以下简称《出境入境管理法》）、《中华人民共和国海关法》（以下简称《海关法》）、《中华人民共和国公司法》（以下简称《公司法》）、《中华人民共和国反不正当竞争法》（以下简称《反不正当竞争法》）、《中华人民共和国价格法》（以下简称《价格法》）、《中华人民共和国消费者权益保护法》（以下简称《消费者权益保护法》）、

《中华人民共和国食品安全法》(以下简称《食品安全法》)、《中华人民共和国保险法》(以下简称《保险法》)、《中华人民共和国公路法》(以下简称《公路法》)、《中华人民共和国铁路法》(以下简称《铁路法》)、《中华人民共和国民用航空法》(以下简称《民用航空法》)、《风景名胜区条例》、《中华人民共和国自然保护区条例》(以下简称《自然保护区条例》)、《中华人民共和国税收征收管理法》(以下简称《税收征收管理法》)、《中华人民共和国行政复议法》(以下简称《行政复议法》)、《中华人民共和国行政诉讼法》(以下简称《行政诉讼法》)等。

思　考

《旅游法》与旅游法规、旅游法有什么区别?

提示:《旅游法》是《中华人民共和国旅游法》的简称。旅游法规是调整旅游活动领域中各种社会关系的一系列法律规范的总称,包括《旅游法》,但不限于《旅游法》。旅游法有广义和狭义两种含义,广义的旅游法即旅游法规,狭义的旅游法即指《旅游法》。为避免读者混淆,本书不使用“旅游法”这一说法。

三、旅游法规的适用

旅游法规是由很多与旅游相关的法律、法规构成的,这些法律、法规的规定发生冲突时怎么办?对这一问题,《中华人民共和国立法法》(以下简称《立法法》)明确规定,在法律文件出现冲突时,主要从以下方面判定其效力。

1)宪法具有最高的法律效力,一切法律、行政法规、地方性法规、自治条例和单行条例、规章都不得同宪法相抵触。

2)法律的效力高于行政法规、地方性法规、规章。

3)行政法规的效力高于地方性法规、规章。

4)地方性法规的效力高于本级和下级地方政府规章。

5)部门规章之间、部门规章与地方政府规章之间具有同等效力,在各自的权限范围内施行。

6)同一机关制定的法律、行政法规、地方性法规、自治条例和单行条例、规章,特别规定与一般规定不一致的,适用特别规定;新的规定与旧的规定不一致的,适用新的规定。

7)法律之间对同一事项的新的一般规定与旧的特别规定不一致,不能确定如何适用时,由全国人民代表大会常务委员会裁决;行政法规之间对同一事项的新的一般规定与旧的特别规定不一致,不能确定如何适用时,由国务院裁决。

8)法律、行政法规、地方性法规、自治条例和单行条例、规章不溯及既往,但为了更好地保护公民、法人和其他组织的权利和利益而作的特别规定除外。

以《旅游法》的颁布为例。《旅游法》于2013年颁布,在此之前,已有很多旅游法规颁布施行，这些旅游法规的某些规定很可能会出现与《旅游法》规定不一致的地方。由于法律的效力高于行政法规、地方性法规、规章，显然，如果旅游法规与《旅游法》对同一事项的规定不一致，则应当适用《旅游法》的规定。

思 考

《导游人员管理条例》于 1999 年 10 月 1 日起施行，于 2017 年 10 月 7 日修订，在修订之前，其第四条规定，取得导游人员资格证书的，经与旅行社订立劳动合同或者在导游服务公司登记，方可持所订立的劳动合同或者登记证明材料，向省、自治区、直辖市人民政府旅游行政部门申请领取导游证。《旅游法》第三十七条规定，参加导游资格考试成绩合格，与旅行社订立劳动合同或者在相关旅游行业组织注册的人员，可以申请取得导游证。

这两处规定有何不同之处？在申请导游证时，应遵守哪一种规定？

提示： 显然，修订前的《导游人员管理条例》对取得导游人员资格证书的人员申请导游证的条件的规定与《旅游法》的规定不一样，由于法律的效力高于行政法规，在申请导游证时，应遵守《旅游法》的规定。事实上，2017 年，《导游人员管理条例》进行了修订，关于申请导游证的规定已与《旅游法》的规定一致。

四、本书的主要内容

旅游法规内容繁杂，本书选取其中与旅游业关系密切的法律、法规进行介绍，并按照以下几部分编排内容。

第一部分包括绪论和第一章，介绍旅游法规的相关知识及宪法常识。宪法是国家的根本大法，学习和掌握宪法知识对每个公民都有极为重要的意义。

第二部分包括第二章至第四章，分别介绍了旅行社管理法规、导游人员管理法规和旅游消费者权益保护法规。该部分侧重从旅游法律关系的主体的角度，阐述旅行社管理、导游人员管理和旅游消费者权益保护方面的法律问题。这部分内容有助于学生了解并掌握旅行社、导游人员、旅游者的权利和义务，为具体分析和解决涉及旅行社、导游人员和旅游者的法律问题提供一定的方法和途径。

第三部分包括第五章至第十二章，分别介绍了旅游合同法规、旅游市场管理法规（包括旅游饭店管理法规、旅游交通运输管理法规、食品安全管理法规、旅游者出入境管理法规等）、旅游资源管理法规、旅游安全法规与旅游保险法规。该部分侧重从联系旅游法律关系主体与客体的媒介或解决其关系的手段方面，阐述旅游活动中必不可少的旅游合同制度、旅游市场监管制度、旅游资源法律制度和旅游安全与保险法律制度等。

第四部分包括第十三章，介绍旅游纠纷解决法规。掌握旅游纠纷的解决途径，有助于人们有效地解决在旅游过程中发生的各种矛盾和纠纷。

作为旅游业颁布的第一部法律，《旅游法》的内容是本书的重点。但由于《旅游法》

综合性强，为避免与其他各章内容重复，本书不设专章介绍《旅游法》，而是把《旅游法》相关内容融入各章节。

思　考

一家旅行社在创立和经营过程中，可能涉及哪些法律、法规？

提示：旅行社的创立应符合《公司法》《旅游法》《旅行社条例》《旅行社条例实施细则》规定的条件，按照《旅行社条例》的规定缴纳一定数额的质量保证金，领取旅行社业务经营许可证；在市场监督管理部门办理注册登记并领取营业执照后，按《税收征收管理法》的规定办理税务登记；旅行社在开展业务活动时，要按照《价格法》的规定合理确定产品的价格，按《反不正当竞争法》的规定公平竞争，按《民法典》的规定与相关部门和旅游者签订合同，按《保险法》和《旅行社责任保险管理办法》投保旅行社责任险。旅行社聘用的导游人员应符合《导游人员管理条例》的规定。导游人员带领旅游者游览观光时，要遵守《旅游法》《文物保护法》《森林法》《环境保护法》《风景名胜区条例》《自然保护区条例》等的规定。导游人员在带领旅游者就餐时，要依照《食品安全法》的规定保证旅游者的就餐安全。在面临旅游者的投诉时，旅行社可按照《旅游投诉处理办法》《消费者权益保护法》《民法典》等相关规定分清责任，妥善处理。旅行社若对旅游行政管理部门作出的处罚决定不服，可依据《行政复议法》《行政诉讼法》等申请行政复议或诉至法院。

第一章 宪法常识

学习重点

- 宪法的概念和特征
- 我国的基本制度
- 公民的基本权利和义务

第一节 宪法概述

宪法是国家的根本大法，是治国安邦的总章程，是保持国家统一、民族团结、经济发展、社会进步的法律基础。学习和了解宪法对我们的工作和学习有非常重要的意义。

一、宪法的概念与特征

宪法是国家的根本大法，它规定了一个国家的社会制度和国家制度的基本原则，是民主制度的法律化，是国家机关和公民活动应该遵循的基本准则，是治国安邦的总章程，具有最高的法律效力。

宪法是“法”，具有普通法的一般特征；宪法是国家的根本大法，又有别于普通法。宪法最主要的特征体现在以下 3 个方面。

1. 在内容上，宪法规定了一个国家有关社会制度和国家制度的最根本、最重大的问题

宪法在内容上规定了一些最根本、最重大的问题，如国家性质、国家结构形式、政权组织形式、国家经济制度、国家机关的组织与活动基本原则、公民的基本权利和义务等。普通法律只规定国家生活和社会生活中某一方面的具体问题，如《中华人民共和国刑法》（以下简称《刑法》）规定定罪量刑方面的内容，《行政诉讼法》规定诉讼程序方面的内容。

2. 在法律效力上，宪法具有最高的法律效力

宪法的最高法律效力体现在以下两个方面：①宪法在国家整个法律体系中处于最高

地位，一切法律、行政法规和地方性法规都不得同宪法相抵触；②宪法是一切组织和个人的最高行为准则，是人们进行各项活动的依据和基础。一切国家机关和武装力量、各政党和各社会团体、各企业事业组织都必须遵守宪法和法律。一切违反宪法和法律的行为，必须予以追究。任何组织或者个人都不得有超越宪法和法律的特权。

3. 在制定和修改的程序上，宪法较普通法律更为严格

在我国，法律和其他议案由全国人民代表大会以全体代表的过半数通过，而宪法的修改，由全国人民代表大会常务委员会或者 1/5 以上的全国人民代表大会代表提议，并由全国人民代表大会以全体代表的 2/3 以上的多数通过。

二、我国宪法的历史

从中华人民共和国成立至今，已先后颁布过一个宪法性文件和 4 部宪法，即新中国成立初期起临时宪法作用的《中国人民政治协商会议共同纲领》、1954 年宪法、1975 年宪法、1978 年宪法和 1982 年宪法。1954 年制定的第一部宪法是一部比较完善的宪法，1975 年和 1978 年的两部宪法限于当时的历史条件都很不完善。1982 年 12 月 4 日公布施行的现行宪法是新中国成立以来最完善的一部宪法。这部宪法实施以后，全国人民代表大会分别于 1988 年、1993 年、1999 年、2004 年和 2018 年 5 次通过《中华人民共和国宪法修正案》，对有关内容进行修正。

现行的《中华人民共和国宪法》（以下简称《宪法》）由序言、总纲、公民的基本权利和义务、国家机构，以及国旗、国歌、国徽、首都等部分构成，共计 143 条。

第二节　我国的基本制度

一、我国的基本政治制度

1. 人民民主专政制度

《宪法》第一条规定：“中华人民共和国是工人阶级领导的、以工农联盟为基础的人民民主专政的社会主义国家。

社会主义制度是中华人民共和国的根本制度。中国共产党领导是中国特色社会主义最本质的特征。禁止任何组织或者个人破坏社会主义制度。”

这一规定明确了我国的国体。国体就是国家的阶级性质，即社会各阶层在国家中所处的地位。人民民主专政是我国的国体。

人民民主专政是对人民的民主和对敌人的专政两个方面的有机结合。工人阶级的领导是人民民主专政的根本标志。工农联盟是人民民主专政的阶级基础。爱国统一战线是我国人民民主专政的一个重要特点。新时期爱国统一战线是由中国共产党领导的，有各

民主党派和各人民团体参加的，包括全体社会主义劳动者、社会主义事业的建设者、拥护社会主义的爱国者、拥护祖国统一和致力于中华民族伟大复兴的爱国者的广泛的爱国统一战线。中国人民政治协商会议是有广泛代表性的统一战线组织，在国家政治生活、社会生活和对外友好活动中，在进行社会主义现代化建设、维护国家的统一和团结的斗争中，发挥着重要作用。中国共产党领导的多党合作和政治协商制度将长期存在和发展。

2. 人民代表大会制度

人民代表大会制度是我国人民民主专政的政权组织形式，是我国的政体。

人民代表大会制度的基本内容包括以下几个方面。

1）国家的一切权力属于人民。我国人民行使国家权力的机关是全国人民代表大会和地方各级人民代表大会。人民依照法律规定，通过各种途径和形式，管理国家事务，管理经济和文化事业，管理社会事务。

2）全国人民代表大会和地方各级人民代表大会都由民主选举产生，对人民负责，受人民监督。

3）国家行政机关、监察机关、审判机关、检察机关都由人民代表大会产生，对它负责，受它监督。

3. 选举制度

依照《宪法》和《中华人民共和国全国人民代表大会和地方各级人民代表大会选举法》(2015 年 8 月第六次修正，2020 年 10 月第七次修正，以下简称《选举法》）的规定，我国选举制度的基本原则如下。

1）选举权的普遍性原则。在我国，除依照法律被剥夺政治权利的人以外，凡年满十八周岁的公民，不分民族、种族、性别、职业、家庭出身、宗教信仰、教育程度、财产状况、居住期限，都有选举权和被选举权。

2）选举权的平等性原则。在我国，每一选民在一次选举中只有一个投票权。城乡按相同人口比例选举代表，各行政区域不论人口多少，都有相同的基本名额数。人口再少的民族，也都有相应的代表。

3）直接选举和间接选举并用的原则。《选举法》第三条规定，全国人民代表大会的代表，省、自治区、直辖市、设区的市、自治州的人民代表大会的代表，由下一级人民代表大会选举。不设区的市、市辖区、县、自治县、乡、民族乡、镇的人民代表大会的代表，由选民直接选举。

4）无记名投票原则。全国人民代表大会和地方各级人民代表大会代表的选举，一律采用无记名投票的方法。

补充阅读

无记名投票属于秘密投票，选民不署自己的姓名，亲自书写选票并投入密封票箱。这种投票方式有利于选民真实地表达自己的意愿。选民不在选票上署名、投票时不用显露选举意向、秘密书写选票是无记名投票的必备条件，因此，通过起立、举手、鼓掌等方式进行的投票不是无记名投票。

4. 民族区域自治制度

民族区域自治制度是在国家统一领导下，各少数民族聚居的地方实行区域自治，设立自治机关，行使自治权的制度。实行民族区域自治制度，体现了国家充分尊重和保障各少数民族管理本民族内部事务权利的精神，体现了国家坚持实行各民族平等、团结和共同繁荣的原则。

民族自治地方的自治机关是自治区、自治州、自治县的人民代表大会和人民政府。

民族区域自治制度有下列特点。

1）各民族自治地方都是中华人民共和国不可分离的部分。

2）民族区域自治是民族自治和区域自治的结合。

3）根据宪法和法律的规定，民族自治地方行使广泛的自治权。

5. 特别行政区制度

特别行政区是指依据宪法和法律的规定，在我国领土范围内设立的，具有特殊法律地位，实行特别的政治、经济和社会制度的行政区域。《宪法》第三十一条规定：“国家在必要时得设立特别行政区。在特别行政区内实行的制度按照具体情况由全国人民代表大会以法律规定。”特别行政区的特点如下。

1）特别行政区作为国家一个不可分割的地方行政区域，直辖于中央人民政府。

2）特别行政区享有高度自治权。

3）在特别行政区内实行的制度按照具体情况由全国人民代表大会以法律规定。

二、我国的基本经济制度

《宪法》第六条第二款规定：“国家在社会主义初级阶段，坚持公有制为主体、多种所有制经济共同发展的基本经济制度，坚持按劳分配为主体、多种分配方式并存的分配制度。”

1. 社会主义公有制是我国经济制度的基础

我国经济制度的基础是生产资料的社会主义公有制，即全民所有制和劳动群众集体所有制。

（1）全民所有制经济

全民所有制经济是由社会主义国家代表全体人民占有生产资料的一种所有制形式。《宪法》第七条规定："国有经济，即社会主义全民所有制经济，是国民经济中的主导力量。国家保障国有经济的巩固和发展。"第九条第一款规定："矿藏、水流、森林、山岭、草原、荒地、滩涂等自然资源，都属于国家所有，即全民所有；由法律规定属于集体所有的森林和山岭、草原、荒地、滩涂除外。"第十条第一款规定："城市的土地属于国家所有。"

（2）劳动群众集体所有制经济

劳动群众集体所有制经济是由集体经济组织内的劳动者共同占有生产资料的一种经济形式。《宪法》第十条第二款规定："农村和城市郊区的土地，除由法律规定属于国家所有的以外，属于集体所有；宅基地和自留地、自留山，也属于集体所有。"农村中的生产、供销、信用、消费等各种形式的合作经济，城镇中的手工业、工业、建筑业、运输业、商业、服务业等行业的各种形式的合作经济，都是社会主义劳动群众集体所有制经济。国家保护城乡集体经济组织的合法权利和利益，鼓励、指导和帮助集体经济的发展。

2. 非公有制经济是社会主义市场经济的重要组成部分

非公有制经济包括个体经济、私营经济和"三资企业"（中外合资经营企业、中外合作经营企业和外商独资经营企业）。在法律规定范围内的个体经济、私营经济等非公有制经济，是社会主义市场经济的重要组成部分。国家保护个体经济、私营经济等非公有制经济的合法的权利和利益。国家鼓励、支持和引导非公有制经济的发展，并对非公有制经济依法实行监督和管理。

3. 以按劳分配为主体的分配制度

我国在社会主义初级阶段，坚持按劳分配为主体、多种分配方式并存的分配制度。这一分配制度有利于国家在提倡共同富裕的目标下，允许一部分人通过诚实劳动和合法经营先富起来，也有利于在防止贫富悬殊的前提下，既使劳动者的劳动收入存在合理的差距，又能坚持社会主义共同富裕的方向。

4. 国家对财产权的保护

《宪法》第十二条规定，社会主义的公共财产神圣不可侵犯。国家保护社会主义的公共财产。禁止任何组织或者个人用任何手段侵占或者破坏国家的和集体的财产。第十三条规定，公民的合法的私有财产不受侵犯。国家依照法律规定保护公民的私有财产权和继承权。国家为了公共利益的需要，可以依照法律规定对公民的私有财产实行征收或者征用并给予补偿。

第三节 我国公民的基本权利与义务

公民是指具有一个国家的国籍，并根据该国宪法和法律的规定享受权利和承担义务的自然人。《宪法》规定，凡具有中华人民共和国国籍的人都是中华人民共和国公民。

一、我国公民的基本权利

公民权利是指法律对公民在国家和社会生活中能够作出或不作出一定行为，以及要求他人作出或不作出一定行为的许可和保障。公民的基本权利是指公民应当享有的最主要的权利。根据《宪法》规定，我国公民享有以下权利。

1. 平等权

《宪法》第三十三条规定，中华人民共和国公民在法律面前一律平等。国家尊重和保障人权。任何公民享有宪法和法律规定的权利，同时必须履行宪法和法律规定的义务。这表明，我国公民享有平等权。公民的法律地位平等，任何公民都不得有超越宪法和法律的特权，国家机关在适用法律上对任何公民一律平等，对任何公民的违法行为都平等地依法予以追究和制裁。

2. 政治权利和自由

政治权利和自由是指公民有权参与国家政治生活，在政治上享有表达个人见解和意愿的自由。

（1）选举权和被选举权

选举权是指公民参加选举国家代表、机关代表和国家机关公职人员的权利，具体包括选择权、罢免权、监督权，是人民参加国家管理的最重要的权利。《宪法》规定，除依照法律被剥夺政治权利的人以外，凡年满十八周岁的公民，不分民族、种族、性别、职业、家庭出身、宗教信仰、教育程度、财产状况、居住期限，都有选举权和被选举权。

（2）政治自由

《宪法》第三十五条规定，中华人民共和国公民有言论、出版、集会、结社、游行、示威的自由。这是公民表达个人见解和意愿，参与正常社会活动和国家管理的一项基本权利。但公民必须依法行使这些自由，并不得损害国家、社会、集体的利益和其他公民的合法的自由和权利。

3. 宗教信仰自由

中华人民共和国公民有宗教信仰自由，包括：有信仰宗教的自由，也有不信仰宗教的自由；有信仰这种宗教的自由，也有信仰那种宗教的自由；在同一宗教里，有自由选择教派的自由；有过去不信教而现在信教的自由，也有过去信教而现在不信教的自由。任何国家机关、社会团体和个人不得强制公民信仰宗教或者不信仰宗教，不得歧视信仰宗教的公民和不信仰宗教的公民。同时，国家保护正常的宗教活动，任何人不得利用宗教进行破坏社会秩序、损害公民身体健康、妨碍国家教育制度的活动。宗教团体和宗教事务不受外国势力的支配。

4. 人身自由

人身自由是公民最重要的基本权利之一，是公民参加社会活动、实现其他权利的基础。具体内容如下。

1）公民的人身自由不受侵犯。任何公民，非经人民检察院批准或者决定或者人民法院决定，并由公安机关执行，不受逮捕。禁止非法拘禁和以其他方法非法剥夺或者限制公民的人身自由，禁止非法搜查公民的身体。

2）公民的人格尊严不受侵犯。人格尊严是指与人身有密切联系的荣誉、名誉、姓名、肖像等不容侵犯的权利。《宪法》规定，禁止用任何方法对公民进行侮辱、诽谤和诬告陷害。

3）公民的住宅不受侵犯。住宅是公民生活、学习的处所，其安全能否得到保障，直接关系到公民其他权利的实现。为保障公民的住宅不受侵犯，《宪法》规定，禁止非法搜查或者非法侵入公民的住宅。

4）公民的通信自由和通信秘密受法律的保护。《宪法》第四十条规定，除因国家安全或者追查刑事犯罪的需要，由公安机关或者检察机关依照法律规定的程序对通信进行检查外，任何组织或者个人不得以任何理由侵犯公民的通信自由和通信秘密。

补充阅读

通信自由是指公民根据自己的意愿进行通信并且不受非法限制的自由。通信秘密是指公民的通信（含邮件、信件、电话、短信、电报等）受到保护，他人不得拆阅、窃听、隐匿或毁弃。

5. 监督权和取得赔偿权

监督权和取得赔偿权具体包括以下几个方面。

1）批评、建议权。公民对于任何国家机关和国家工作人员，有提出批评和建议的权利。

2）申诉、控告或者检举的权利。公民对于任何国家机关和国家工作人员的违法失职行为，有向有关国家机关提出申诉、控告或者检举的权利，但是不得捏造或者歪曲事实进行诬告陷害。对于公民的申诉、控告或者检举，有关国家机关必须查清事实，负责处理。任何人不得压制和打击报复。

3）取得赔偿权。由于国家机关和国家工作人员侵犯公民权利而受到损失的人，有依照法律规定取得赔偿的权利。

6. 社会经济权利

社会经济权利是指公民享有的经济生活和物质利益方面的权利，它是公民实现其他权利的物质基础。具体内容如下。

1）财产权，指公民个人通过劳动或其他合法方式取得财产后享有的占有、使用、收益、处分财产的权利，包括合法收入、储蓄、房屋及其他合法财产的所有权。继承权是财产权的延伸。《宪法》第十三条第二款规定："国家依照法律规定保护公民的私有财产权和继承权。"

2）劳动权，指有劳动能力的公民有获得工作并取得相应报酬的权利。《宪法》第四十二条第一款规定："中华人民共和国公民有劳动的权利和义务。"劳动是一切有劳动能力的公民的光荣职责。国有企业和城乡集体经济组织的劳动者都应当以国家主人翁的态度对待自己的劳动。国家通过各种途径，创造劳动就业条件，加强劳动保护，改善劳动条件，组织劳动就业训练，并在发展生产的基础上，提高劳动报酬和福利待遇。国家提倡社会主义劳动竞赛，奖励劳动模范和先进工作者。国家提倡公民从事义务劳动。

3）休息权，指劳动者为保护身体健康和提高劳动效率而休息、休养的权利。国家发展劳动者休息和休养的设施，规定职工的工作时间和休假制度。

4）退休人员的生活保障权，指国家依照法律规定实行企业事业组织的职工和国家机关工作人员的退休制度。退休人员的生活受到国家和社会的保障。

5）物质帮助权，指公民在年老、疾病或者丧失劳动能力的情况下，有从国家和社会获得物质帮助的权利。国家发展为公民享受这些权利所需要的社会保险、社会救济和医疗卫生事业。国家和社会保障残废军人的生活，抚恤烈士家属，优待军人家属。国家和社会帮助安排盲、聋、哑和其他有残疾的公民的劳动、生活和教育。

补充阅读

我国法律、法规关于公民假日及工作时间的主要规定

1.《全国年节及纪念日放假办法》（1949 年 12 月 23 日发布，2013 年 12 月 11 日第三次修订）节选

第二条 全体公民放假的节日：

（一）新年，放假 1 天（1 月 1 日）；

（二）春节，放假 3 天（农历正月初一、初二、初三）；

（三）清明节，放假 1 天（农历清明当日）；

（四）劳动节，放假 1 天（5 月 1 日）；

（五）端午节，放假 1 天（农历端午当日）；

（六）中秋节，放假 1 天（农历中秋当日）；

（七）国庆节，放假3天（10月1日、2日、3日）。

第三条　部分公民放假的节日及纪念日：

（一）妇女节（3月8日），妇女放假半天；

（二）青年节（5月4日），14周岁以上的青年放假半天；

（三）儿童节（6月1日），不满14周岁的少年儿童放假1天；

（四）中国人民解放军建军纪念日（8月1日），现役军人放假半天。

第六条　全体公民放假的假日，如果适逢星期六、星期日，应当在工作日补假。部分公民放假的假日，如果适逢星期六、星期日，则不补假。

2.《职工带薪年休假条例》（2008年1月1日起施行）节选

第二条　机关、团体、企业、事业单位、民办非企业单位、有雇工的个体工商户等单位的职工连续工作1年以上的，享受带薪年休假（以下简称年休假）。单位应当保证职工享受年休假。职工在年休假期间享受与正常工作期间相同的工资收入。

第三条　职工累计工作已满1年不满10年的，年休假5天；已满10年不满20年的，年休假10天；已满20年的，年休假15天。

国家法定休假日、休息日不计入年休假的假期。

第四条　职工有下列情形之一的，不享受当年的年休假：

（一）职工依法享受寒暑假，其休假天数多于年休假天数的；

（二）职工请事假累计20天以上且单位按照规定不扣工资的；

（三）累计工作满1年不满10年的职工，请病假累计2个月以上的；

（四）累计工作满10年不满20年的职工，请病假累计3个月以上的；

（五）累计工作满20年以上的职工，请病假累计4个月以上的。

第五条　单位根据生产、工作的具体情况，并考虑职工本人意愿，统筹安排职工年休假。

年休假在1个年度内可以集中安排，也可以分段安排，一般不跨年度安排。单位因生产、工作特点确有必要跨年度安排职工年休假的，可以跨1个年度安排。

单位确因工作需要不能安排职工休年休假的，经职工本人同意，可以不安排职工休年休假。对职工应休未休的年休假天数，单位应当按照该职工日工资收入的300%支付年休假工资报酬。

3.《中华人民共和国劳动法》（1995年1月1日起施行，2018年12月29日第二次修正）节选

第三十六条　国家实行劳动者每日工作时间不超过八小时、平均每周工作时间不超过四十四小时的工时制度。

第三十八条　用人单位应当保证劳动者每周至少休息一日。

第三十九条　企业因生产特点不能实行本法第三十六条、第三十八条规定的，

经劳动行政部门批准，可以实行其他工作和休息办法。

第四十一条　用人单位由于生产经营需要，经与工会和劳动者协商后可以延长工作时间，一般每日不得超过一小时；因特殊原因需要延长工作时间的，在保障劳动者身体健康的条件下延长工作时间每日不得超过三小时，但是每月不得超过三十六小时。

第四十二条　有下列情形之一的，延长工作时间不受本法第四十一条规定的限制：

（一）发生自然灾害、事故或者因其他原因，威胁劳动者生命健康和财产安全，需要紧急处理的；

（二）生产设备、交通运输线路、公共设施发生故障，影响生产和公众利益，必须及时抢修的；

（三）法律、行政法规规定的其他情形。

第四十四条　有下列情形之一的，用人单位应当按照下列标准支付高于劳动者正常工作时间工资的工资报酬：

（一）安排劳动者延长工作时间的，支付不低于工资的百分之一百五十的工资报酬；

（二）休息日安排劳动者工作又不能安排补休的，支付不低于工资的百分之二百的工资报酬；

（三）法定休假日安排劳动者工作的，支付不低于工资的百分之三百的工资报酬。

7. 文化教育的权利与自由

文化教育的权利与自由包括两个方面的内容。

1）公民有受教育的权利和义务。国家培养青年、少年、儿童在品德、智力、体质等方面的全面发展。

2）公民有进行科学研究、文学艺术创作和其他文化活动的自由。国家对于从事教育、科学、技术、文学、艺术和其他文化事业的公民的有益于人民的创造性工作，给以鼓励和帮助。

8. 特定主体的权利保护

特定主体的权利是指法律规定应受到特别保护的群体所享有的权利，具体如下。

1）妇女权利的保障。妇女在政治、经济、文化、社会和家庭生活等各方面享有同男子平等的权利。国家保护妇女的权利和利益，实行男女同工同酬，培养和选拔妇女干部。

2）婚姻、家庭、母亲和儿童受国家的保护。禁止破坏婚姻自由，禁止虐待老人、妇女和儿童。

3）保护华侨的正当的权利和利益，保护归侨和侨眷的合法的权利和利益。

思　考

下列行为是否侵犯了公民的基本权利？侵犯了哪些基本权利？

1）班主任为杜绝学生早恋，拆看一位初三学生的信件，以了解其交友情况。

2）一家长认为女孩子读那么多书没什么用，让正在读初二的女儿退学去打工。

3）书店怀疑一读者有窃书行为，对这名读者进行搜身。

提示：1）、3）都侵犯了公民的人身自由权；2）侵犯了公民的受教育权。

二、我国公民的基本义务

公民的基本义务是国家和社会对公民最重要、最基本的要求。我国公民的基本义务主要有以下几个方面。

1. 维护国家统一和全国各民族团结

公民有维护国家统一和全国各民族团结的义务。为保证各民族之间的平等与团结，必须坚持民族区域自治制度，禁止对任何民族的歧视和压迫，禁止破坏民族团结和制造民族分裂的行为。

2. 遵守宪法和法律，保守国家秘密，爱护公共财产，遵守劳动纪律，遵守公共秩序，尊重社会公德

宪法和法律是全国各族人民意志和利益的集中体现，遵守宪法和法律不仅是公民应尽的义务，也是建设社会主义法治国家的基础，任何公民都必须自觉遵守宪法和法律，维护宪法和法律的权威，一切违反宪法和法律的行为必须予以追究。国家秘密关系到国家的安全和利益，因而保守国家秘密是关系国家安危的大事。公共财产是巩固国家政权、使国家日益繁荣富强的物质基础，每个公民都应爱惜和维护国家和集体的财产。劳动纪律是进行有秩序的生产和工作、提高劳动生产率的重要保证，每个公民都应自觉遵守。公共秩序和社会公德都是保证人民正常工作和生活、保证社会正常运行的重要条件，因此，遵守公共秩序和尊重社会公德也是公民的基本义务。

3. 维护祖国的安全、荣誉和利益

国家的安全、荣誉和利益关系到国家的生存和发展，关系到祖国的尊严。维护祖国的安全、荣誉和利益是爱国主义的具体体现，也是全国人民的共同意志和愿望。因此，每个公民都应维护祖国的安全、荣誉和利益，不得有危害祖国的安全、荣誉和利益的行为。

4. 保卫祖国、依法服兵役和参加民兵组织

国家的主权独立、领土完整不仅关系到祖国的前途和命运，也关系到人民的安定和幸福。因此，保卫祖国、抵抗侵略是每个公民的神圣职责，依法服兵役和参加民兵组织是每个公民的光荣义务。

5. 依法纳税

税收是国家筹措资金的重要方式和财政收入的重要来源，对保障国家经济建设资金的需要、改善和提高人民生活水平都有重要意义。每个公民都应自觉遵守和执行各种税收法律、法规，履行依法纳税的义务。

6. 其他基本义务

公民的其他基本义务包括劳动的义务、受教育的义务、抚养教育未成年子女的义务、赡养扶助父母的义务等。

第四节 我国的国家机构

一、全国人民代表大会

中华人民共和国全国人民代表大会是最高国家权力机关。它的常设机关是全国人民代表大会常务委员会。

全国人民代表大会和全国人民代表大会常务委员会行使国家立法权。

全国人民代表大会每届任期五年。

全国人民代表大会会议每年举行一次，由全国人民代表大会常务委员会召集。如果全国人民代表大会常务委员会认为必要，或者有五分之一以上的全国人民代表大会代表提议，可以临时召集全国人民代表大会会议。

二、中华人民共和国主席

中华人民共和国主席、副主席由全国人民代表大会选举。有选举权和被选举权的年满四十五周岁的中华人民共和国公民可以被选为中华人民共和国主席、副主席。中华人民共和国主席、副主席每届任期同全国人民代表大会每届任期相同。

三、中华人民共和国国务院

中华人民共和国国务院，即中央人民政府，是最高国家权力机关的执行机关，是最高国家行政机关。国务院实行总理负责制。各部、各委员会实行部长、主任负责制。国务院每届任期同全国人民代表大会每届任期相同。国务院总理、副总理、国务委员连续

任职不得超过两届。

国务院对全国人民代表大会负责并报告工作；在全国人民代表大会闭会期间，对全国人民代表大会常务委员会负责并报告工作。

四、中华人民共和国中央军事委员会

中华人民共和国中央军事委员会领导全国武装力量。中央军事委员会实行主席负责制。中央军事委员会主席对全国人民代表大会和全国人民代表大会常务委员会负责。中央军事委员会每届任期同全国人民代表大会每届任期相同。

五、地方各级人民代表大会和地方各级人民政府

地方各级人民代表大会是地方国家权力机关，每届任期五年。

地方各级人民政府是地方各级国家权力机关的执行机关，是地方各级国家行政机关。地方各级人民政府实行省长、市长、县长、区长、乡长、镇长负责制。地方各级人民政府每届任期同本级人民代表大会每届任期相同。

地方各级人民政府对本级人民代表大会负责并报告工作，同时也对上一级国家行政机关负责并报告工作。全国地方各级人民政府都是国务院统一领导下的国家行政机关，都服从国务院。

六、民族自治地方的自治机关

民族自治地方的自治机关是自治区、自治州、自治县的人民代表大会和人民政府。

自治区、自治州、自治县的人民代表大会常务委员会中应当有实行区域自治的民族的公民担任主任或者副主任。自治区主席、自治州州长、自治县县长由实行区域自治的民族的公民担任。

自治区、自治州、自治县的自治机关行使宪法第三章第五节规定的地方国家机关的职权，同时依照宪法、民族区域自治法和其他法律规定的权限行使自治权，根据本地方实际情况贯彻执行国家的法律、政策。

七、监察委员会、人民法院和人民检察院

1. 监察委员会

中华人民共和国各级监察委员会是国家的监察机关，依照法律规定独立行使监察权，不受行政机关、社会团体和个人的干涉。中华人民共和国国家监察委员会是最高监察机关。国家监察委员会领导地方各级监察委员会的工作，上级监察委员会领导下级监察委员会的工作。

监察委员会由下列人员组成：主任，副主任若干人，委员若干人。监察委员会主任每届任期同本级人民代表大会每届任期相同。国家监察委员会主任连续任职不得超过两届。

2. 人民法院

中华人民共和国人民法院是国家的审判机关。我国设立最高人民法院、地方各级人民法院和军事法院等专门人民法院。最高人民法院是最高审判机关，对全国人民代表大会和全国人民代表大会常务委员会负责。地方各级人民法院对产生它的国家权力机关负责。人民法院依照法律规定独立行使审判权，不受行政机关、社会团体和个人的干涉。最高人民法院监督地方各级人民法院和专门人民法院的审判工作，上级人民法院监督下级人民法院的审判工作。

3. 人民检察院

中华人民共和国人民检察院是国家的法律监督机关。我国设立最高人民检察院、地方各级人民检察院和军事检察院等专门人民检察院。最高人民检察院是最高检察机关，对全国人民代表大会和全国人民代表大会常务委员会负责。地方各级人民检察院对产生它的国家权力机关和上级人民检察院负责。人民检察院依照法律规定独立行使检察权，不受行政机关、社会团体和个人的干涉。最高人民检察院领导地方各级人民检察院和专门人民检察院的工作，上级人民检察院领导下级人民检察院的工作。

小　结

本章介绍了宪法的一些基本知识，主要包括宪法的概念和特征、我国宪法的历史发展、我国的基本政治制度、我国的基本经济制度、我国公民的基本权利和义务，以及我国的国家机构。

重点概念

宪法　民族区域自治制度　特别行政区　公民　公民权利　社会经济权利

练习题

一、选择题（有一个或多个正确答案）

1. 新中国成立以来，我国已先后颁布过（　　）部宪法。

A. 3　　B. 4　　C. 5　　D. 6

2. 宪法的修改，须由全国人民代表大会常务委员会或者1/5以上的全国人民代表大会代表提议，并由全国人民代表大会以全体代表的（　　）以上通过。

A. 1/3　　B. 1/2　　C. 2/3　　D. 4/5

3. 下列权利中，（　　）既是公民的权利也是公民的义务。

A. 休息权　　B. 劳动权　　C. 受教育权　　D. 物质帮助权

4.（　　）是直接选举。

A. 全国人民代表大会代表　　B. 省人民代表大会代表

C. 县人民代表大会代表　　D. 镇人民代表大会代表

5. 全国人民代表大会每届任期（　　）年。

A. 6　　B. 5　　C. 4　　D. 3

6. （　　）是最高监察机关。

A. 全国人民代表大会常务委员会　　B. 最高人民法院

C. 最高人民检察院　　D. 国家监察委员会

二、是非题

1. 凡年满18周岁的公民都有选举权和被选举权。（　　）

2. 矿藏、水流、森林、山岭、草原、荒地、滩涂等自然资源，都属于国家所有，即全民所有。（　　）

3. 全国人民代表大会是最高国家权力机关，国务院是最高国家权力机关的执行机关，是最高国家行政机关。（　　）

三、简答题

1. 宪法有哪些主要特征？
2. 人民代表大会制度的基本内容是什么？
3. 我国选举制度的基本原则有哪些？
4. 我国公民的基本权利有哪些？
5. 公民的人身自由包含哪些内容？
6. 公民的社会经济权利包含哪些内容？
7. 公民的基本义务有哪些？

四、案例分析题

小张是一位刚从学校毕业的导游。在一次带团时，有一位游客发现自己的手机不见了，怀疑是小张拿错了，要检查她的包，并让一女游客对她搜身。从未经历过这类事情的小张不知如何是好。为了尽快解决问题，也为了证明自己的清白，小张最终同意了那位游客的要求。

请问：这几位游客侵犯了小张的什么权利？遇到这种情况，小张应该怎么做？

第二章　旅行社管理法规

学习重点

- 旅行社的特征
- 旅行社的设立条件
- 旅行社的经营规范
- 旅行社的权利与义务
- 旅行社的法律责任

旅行社是旅游业的重要组成部分，在促进旅游业和国民经济的快速发展中起着非常重要的作用。因此，有人将旅行社、旅游饭店和旅游交通部门并称为旅游业的三大支柱，而旅行社更是其中的中枢，起着桥梁和纽带的作用。1845 年 8 月，英国人托马斯·库克在英国莱斯特正式成立了托马斯·库克旅行社，开始专门从事旅行代理业务，这是世界上第一家旅行社。此后，旅行社在世界许多国家如雨后春笋般出现。1923 年 8 月 15 日，上海商业储蓄银行旅行部正式宣告成立，这是第一家由中国人创办经营的旅行社。1949 年，以接待海外华侨为主旨的厦门华侨服务社成立，这是新中国的第一家旅行社。到 2019 年 6 月,全国旅行社总数达到 37794 家，已初步形成了不同规模、不同档次、不同服务对象、不同所有制形式的多层次、多功能、适应性较强的旅行社网络体系。

目前，涉及旅行社管理的法律、法规主要有《旅游法》、《旅行社条例》、《旅行社条例实施细则》（2009 年 4 月 2 日通过，2009 年 5 月 3 日起施行，2016 年 12 月 12 日修改）等。

第一节　旅行社的概念与特征

一、旅行社的概念

根据《旅行社条例》的规定，旅行社是指“从事招徕、组织、接待旅游者等活动，为旅游者提供相关旅游服务，开展国内旅游业务、入境旅游业务或者出境旅游业务的企业法人”。

二、旅行社的特征

1. 旅行社是企业法人

企业法人是指具有符合国家法律规定的资金数额、企业名称、组织章程、组织机构、住所等法定条件，能够独立承担民事责任，经主管机关核准登记取得法人资格的社会经济组织。企业法人具有以下特征：①具备企业法人的法定条件，经核准登记成立；②从事营利性生产经营活动；③能独立承担民事责任。

所有旅行社都能独立承担民事责任，这个责任也被称为“有限责任”，包括两个方面的含义：一是对旅行社的出资人来说，出资人对旅行社的债务承担有限的责任，仅以本人的出资额为限，属于出资人个人的其他财产不会用来承担连带责任；二是对旅行社来说，旅行社对外承担责任的方式也是有限的，仅以旅行社的全部资产为限，当旅行社的资产全部用于清偿债务仍不够时，剩下的债务不再清偿。

思　考

有一家旅行社因经营失误欠下大量债务，旅行社已资不抵债，在这种情况下，旅行社的创办人是否应拿家庭财产替旅行社赔偿？

提示：旅行社能独立承担民事责任，对外承担责任以旅行社的全部资产为限。当旅行社的资产全部用于清偿债务仍不够时，剩下的债务不能强制旅行社的创办人用家庭财产清偿。

2. 旅行社从事的是旅游业务

根据《旅行社条例》和《旅行社条例实施细则》的规定，旅行社从事的旅游业务包括招徕、组织、接待旅游者，为旅游者提供相关旅游服务，开展国内旅游业务、入境旅游业务或者出境旅游业务。

其中，“招徕、组织、接待旅游者”包括以下几方面工作：①安排交通、住宿、餐饮服务；②安排观光游览、休闲度假等服务；③导游、领队服务；④旅游咨询、旅游活动设计服务；⑤接受旅游者的委托，代订交通客票、代订住宿和代办出境、入境、签证手续等；⑥接受机关、事业单位和社会团体的委托，为其差旅、考察、会议、展览等公务活动，代办交通、住宿、餐饮、会务等事务；⑦接受企业委托，为其各类商务活动、奖励旅游等，代办交通、住宿、餐饮、会务、观光游览、休闲度假等事务；⑧其他旅游服务。

“国内旅游业务”是指旅行社招徕、组织和接待中国内地居民在境内旅游的业务。

“入境旅游业务”是指旅行社招徕、组织、接待外国旅游者来我国旅游，香港特别行政区、澳门特别行政区旅游者来内地旅游，台湾地区居民来大陆旅游，以及招徕、组织、接待在中国内地的外国人，在内地的香港特别行政区、澳门特别行政区居民和在大陆的台湾地区居民在境内旅游的业务。

“出境旅游业务”是指旅行社招徕、组织、接待中国内地居民出国旅游，赴香港特别行政区、澳门特别行政区和台湾地区旅游，以及招徕、组织、接待在中国内地的外国人，在内地的香港特别行政区、澳门特别行政区居民和在大陆的台湾地区居民出境旅游的业务。

第二节 旅行社的设立

一、旅行社设立的条件

1. 申请设立经营国内旅游业务和入境旅游业务的旅行社的条件

根据《旅游法》、《旅行社条例》和《旅行社条例实施细则》的规定，新设立旅行社，只能申请设立经营国内旅游业务和入境旅游业务的旅行社，当已设立的旅行社满足一定的条件后，才可申请出境旅游业务。申请设立经营国内旅游业务和入境旅游业务的旅行社应具备下列条件。

1）固定的经营场所。固定的经营场所，可以是申请者拥有产权的营业用房，也可以是申请者租用的、租期不少于 1 年的营业用房。但其面积大小应能满足申请者业务经营的需要。

2）必要的营业设施。旅行社的营业设施至少包括下列设施、设备：2 部以上的直线固定电话；传真机、复印机；具备与旅游行政管理部门及其他旅游经营者联网条件的计算机。

3）有不少于 30 万元的注册资本。

4）有必要的经营管理人员和导游。必要的经营管理人员是指具有旅行社从业经历或者相关专业经历的经理人员和计调人员。必要的导游是指不低于旅行社在职员工总数 20%且不少于 3 名与旅行社签订劳动合同的持有导游证的导游。

5）存入一定数额的质量保证金。质量保证金是旅行社用于保障旅游者权益的专用款项。旅行社应当自取得旅行社业务经营许可证之日起 3 个工作日内，在国务院旅游行政主管部门指定的银行开设专门的质量保证金账户，存入质量保证金，或者向作出许可的旅游行政管理部门提交依法取得的担保额度不低于相应质量保证金数额的银行担保。经营国内旅游业务和入境旅游业务的旅行社，应当存入的质量保证金数额是 20 万元（质量保证金的利息属于旅行社所有）。

在下列情况下，旅游行政管理部门可以使用旅行社的质量保证金：①旅行社违反旅游合同约定，侵害旅游者合法权益，经旅游行政管理部门查证属实的；②旅行社因解散、破产或其他原因造成旅游者预交旅游费用损失的；③用以垫付旅游者人身安全遇有危险时紧急救助的费用的。此外，人民法院判决、裁定及其他生效法律文书认定旅行社损害旅游者合法权益，旅行社拒绝或者无力赔偿的，人民法院可以从旅行社的质量保证金账户上划拨赔偿款。

补充阅读

旅行社使用质量保证金进行赔偿后，应当在收到补交质量保证金的通知之日起5个工作日内补足质量保证金。

旅行社自交纳或补足质量保证金之日起三年内未因侵害旅游者合法权益受到行政机关罚款以上处罚的，旅游行政管理部门应当将旅行社质量保证金的交存数额降低50%。

如果旅行社不再从事旅游业务，可以凭旅游行政管理部门出具的凭证，向银行取回质量保证金。

2. 旅行社申请经营出境旅游业务的条件

旅行社要申请经营出境旅游业务应具备下列条件。

1）取得经营许可满两年。

2）未因侵害旅游者合法权益受到行政机关罚款以上处罚。

3）增存质量保证金120万元。

二、设立旅行社的一般程序

根据《旅行社条例》和《国家旅游局关于落实简政放权和行政审批工商登记制度改革有关规定的通知》（旅发〔2015〕96号）的规定，设立旅行社时，申请人应先向工商行政管理部门申请颁发营业执照，再凭营业执照等材料向旅游行政主管部门申请颁发旅行社业务经营许可证。

1. 申请营业执照

申请人要设立旅行社，应先向市场监督管理部门办理设立登记，取得企业法人营业执照。

2. 申请旅行社业务经营许可证

（1）向旅游行政管理部门提交申请文件

取得营业执照后，旅行社设立申请人应当向所在地省、自治区、直辖市旅游行政管理部门或其委托的设区的市级旅游行政管理部门提交旅行社业务经营许可证相关申请文件。

补充阅读

根据《旅行社条例实施细则》的规定，申请设立旅行社，经营国内旅游业务和入境旅游业务的，应当向省、自治区、直辖市旅游行政管理部门提交下列文件。

1）设立申请书。内容包括申请设立的旅行社的中英文名称及英文缩写，设立地址，企业形式、出资人、出资额和出资方式，申请人、受理申请部门的全称、申请书名称和申请的时间。

2）法定代表人履历表及身份证明。

3）企业章程。

4）经营场所的证明。

5）营业设施、设备的证明或者说明。

6）市场监督管理部门出具的《企业法人营业执照》。

（2）旅游行政管理部门对申请文件进行审核

旅游行政管理部门应对申请文件进行审核，重点审核以下几方面内容。

1）审查其认缴的出资额是否符合最低注册资本限额要求。

2）查看营业执照中的经营范围是否包括旅行社相关业务经营事项。

3）查看营业执照中的经营范围是否包括边境旅游业务、出境旅游业务；如果包括相关业务，旅游行政管理部门应当告知申请人变更经营范围。

旅游行政管理部门还可以对申请人的经营场所、营业设施、设备进行现场检查。

思　考

为什么新设立旅行社时，其营业执照中的经营范围不能包括边境旅游业务、出境旅游业务？

提示：新设立旅行社，只能申请设立经营国内旅游业务和入境旅游业务，当已设立的旅行社满足一定的条件（如取得经营许可满两年等）后，才可申请边境旅游业务、出境旅游业务。因此，新设立旅行社时，其营业执照中的经营范围不能包括边境旅游业务、出境旅游业务。

3. 颁发旅行社业务经营许可证

受理申请的旅游行政管理部门应当自受理申请之日起 20 个工作日内作出许可或者不予许可的决定。予以许可的，向申请人颁发旅行社业务经营许可证；不予许可的，书面通知申请人并说明理由。

补充阅读

目前，有许多企业通过网络经营旅行社业务，这些企业也应该依法取得旅行社业务经营许可证。《旅游法》第四十八条规定："通过网络经营旅行社业务的，应当依法取得旅行社业务经营许可，并在其网站主页的显著位置标明其业务经营许可证信息。"

三、旅行社分社、旅行社服务网点、外商投资旅行社的设立

1. 旅行社分社的设立

（1）旅行社分社的含义

旅行社分社（以下简称分社）是指旅行社设立的不具备独立法人资格、以设立该分社的旅行社的名义开展旅游业务经营活动的分支机构。分社的名称中应当包含设立该分社的旅行社（以下简称设立社）的名称、分社所在地地名和"分社"或"分公司"字样。

设立社应当对分社实行统一的人事、财务、招徕、接待制度规范。分社经营活动的责任和后果，由设立社承担。

（2）分社的地域范围

分社的设立不受地域限制，可以在全国范围内设立。

（3）分社的数量

旅行社设立分社没有数量上的限制，由旅行社根据经营的需要决定。

（4）分社的经营范围

分社的经营范围不得超出设立社的经营范围。因此，经营国内旅游业务和入境旅游业务的旅行社只能设立经营国内旅游业务和入境旅游业务的分社。经营出境旅游业务的旅行社可以根据市场发展需要来设立分社，既可设立只经营国内旅游业务和入境旅游业务的分社，也可以设立只经营出境旅游业务的分社，还可以设立经营国内旅游业务、入境旅游业务和出境旅游业务的分社。

（5）质量保证金的增存

旅行社设立分社同样要增存质量保证金。旅行社每设立一个经营国内旅游业务和入境旅游业务的分社，应当向其质量保证金账户增存 5 万元；每设立一个经营出境旅游业务的分社，应当向其质量保证金账户增存 30 万元；每设立一个经营国内旅游业务、入境旅游业务和出境旅游业务的分社，增存的质量保证金为 35 万元。

旅行社设立分社，应当向本社质量保证金账户增存相应数量的质量保证金，而非在分社设立地开设质量保证金账户增存质量保证金。

关于旅行社质量保证金的存缴如表 2-1 所示。

表 2-1　旅行社质量保证金的存缴

适用情况	质量保证金存缴情况
申请设立具有国内游、入境游业务的旅行社	交存 20 万元
申请设立具有出境游业务的旅行社	增存 120 万元
申请设立一个经营国内游、入境游业务的分社	增存 5 万元
申请设立一个经营出境游业务的分社	增存 30 万元
申请设立一个经营国内游、入境游和出境游业务的分社	增存 35 万元

（6）分社的设立程序

旅行社设立分社，应当向分社所在地的市场监督管理部门办理分社设立登记，并自设立登记之日起三个工作日内向分社所在地与工商登记同级的旅游行政管理部门备案（没有同级的旅游行政管理部门的，向上一级旅游行政管理部门备案）。受理备案的旅游行政管理部门应当向旅行社颁发旅行社分社备案登记证明。

2. 旅行社服务网点的设立

旅行社服务网点是指旅行社设立的，为旅行社招徕旅游者，并以旅行社的名义与旅游者签订旅游合同的门市部等机构。

旅行社设立服务网点，应当依法向市场监督管理部门办理设立登记手续，并向所在地的旅游行政管理部门备案。受理备案的旅游行政管理部门将向旅行社颁发旅行社服务网点备案登记证明。

服务网点有下面几个特点。

1）有地域限制。服务网点可以在设立社所在地的省、自治区、直辖市行政区划内设立。设立社在其所在地的省、自治区、直辖市行政区划外设立分社的，可以在该分社所在地设区的市的行政区划内设立服务网点。设立社不得在规定的区域范围外设立服务网点。分社不得设立服务网点。

2）有经营范围的限制。服务网点只能在设立社的经营范围内招徕旅游者、提供旅游咨询服务，不能从事招徕、咨询以外的活动。

3）不具有法人资格。服务网点以设立社的名义从事经营活动，其经营活动的责任和后果由设立社承担。设立社应对服务网点实行统一管理、统一财务、统一招徕和统一咨询服务规范。

思　考

旅行社的服务网点可否自行组团旅游？

提示：旅行社的服务网点只能从事两项工作：一是招徕旅游者，二是提供旅游咨询服务。因此，旅行社的服务网点不能自行组团旅游。

3. 外商投资旅行社的设立

外商投资旅行社包括中外合资经营旅行社、中外合作经营旅行社和外资旅行社。

设立外商投资旅行社，应先经商务部门审批。商务部门审批通过后，再向市场监督管理部门办理注册登记，领取营业执照，然后向旅游行政主管部门提交相关文件，申请旅行社业务经营许可证。

省、自治区、直辖市旅游行政管理部门应当自受理申请之日起 30 个工作日内审查完毕。予以许可的，颁发旅行社业务经营许可证；不予许可的，书面通知申请人并说明理由。

《旅行社条例》第二十三条规定，外商投资旅行社不得经营中国内地居民出国旅游业务以及赴香港特别行政区、澳门特别行政区和台湾地区旅游的业务，但是国务院决定或者我国签署的自由贸易协定和内地与香港、澳门关于建立更紧密经贸关系的安排另有规定的除外。

四、旅行社的监督管理

1. 旅游行政主管部门对旅行社的管理

《旅行社条例》第三条规定，国务院旅游行政主管部门负责全国旅行社的监督管理工作。县级以上地方人民政府管理旅游工作的部门按照职责负责本行政区域内旅行社的监督管理工作。

为加强管理，旅游行政管理部门可以对旅行社及其分社的旅游合同、服务质量、旅游安全、财务账簿等情况实施监督检查。实施监督检查时，应当由两名以上持有旅游行政执法证件的执法人员进行。

补充阅读

《旅游法》第八十五条规定，县级以上人民政府旅游主管部门有权对下列事项实施监督检查。

1）经营旅行社业务以及从事导游、领队服务是否取得经营、执业许可。

2）旅行社的经营行为。

3）导游和领队等旅游从业人员的服务行为。

4）法律、法规规定的其他事项。

旅行社及其分社有义务按照国家有关规定向旅游行政管理部门报送经营和财务信息等统计资料。根据《旅行社条例实施细则》第五十三条的规定，旅行社应当按年度将经营和财务信息等统计资料，在次年 4 月 15 日前，报送原许可的旅游行政管理部门。对资料中涉及旅行社商业秘密的内容，旅游行政管理部门应当予以保密。

2. 相关行政管理部门对旅行社的管理

《旅行社条例》第三条第三款规定，县级以上各级人民政府工商、价格、商务、外汇等有关部门，应当按照职责分工，依法对旅行社进行监督管理。

3. 旅游行业组织的监督管理

这里说的旅游行业组织主要是指各地成立的旅游协会和旅行社协会。《旅游法》第九十条规定：“依法成立的旅游行业组织依照法律、行政法规和章程的规定，制定行业经营规范和服务标准，对其会员的经营行为和服务质量进行自律管理，组织开展职业道德教育和业务培训，提高从业人员素质。”

第三节 旅行社的经营

一、旅行社的经营原则

《旅行社条例》第四条规定：“旅行社在经营活动中应当遵循自愿、平等、公平、诚信的原则，提高服务质量，维护旅游者的合法权益。”自愿、平等、公平和诚信是旅行社应遵循的经营原则。

二、旅行社的经营规范

1. 经营内容合法

旅行社及其从业人员组织、接待旅游者，不得安排参观或参与违反我国法律、法规和社会公德的项目或活动。根据《旅行社条例实施细则》第三十条的规定，旅行社不得安排的活动主要包括：①含有损害国家利益和民族尊严内容的；②含有民族、种族、宗教歧视内容的；③含有淫秽、赌博、涉毒内容的；④其他含有违反法律、法规规定内容的。

2. 诚实宣传

旅行社向旅游者提供的旅游服务信息必须真实、准确，不得进行虚假宣传，误导旅游者。旅行社所做广告应当符合国家有关法律、法规的规定，严禁进行超出核定经营范围的广告宣传。

3. 不超范围经营

旅行社应当按照核定的经营范围开展经营活动，不超范围经营，避免下列行为。

1）未取得经营出境旅游业务许可而经营出境游业务，或者为旅游者提供出境、签证手续等服务。

2）具有经营出境旅游业务资格的旅行社，组织旅游者到国务院旅游行政主管部门公布的中国公民出境旅游目的地之外的国家和地区旅游。

3）旅行社分社超出设立社的经营范围经营旅游业务。

4）旅行社服务网点从事招徕、咨询以外的旅行社业务经营活动。

4. 购物与自费项目的安排要符合规定

1）旅行社不得以不合理的低价组织旅游活动，诱骗旅游者，并通过安排购物或另行付费旅游项目获取回扣等不正当利益。“不合理的低价”是指低于接待和服务费用的价格或者行业公认的合理价格，且无正当理由。

2）旅行社组织、接待旅游者，不得指定具体购物场所，不得安排另行付费旅游项目。但是，经双方协商一致或者旅游者要求，且不影响其他旅游者行程安排的除外。如果旅游者不同意参加旅行社指定的具体购物场所或者另行付费旅游项目活动，旅行社及其从业人员不得因此拒绝订立旅游合同，也不得提高旅游团费或者另行收取费用。

根据《旅游法》的规定，旅行社如果违反了上述规定，旅游者有权在旅游行程结束后30日内，要求旅行社为其办理退货并先行垫付退货货款，或者退还另行付费旅游项目的费用。

思 考

《旅游法》颁布后，有旅行社认为，今后在团队行程中不能安排游客购物和参加自费项目了。这种看法对吗?

提示：《旅游法》禁止的是旅行社通过安排旅游者在其指定的具体购物场所购物和参加另行付费项目而获取回扣等不正当利益的行为，并不是绝对禁止安排旅游者购物或参加自费项目。但旅行社在安排旅游者购物或参加自费项目时，要符合下述要求。

1）不得以不合理的低价组织旅游活动，诱骗旅游者；也不得通过安排购物或另行付费旅游项目获取回扣等不正当利益。

2）必须与旅游者协商一致或应旅游者要求。即使旅游者同意，也不得诈骗旅游者，不得通过安排这些活动获取回扣等不正当利益。

3）旅行社应将具体购物场所和另行付费旅游项目的具体情况向旅游者作出真实、准确、详细的说明。

4）不得影响其他不参加相关活动的旅游者的行程安排。

5）不得将旅游者是否同意相关购物和自费项目的安排作为订立旅游合同的条件。

5. 与旅游者签订旅游合同

旅行社组织和安排旅游活动，应当与旅游者订立合同，其主要形式表现为包价旅游合同。

（1）包价旅游合同的含义

包价旅游合同是指旅行社预先安排行程，提供或者通过履行辅助人提供交通、住宿、餐饮、游览、导游或者领队等两项以上旅游服务，旅游者以总价支付旅游费用的合同。这里的“履行辅助人”是指与旅行社存在合同关系，协助其履行包价旅游合同义务，实际提供相关服务的法人或者自然人。

（2）包价旅游合同的基本内容

包价旅游合同应当采用书面形式，包括下列内容。

1）旅行社、旅游者的基本信息。

2）旅游行程安排。

3）旅游团成团的最低人数。

4）交通、住宿、餐饮等旅游服务安排和标准。

5）游览、娱乐等项目的具体内容和时间。

6）自由活动时间安排。

7）旅游费用及其交纳的期限和方式。

8）违约责任和解决纠纷的方式。

9）法律、法规规定和双方约定的其他事项。

值得注意的是，在合同中约定成团的最低人数不是可有可无的。如果一个旅游团未达到成团的最低人数，组团旅行社（即组团社，是指与旅游者订立包价旅游合同的旅行社）可以解除合同，并向旅游者退还已收取的全部费用。但是，境内旅游应当至少提前7日通知旅游者，出境旅游应当至少提前30日通知旅游者。

因未达到约定的成团人数不能出团的，在征得旅游者书面同意的情况下，组团旅行社也可以委托其他旅行社履行合同。组团旅行社对旅游者承担责任，受委托的旅行社对组团旅行社承担责任。

（3）包价旅游合同的其他内容

1）旅游行程单。旅游行程单是对包价旅游合同中的旅游行程安排、服务项目安排和标准、具体内容和时间等进行的细化。旅行社应当在旅游行程开始前向旅游者提供旅游行程单，作为包价旅游合同的组成部分。

2）委托社的信息。旅行社委托其他旅行社代理销售包价旅游产品的，应当在包价旅游合同中载明委托社和代理社的基本信息。旅行社将接待业务委托给地接社（接受组团旅行社委托，在目的地接待旅游者的旅行社）履行的，应当在包价旅游合同中载明地接社的基本信息。

3）导游服务费用。旅行社安排导游为旅游者提供服务的，应当在包价旅游合同中载明导游服务费用。

补充阅读

旅行社不得因为旅游者存在的年龄、职业等差异而提出与其他旅游者不同的合同事项，除非旅行社提供了与其他旅游者相比更多的服务，或者旅游者主动要求。

（4）旅行社在签订包价旅游合同时的提示义务

1）旅行社在订立包价旅游合同时，应当向旅游者详细说明合同的基本条款。

2）提示旅游者按照规定投保人身意外伤害保险。

3）提醒旅游者应注意的事项：旅游者不适合参加旅游活动的情形；旅游活动中的安全注意事项；旅行社依法可以减免责任的信息；旅游者应当注意的旅游目的地相关法律、法规、风俗习惯、宗教禁忌，依照中国法律不宜参加的活动等。

（5）旅行社可单方解除合同的情形

在满足一定条件的情况下，旅行社有权单方面解除合同。除了前面提到的未达到成团的最低人数的情况外，旅游者有下列情形之一的，旅行社也可以解除合同。

1）患有传染病等疾病，可能危害其他旅游者健康和安全的。

2）携带危害公共安全的物品且不同意交有关部门处理的。

3）从事违法或违反社会公德的活动的。

4）从事严重影响其他旅游者权益的活动，且不听劝阻、不能制止的。

5）法律规定的其他情形。

组团社因上述原因解除合同的，应当在扣除必要的费用后，将余款退还旅游者；给旅行社造成损失的，有权要求旅游者赔偿。

（6）旅游者对合同的转让和解除

《旅游法》第六十四条规定，旅游行程开始前，旅游者可以将包价旅游合同中自身的权利义务转让给第三人，旅行社没有正当理由不得拒绝，因此增加的费用由旅游者和第三人承担。

《旅游法》第六十五条规定，旅游行程结束前，旅游者解除合同的，组团社应当在扣除必要的费用后，将余款退还旅游者。

合同解除后，旅行社应当协助旅游者返回出发地或旅游者指定的合理地点。由于旅行社或履行辅助人的原因导致合同解除的，返程费用由旅行社承担。

6. 遵守商业道德，反对不正当竞争

旅行社应当遵守商业道德，不得采用不正当竞争手段从事旅游业务、损害竞争对手。例如，旅行社不得以低于旅游成本的报价招徕旅游者；旅行社将旅游业务委托给其他旅行社的，应当向接受委托的旅行社支付不低于接待和服务成本的费用；接受委托的旅行社不得接待不支付或不足额支付接待和服务费用的旅游团队。

第四节　旅行社的权利与义务

旅行社的权利与义务指的是法律、法规所规范的旅行社在其经营活动中的权利和责任。现在并没有专门的法律对旅行社的权利义务作出统一的规定，但是，我们可以从《旅

游法》《旅行社条例》《民法典》《消费者权益保护法》等法律、法规中归纳出一些旅行社基本的权利与义务。

一、旅行社的权利

1. 自主经营权

作为企业法人，旅行社具有自主经营权，包括生产经营决策权、产品定价权、产品销售权、服务采购权、资产处置权、劳动用工权、内部机构设置权、拒绝摊派权等。旅行社的自主经营权受法律保护，这些权利的行使不应受到无理干涉，更不能被剥夺。对旅游行政管理部门作出的错误行政决定和处罚，旅行社有权向上一级主管部门提出申诉，并有权向法院提出行政诉讼。

2. 广告宣传权

旅行社有权按规定进行招徕和广告宣传，以扩大影响，增加业务。

3. 收费权

作为自负盈亏的企业，收取服务费用是旅行社生存的前提。旅行社在向旅游者提供旅游服务时，有权按照国家的规定向旅游者收取服务费。

4. 索赔权

旅行社有权要求旅游者按照合同约定的时间、路线、方式进行旅游。当旅游者违约时，旅行社有权要求旅游者支付违约金。如果因旅游者的过错而给旅行社带来损失，旅行社有权要求旅游者赔偿。

二、旅行社的义务

1. 遵守国家法规和政策，自觉接受旅游行政管理部门的管理

旅行社应当遵守国家法律、法规，严格执行国家有关旅游工作的法规、政策，自觉接受旅游行政管理部门的监督检查，自觉报送经营和财务信息等统计资料。

2. 按约定提供服务

旅行社应当按合同的约定向旅游者提供旅游服务，不得擅自变更旅游行程安排。旅行社提供的服务不得低于国家标准或行业标准，并做到质价相等。除遭遇不可抗力，旅行社不能改动或降低服务内容。

3. 提供的服务符合人身、财产安全需要

旅行社组织旅游，应当保证所提供的服务符合保障旅游者人身、财物安全的要求。旅行社组织、接待老年人、未成年人、残疾人等旅游者，应当采取相应的安全保障措施。

当发生危及旅游者人身安全的情形时，旅行社应立即采取必要的处置措施。

4. 合法聘用旅行社的工作人员

旅行社聘用的导游、领队应当持有国家规定的导游证。旅行社在聘用导游、领队时，应当与他们签订劳动合同，为他们缴纳社会保险费用，并向他们支付不低于当地最低工资标准的报酬。旅行社不得要求导游和领队接待不支付费用或所付费用低于接待成本的旅游团队，更不得要求导游和领队承担接待旅游团队的相关费用。

三、旅行社对旅游者的权利与义务

旅行社对旅游者的权利与义务是旅行社的权利义务关系中最主要的组成部分。根据《旅游法》、《旅行社条例》和《旅行社条例实施细则》的规定，旅行社对旅游者的权利与义务主要体现在以下几个方面。

1. 旅行社对旅游者的权利

在经营、服务过程中，旅行社及其委派的导游人员、领队人员对旅游者享有下列权利。

1）有权要求旅游者如实提供旅游所必需的个人信息，按时提交相关证明文件。

2）有权要求旅游者按照合同的约定完成旅游活动，有权拒绝旅游者提出的超出旅游合同约定的不合理要求。

3）在旅游过程中，当发生不可抗力，危及旅游者人身、财产安全，或者非旅行社责任造成的意外情形时，旅行社有权调整或者变更旅游合同约定的行程安排，但应当在事前向旅游者作出说明；确因客观情况无法在事前说明的，应当在事后作出说明。

4）有权制止旅游者违背旅游目的地的法律、风俗习惯的言行。

5）出现突发公共事件或者其他危急情形，以及旅行社因违反旅游合同约定采取补救措施时，有权要求旅游者配合处理防止扩大损失，将损失降至最低。

2. 旅行社对旅游者的义务

在经营、服务过程中，旅行社及其委派的导游人员、领队人员对旅游者应承担下列义务。

1）遵守合同约定。旅行社应按合同的约定完成接待事项，不得擅自改变合同约定的行程。旅行社及其委派的导游人员和领队人员的下列行为均属于擅自改变旅游合同约定的行程：减少游览项目或者缩短游览时间、增加或者变更旅游项目、增加购物次数或者延长购物时间。

2）违约补救。旅行社违反旅游合同约定，造成旅游者合法权益受到损害的，应当采取必要的补救措施，并及时报告旅游行政管理部门。

3）妥善委托。旅行社需要对旅游业务作出委托的，应当委托给具有相应资质的旅行社，征得旅游者的同意，并与接受委托的旅行社就接待旅游者的事宜签订委托合同，确定接待旅游者的各项服务安排及其标准，约定双方的权利、义务。接受委托的旅行社违约，造成旅游者合法权益受到损害的，作出委托的旅行社应当承担相应的赔偿责任。作出委托的旅行社赔偿后，可以向接受委托的旅行社追偿。接受委托的旅行社故意或因重大过失造成旅游者合法权益损害的，应当承担连带责任。

4）危险警示和处置。旅行社及其委派的导游人员、领队人员，对可能危及旅游者人身、财产安全的事项，应当向旅游者作出真实的说明和明确的警示。当发生危及旅游者人身安全的情形时，旅行社及其委派的导游人员、领队人员应当采取必要的处置措施并及时报告旅游行政管理部门；在境外发生的，还应当及时报告我国驻该国使领馆、相关驻外机构、当地警方。

5）文明旅游提示。在旅游行程中，旅行社及其委派的导游人员、领队人员有义务提示旅游者遵守文明旅游公约和礼仪。

6）信息保密。旅行社对其在经营活动中知悉的旅游者个人信息，应当予以保密。对超过保存期限的旅游者个人信息资料应当予以销毁。

第五节　旅行社的法律责任

一、法律责任的含义

法律责任指的是行为人由于违法行为、违约行为或按法律规定而应承受的某种不利的法律后果。它是国家强制责任人作出一定行为或不作出一定行为，救济受到侵害或损害的人的合法利益和法定权利的手段，是保障权利义务实现的手段。

在经营过程中，当合法权益受到损害时，旅行社可以向有关部门提出申诉，或者向人民法院起诉。但是，当旅行社在经营过程中不履行义务或不恰当履行义务而给对方造成损失时，或在行为过程中违反了法律、法规的有关规定时，也要承担相应的法律责任。

二、旅行社法律责任的种类

以引起责任的行为性质为标准，可将旅行社的法律责任分为民事责任、行政责任和刑事责任，其中民事责任又可分为违约责任和侵权责任。

1．旅行社的违约责任

违约是指违反合同的约定。有效合同签订后对合同各方都有约束力，任何一方不履行合同、迟延履行合同、不完全履行合同、不恰当履行合同及拒绝履行合同，都构成违约行为。旅行社在经营过程中要与旅游者、旅游服务供应者签订合同，由此也就有可能产生违约责任。

旅行社承担违约责任的方式主要有以下几种。

1）强制实际履行。对于旅行社迟延履行、履行不当及拒绝履行的违约行为，对方原则上可以在合理的期限内要求旅行社继续履行或补充履行。

2）采取补救措施。

3）支付违约金。旅行社在与旅游者和旅游服务供应者签订合同时可以约定违约金的数额，但约定违约金的数额应与不履行合同造成的损失大致相当。旅行社因迟延履行给付违约金后，并不能免除旅行社的合同义务，还应继续履行合同。

4）赔偿损失。旅行社因违约行为而导致他人受损害的，应赔偿他人的损失。旅行社具备履行条件，经旅游者要求仍拒绝履行合同，造成旅游者人身损害、滞留等严重后果的，旅游者还可以要求旅行社支付旅游费用 1 倍以上 3 倍以下的赔偿金。

2. 旅行社的侵权责任

侵权责任是指行为人不法侵害社会公共财产或者他人财产、人身权利而应承担的民事责任。旅行社因自身的过错造成旅游者人身或财产的损失，即侵害了旅游者的人身、财产权利，应承担侵权责任。

根据相关法律规定，承担侵权责任的方式有停止侵害、排除妨碍、消除危险、返还财产、恢复原状、赔偿损失、消除影响、恢复名誉和赔礼道歉等。这些方式对旅行社也是适用的。

有时，旅行社的侵权行为同时又是违约行为，这时，旅游者或旅游服务供应者有要求违约损害赔偿或侵权损害赔偿的选择权。

3. 旅行社的行政责任

行政责任是指因违反行政法或因行政法规定而应承担的法律责任。承担行政责任的方式主要有警告、罚款、没收违法所得、没收非法财物、责令停产停业、暂扣或者吊销许可证、暂扣或者吊销执照等。

三、旅行社法律责任的减轻或免除

在特定条件下，旅行社的法律责任可以得到减轻或免除，这些条件包括以下几个方面。

1. 不可抗力

不可抗力是指不能预见、不能避免并不能克服的客观情况。不可抗力的范围主要包括 3 类：①自然灾害，如地震、台风、洪水、海啸等；②政府行为，如政府颁布新的政策、法律和行政措施等；③社会异常事件，如战争、罢工、骚乱等。在旅游过程中如果发生不可抗力而造成合同相对方损失，除法律有特别的规定以外，旅行社可以全部或部分免除责任。但如果因旅行社迟延履行而发生不可抗力的，不能免除责任。不可抗力发生后，旅行社应及时通知合同相对方，并在合理的期限内提供证明。

思　考

2020年初突然爆发的新冠肺炎疫情是否属于不可抗力？

提示：对旅行社来说，突然爆发的新冠肺炎疫情是不能预见、不能避免且不能克服的客观情况，因此属于不可抗力。

不可抗力发生后，合同不能继续履行的，旅行社和旅游者都可以提出解除合同；因不可抗力致使合同不能完全履行的，旅行社经旅游者同意可以在合理范围内变更合同。如果旅游者不同意变更的，可以解除合同。

不可抗力发生后，费用的处理主要有以下几种情况。

1）因不可抗力致使合同解除的，组团社应当在扣除已向地接社或履行辅助人支付且不可退还的费用后，将余款退还给旅游者。

2）因不可抗力致使合同变更的，因此增加的费用由旅游者承担，因此减少的费用退还给旅游者。

3）不可抗力的出现危及旅游者人身、财产安全的，旅行社应当采取相应的安全措施，因此支出的费用，由旅行社与旅游者分担。

4）因不可抗力造成旅游者滞留的，旅行社应当采取相应的安置措施，因此增加的食宿费用，由旅游者承担；因此增加的返程费用，由旅行社与旅游者分担。

2. 旅游者自己的过失

由于旅游者自身的原因导致合同不能正常履行，或者造成旅游者人身损害、财产损失的，旅行社不承担责任。但是，如果旅行社未尽到安全提示、救助义务，旅行社仍应承担相应的责任，这一点，同样适用于在旅游者自行安排活动期间。

3. 旅游者自己的要求

在旅游过程中，旅游者自己要求修改旅游路线和内容而造成的损失应由旅游者自己承担。

4. 第三方责任

如果损害是由第三方造成的，应由第三方承担损害赔偿责任。在某些情况下，也可先由旅行社承担责任，然后由旅行社向第三方追偿。例如，如果损害是由于地接社、履行辅助人的原因造成的，旅游者可以要求地接社、履行辅助人承担赔偿责任，也可以要求组团社承担赔偿责任；组团社承担责任后可以向地接社、履行辅助人追偿。《旅游法》第七十一条第二款规定，由于公共交通经营者的原因造成旅游者人身损害、财产损失的，由公共交通经营者依法承担赔偿责任，旅行社应当协助旅游者向公共交通经营者索赔。

思　考

游客王某参加了一旅行社组织的旅游团，在旅游团乘坐火车途中，因列车故障导致王某受伤。请结合本节内容，判定谁应该为王某的受伤承担责任。

提示：如果损害是由第三方造成的，应由第三方承担损害赔偿责任。在某些情况下，也可先由旅行社承担责任，然后由旅行社向第三方追偿。

5. 约定免责事由

合同双方约定的免责事由出现时，也可免除旅行社的责任。但这种免责事由的约定不是任意的，《民法典》规定，约定造成对方人身伤害，以及因故意或重大过失造成对方财产损失的免责条款无效。

6. 混合过错

有时候，损害的造成并非一方所致，旅行社、旅游者或旅游服务供应者或三者都有过错。这时，旅行社只对自己的过错部分承担责任，其他各方对各自的过错部分承担责任。

补充阅读

《旅行社条例》对旅行社的一些典型的违法、违约行为作出了具体的处罚规定，具体如表 2-2 所示。

表 2-2　旅行社违法、违约行为及其面临的处罚

违法、违约行为	处罚
1）未取得相应的旅行社业务经营许可，经营国内旅游业务、入境旅游业务、出境旅游业务 2）分社的经营范围超出设立分社的旅行社的经营范围 3）旅行社服务网点从事招徕、咨询以外的旅行社业务经营活动	由旅游行政管理部门或市场监督管理部门责令改正，没收违法所得，违法所得 10 万元以上的，并处违法所得 1 倍以上 5 倍以下的罚款；违法所得不足 10 万元或者没有违法所得的，并处 10 万元以上 50 万元以下的罚款
旅行社转让、出租、出借旅行社业务经营许可证	由旅游行政管理部门责令停业整顿 1～3 个月，并没收违法所得；情节严重的，吊销旅行社业务经营许可证
受让或者租借旅行社业务经营许可证	由旅游行政管理部门责令停止非法经营，没收违法所得，并处 10 万元以上 50 万元以下的罚款
旅行社为旅游者安排或介绍的旅游活动含有违反有关法律、法规规定的内容	由旅游行政管理部门责令改正，没收违法所得，并处 2 万元以上 10 万元以下的罚款；情节严重的，吊销旅行社业务经营许可证
旅行社向旅游者提供的旅游服务信息含有虚假内容或者做虚假宣传	由市场监督管理部门依法给予处罚

续表

违法、违约行为	处罚
旅行社以低于旅游成本的报价招徕旅游者	由价格主管部门依法给予处罚
旅行社未经旅游者同意在旅游合同约定之外提供其他有偿服务	由旅游行政管理部门责令改正，处1万元以上5万元以下的罚款
1）未与旅游者签订旅游合同或签订的合同未载明应该载明的事项 2）未取得旅游者的同意，将旅游业务委托给其他旅行社 3）将旅游业务委托给不具有相应资质的旅行社 4）未与接受委托的旅行社就接待旅游者的事宜签订委托合同	由旅游行政管理部门责令改正，处2万元以上10万元以下的罚款；情节严重的，责令停业整顿1～3个月
旅行社组织中国内地居民出境旅游，不为旅游团队安排领队全程陪同	由旅游行政管理部门责令改正，处1万元以上5万元以下的罚款；拒不改正的，责令停业整顿1～3个月
旅行社委派的导游人员未持有国家规定的导游证或委派的领队人员不具备规定的领队条件	由旅游行政管理部门责令改正，对旅行社处2万元以上10万元以下的罚款
1）拒不履行旅游合同约定的义务 2）非因不可抗力改变旅游合同安排的行程 3）欺骗、胁迫旅游者购物或者参加需要另行付费的游览项目	对旅行社，由旅游行政管理部门或市场监督管理部门责令改正，处10万元以上50万元以下的罚款；对导游人员、领队人员，由旅游行政管理部门责令改正，处1万元以上5万元以下的罚款；情节严重的，吊销旅行社业务经营许可证、导游证
旅行社要求导游人员和领队人员接待不支付接待和服务费用、支付的费用低于接待和服务成本的旅游团队，或者要求导游人员和领队人员承担接待旅游团队的相关费用	由旅游行政管理部门责令改正，处2万元以上10万元以下的罚款
1）旅行社不向接受委托的旅行社支付接待和服务费用 2）旅行社向接受委托的旅行社支付的费用低于接待和服务成本 3）接受委托的旅行社接待不支付或不足额支付接待和服务费用的旅游团队	由旅游行政管理部门责令改正，停业整顿1～3个月；情节严重的，吊销旅行社业务经营许可证
1）发生危及旅游者人身安全的情形，未采取必要的处置措施并及时报告 2）旅行社组织出境旅游的旅游者非法滞留境外，旅行社未及时报告并协助提供非法滞留者信息 3）旅行社接待入境旅游的旅游者非法滞留境内，旅行社未及时报告并协助提供非法滞留者信息	由旅游行政管理部门责令改正，对旅行社处2万元以上10万元以下的罚款；对导游人员、领队人员处4000元以上2万元以下的罚款；情节严重的，责令旅行社停业整顿1～3个月，或者吊销旅行社业务经营许可证、导游证

四、旅行社服务质量赔偿标准

赔偿损失是旅行社最常见的承担法律责任的方式之一。旅行社一般情况下会与旅游者签订合同，以合同约定的方式解决旅游服务质量纠纷引起的赔偿问题。但实践中也存在旅行社未与旅游者签订合同，或签订了合同，但对赔偿标准未做规定的情况，这时需要依照相关的法律、法规确定一个合适的赔偿标准。

为提高旅游服务质量，规范旅行社经营，打击违法违规行为，保护旅游者合法权益，国家旅游局根据《旅行社条例》及有关法律、法规，制定了《旅行社服务质量赔偿标准》（以下简称《赔偿标准》），于 2011 年 4 月 12 日颁布施行。

1. 适用条件

并不是任何纠纷都适用《赔偿标准》，只有旅游行政管理部门或旅游质监执法机构在处理相关旅游投诉时满足下列条件，才适用《赔偿标准》。

1）旅行社不履行合同或者履行合同不符合约定的服务质量标准。

2）旅游者和旅行社对赔偿标准未作出合同约定。

思　考

当一个旅游纠纷案件已由法院受理，这时可适用《赔偿标准》进行赔偿吗？

提示：只有旅游行政管理部门或旅游质监执法机构在处理相关旅游投诉时才适用《赔偿标准》，已由法院受理的案件不适用《赔偿标准》。

2. 旅行社服务质量赔偿标准

（1）因旅行社的原因造成旅游者不能成行的赔偿

旅行社与旅游者订立了旅游合同，或者已收取了旅游者预付的旅游费用后，因旅行社的原因不能成行的，旅行社应在合理期限前通知旅游者，否则应向旅游者支付一定的赔偿。

国内旅游应提前 7 日（不含 7 日）通知旅游者，否则旅行社应向旅游者全额退还预付旅游费用，并按下述标准向旅游者支付违约金：出发前 7 日（含 7 日）至 4 日，支付旅游费用总额 10%的违约金；出发前 3 日至 1 日，支付旅游费用总额 15%的违约金；出发当日，支付旅游费用总额 20%的违约金。

出境旅游（含赴台游）应提前 30 日（不含 30 日）通知旅游者，否则旅行社应向旅游者全额退还预付旅游费用，并按下述标准向旅游者支付违约金：出发前 30 日（含 30 日）至 15 日，支付旅游费用总额 2%的违约金；出发前 14 日至 7 日，支付旅游费用总额 5%的违约金；出发前 6 日至 4 日，支付旅游费用总额 10%的违约金；出发前 3 日至 1 日，支付旅游费用总额 15%的违约金；出发当日，支付旅游费用总额 20%的违约金。

（2）旅行社违约并损害旅游者利益的赔偿

旅行社及导游或领队违反旅行社与旅游者的合同约定，损害旅游者合法权益的，旅行社按下述标准承担赔偿责任。

1）擅自缩短游览时间、遗漏旅游景点、减少旅游服务项目的，旅行社应赔偿未完成约定旅游服务项目等合理费用，并支付同额违约金。遗漏无门票景点的，每遗漏一处，旅行社向旅游者支付旅游费用总额5%的违约金。

2）未经旅游者签字确认，擅自安排合同约定以外的用餐、娱乐、医疗保健、参观等另行付费项目的，旅行社应承担另行付费项目的费用。

3）未经旅游者签字确认，擅自违反合同约定增加购物次数、延长停留时间的，旅行社每次向旅游者支付旅游费用总额10%的违约金。

4）强迫或变相强迫旅游者购物的，旅行社每次向旅游者支付旅游费用总额 20%的违约金。

5）旅游者在合同约定的购物场所所购物品系假冒伪劣商品的，旅行社应负责挽回或赔偿旅游者的直接经济损失。

6）私自兜售商品的，旅行社应全额退还旅游者购物价款。

（3）擅自转团、拼团的赔偿

旅行社未经旅游者同意，擅自将旅游者转团、拼团的，应向旅游者支付旅游费用总额25%的违约金。解除合同的，旅行社还应向未随团出行的旅游者全额退还预付旅游费用，向已随团出行的旅游者退还未实际发生的旅游费用。

（4）未能乘坐预定的公共交通工具的赔偿

因旅行社原因造成旅游者未能乘坐预定的公共交通工具的，旅行社应赔偿旅游者的直接经济损失，并支付直接经济损失20%的违约金。

（5）提供的服务与合同不符的赔偿

旅行社安排的旅游活动及服务档次与合同不符，造成旅游者经济损失的，旅行社应退还旅游者合同金额与实际花费的差额，并支付同额违约金。

（6）导游或领队的服务不达标的赔偿

导游或领队未按照国家或旅游行业对旅游者服务标准提供导游或者领队服务，影响旅游服务质量的，旅行社应向旅游者支付旅游费用总额1%～5%的违约金，本赔偿标准另有规定的除外。

（7）旅行社违约中止旅游服务的赔偿

旅行社违反合同约定，中止对旅游者提供住宿、用餐、交通等旅游服务的，应当负担旅游者在被中止旅游服务期间所订的同等级别的住宿、用餐、交通等必要费用，并向旅游者支付旅游费用总额30%的违约金。

小　结

本章主要介绍了《旅游法》《旅行社条例》《旅行社条例实施细则》等与旅行社管理相关的法规的内容，包括旅行社的概念与特征、旅行社的设立、旅行社的经营、旅行社的权利与义务、旅行社的法律责任等。

重点概念

旅行社　国内旅游业务　入境旅游业务　出境旅游业务　质量保证金
旅行社分社　旅行社的权利和义务　法律责任　不可抗力

练习题

一、选择题（有一个或多个正确答案）

1. 申请设立经营国内旅游业务和入境旅游业务的旅行社，必须具备的办公设备主要包括（　　）。

A. 传真机　　B. 复印机　　C. 计算机　　D. 汽车

2. 旅行社在经营活动中应当遵循（　　）的原则，遵守商业道德。

A. 自愿　　B. 平等　　C. 公平　　D. 诚实信用

3. 根据我国旅行社行业现行的法律、法规，旅行社法律责任大致可分为（　　）等。

A. 行政责任　　B. 经济责任　　C. 刑事责任　　D. 民事责任

4. 下面属于旅行社出境旅游业务的是（　　）。

A. 组织中国内地居民出国旅游
B. 组织中国内地居民赴香港特别行政区旅游
C. 组织在中国内地的外国人出境旅游
D. 组织在内地的香港特别行政区居民出境旅游

5. 由于地接社的接待失误给旅游者带来了损失，旅游者可以向（　　）要求赔偿损失。

A. 地接社　　B. 组团社　　C. 地接社导游　　D. 组团社导游

6. 旅行社具备履行条件，经旅游者要求仍拒绝履行合同，造成旅游者人身损害、滞留等严重后果的，旅游者可以要求旅行社支付旅游费用（　　）的赔偿金。

A. 20%以上1倍以下　　B. 1倍以上2倍以下
C. 1倍以上3倍以下　　D. 1倍以上4倍以下

7. 在团队旅游中，旅游者（　　）的，旅行社可以解除合同。

A. 患有传染病等疾病，可能危害其他旅游者健康和安全
B. 携带危害公共安全的物品，且不同意交有关部门处理
C. 从事违法活动
D. 从事严重影响其他旅游者权益的活动，且不听劝阻

8. 因未达到约定人数不能出团的，在征得旅游者书面同意的情况下，组团社可以

委托其他旅行社履行合同，此时，应由（ ）对旅游者承担责任。

A．组团社　　B．受委托的旅行社

C．实际提供服务的旅行社　　D．带团导游

9．因不可抗力造成旅游者滞留的，旅行社应当采取相应的安置措施。因此增加的食宿费用，由（ ）承担。

A．酒店　　B．旅行社　　C．带团导游　　D．旅游者

10．在旅行社组织的团队旅行中，由于公共交通经营者的原因造成旅游者人身损害、财产损失的，由（ ）依法承担赔偿责任。

A．组团旅行社　　B．地接旅行社

C．公共交通经营者　　D．司机

11．旅途中发生不可抗力，旅行社临时决定组织游客返程，因此而增加的返程费用，由（ ）。

A．旅行社承担　　B．旅游者承担

C．交通部门承担　　D．旅行社与旅游者分担

二、是非题

1．目前所有的旅行社都可以经营国内旅游业务，但不一定能经营入境旅游业务。（ ）

2．旅行社都能独立承担民事责任。（ ）

3．所有的旅行社都应有不少于 30 万元的注册资本。（ ）

三、简答题

1．什么是旅行社？

2．旅行社有哪些特征？

3．申请设立经营国内旅游业务和入境旅游业务的旅行社应具备哪些条件？

4．如何设立旅行社分社？

5．旅行社有哪些经营规范？

6．旅游合同应载明哪些事项？

7．在什么情况下，旅游行政管理部门可以使用旅行社的质量保证金？

8．旅行社有哪些权利和义务？

9．旅行社与旅游者之间有哪些权利和义务？

10．在什么情况下，旅行社的法律责任可以得到减轻或免除？

四、案例分析题

1．旅游者马某参加了某旅行社组织的河南 5 日游，合同中约定的景点有龙门石窟、白居易墓园、香山寺等。在游龙门石窟时，导游告诉旅游者，白居易墓园和香山寺可以远眺，不再安排游览。尽管很多旅游者反对，但导游仍坚持自己的意见。回到家后，马

某向旅行社投诉，旅行社承认有错，但只同意按照国家旅游局 2011 年发布实施的《旅行社服务质量赔偿标准》的有关规定赔偿。马某不同意这种赔偿方式，要求旅行社继续履行合同，补游这两个遗漏的景点。因双方争执不下，马某起诉到法院，要求法院判决旅行社继续履行合同，补游遗漏的景点。

请问：

1）本案例可以按照《旅行社服务质量赔偿标准》进行赔偿吗？为什么？

2）根据《旅行社服务质量赔偿标准》，马某能得到什么样的赔偿？

3）马某有权要求旅行社继续履行合同吗？为什么？

2. 一家具有出境游业务资格的旅行社，设立了一家经营国内旅游业务、入境旅游业务和出境旅游业务的分社。

请问： 这家旅行社的质量保证金一般应达到多少？

3. 根据行程安排，某旅行团应在旅游开始的第一天游览长城，但负责接待的旅行社因车辆安排问题，临时调整了行程，改为第三天游览长城。但这一天长城因大雪临时关闭，旅行社因此无法安排游客游长城。

请问： 天降大雪导致长城关闭是不是不可抗力？本案中的旅行社可以免除责任吗？

第三章 导游人员管理法规

学习重点

- 导游人员的概念
- 导游人员的从业条件
- 导游人员的权利
- 导游人员的执业规范

导游服务在旅游接待服务中处于核心和纽带的地位，有独立性强、脑体高度结合、知识性强、复杂多变等特点，是一种高智能、高技能的服务工作，是旅游服务中最具代表性的服务。导游人员是导游服务的直接提供者，处在旅游接待工作的第一线，因此，提高导游服务质量对提升旅游服务的整体质量有着直接的影响。

目前我国涉及导游人员管理的法律、法规主要有《旅游法》、《旅行社条例》、《导游人员管理条例》（国务院 1999 年 5 月 14 日发布，1999 年 10 月 1 日起施行，2017 年 10 月 7 日修订）、《导游管理办法》（国家旅游局 2017 年 11 月 1 日公布，2018 年 1 月 1 日起施行）和《导游人员等级考核评定管理办法（试行）》（国家旅游局 2005 年 6 月 3 日公布，2005 年 7 月 3 日起施行）等。

第一节 导游人员概述

一、导游人员的概念

根据《导游人员管理条例》第二条的规定，导游人员是指依照该条例的规定取得导游证，接受旅行社委派，为旅游者提供向导、讲解及相关旅游服务的人员。这一概念包含以下 3 层含义。

1）导游人员从事导游工作的前提是取得导游证，没有取得导游证的人员不能从事导游活动。

2）导游人员须接受旅行社的委派才能从事导游业务，不得私自承揽或者以其他任何方式直接承揽导游业务。

3）导游人员的主要工作是为旅游者提供向导、讲解及相关旅游服务。“向导”是指为旅游者引路、带路；“讲解”是指为旅游者介绍旅游地点的人文和自然情况，介绍风土人情和习俗；“相关旅游服务”是指为旅游者代办旅行证件、代购交通票据、安排吃住等与旅游相关的各种服务。

思 考

导游在带团过程中侵犯了游客的权益，旅行社是否要承担责任？

提示： 导游是接受旅行社委派从事导游业务的人员，其履行职务的行为代表的是旅行社，因此，导游在带团过程中侵犯了游客的权益，旅行社自然要承担责任。同时，作为专业的旅游执业人员，导游也要对自己的行为承担相应责任。

二、导游人员的分类

根据不同的标准，我们可以对导游人员进行不同的分类。

1. 地陪、全陪和领队

根据导游在旅游活动中业务分工的不同，导游可分为地陪、全陪和领队。

地陪的全称是“地方陪同导游”。地陪受接待方旅行社（接待社）的委派，为旅游团（者）提供在当地的旅游活动安排、讲解等旅游接待服务。

全陪的全称是“全程陪同导游”。全陪受组团方旅行社（组团社）的委派，作为组团社的代表，参与旅游团的全部旅游活动，做好旅游活动各环节的衔接，在地陪的配合下实施旅游接待计划，监督地陪对接待计划的实施。

领队的全称是“出境旅游领队”。领队受取得出境旅游业务经营许可的旅行社的委派，担任出境旅游团队的旅途全程陪同者，做好旅游活动各环节的衔接，协助游客办理出入境手续，协调、监督境外负责接待工作的旅行社及从业人员履行合同。

2. 中文导游、外语导游

根据导游在工作中使用的语言，可将导游分为中文导游和外语导游。

3. 专职导游、兼职导游

根据导游在工作中是否全职，可将导游分为专职导游和兼职导游。专职导游以全职身份从事导游工作；兼职导游并不完全以导游工作为业，只利用业余时间或部分工作时间从事导游工作。

4. 初级导游、中级导游、高级导游、特级导游

导游工作是一项技术性工作，是分技术等级的。《导游人员等级考核评定管理办法（试行）》规定，导游人员的技术等级有初级、中级、高级和特级4个等级。

三、导游的从业条件

要从事导游工作，必须满足一定的从业条件。《旅游法》《导游人员管理条例》规定，

导游的从业条件有下面两点。

1. 取得导游证

取得导游证是一个人具备导游身份从而开展导游业务的前提。《导游人员管理条例》第四条规定，在中华人民共和国境内从事导游活动，必须取得导游证。

2. 受旅行社委派

取得导游证的人并不能自行开展导游业务，而是要接受旅行社的委派之后才能从事导游业务。《旅游法》第四十条规定，导游和领队为旅游者提供服务必须接受旅行社委派，不得私自承揽导游和领队业务。《导游人员管理条例》第九条规定，导游人员进行导游活动，必须经旅行社委派。导游人员不得私自承揽或者以其他任何方式直接承揽导游业务，进行导游活动。

思 考

从事向导、讲解的旅游接待人员都是导游，这句话对吗？为什么？

提示：这句话不对。导游必须取得导游证，而且受旅行社委派。从事向导、讲解的旅游接待人员如果不具备这两个条件，就不是导游。例如，很多景区讲解员虽然从事旅游接待工作，但因为没有取得导游证、没有受旅行社委派，所以他们的工作不属于导游工作，而属于景区讲解工作。

四、领队从业的特别条件

导游从事领队业务，除了需要满足从事导游业务的条件（如取得导游证、受旅行社委派），还要满足领队从业的一些特别条件。

《旅游法》第三十九条规定，从事领队业务，应当取得导游证，具有相应的学历、语言能力和旅游从业经历，并与委派其从事领队业务的取得出境旅游业务经营许可的旅行社订立劳动合同。从这一规定可以看出，一个导游如果要从事领队业务，除了要取得导游证并受旅行社委派，还要满足下面这些特别规定。

1. 具有相应的学历、语言能力和旅游从业经历

现在从事领队业务，除了要取得导游证，并不需要取得领队证，但应具有相应的学历、语言能力和旅游从业经历。根据《国家旅游局办公室关于领队管理工作有关事宜的通知》（2017 年 8 月 14 日发布），从事领队业务的导游应具有大专以上学历，具备与出境旅游目的地国家（地区）相对应的语言能力或已通过外语语种导游资格考试，还应有两年以上旅行社相关岗位从业经历。

补充阅读

《国家旅游局办公室关于领队管理工作有关事宜的通知》第一条对领队人员学历、语言能力、从业经历条件的认定有具体的规定。

1）大专以上学历。包括普通高校、成考、自考及国家承认的其他形式的具有大专及以上的同等学历。

2）语言能力。符合下列情形之一：①通过外语语种导游资格考试；②取得国家级发证机构颁发的或国际认证的、出境旅游目的地国家（地区）对应语种语言水平测试的相应等级证书。

3）从业经历。符合下列情形之一：①两年以上旅行社业务经营经历；②两年以上旅行社管理经历；③两年以上导游从业经历。

2. 与委派其从事领队业务的取得出境旅游业务经营许可的旅行社订立劳动合同

如果仅仅是从事导游业务，接受旅行社委派的导游不一定需要与旅行社签订劳动合同。也就是说，无论是专职导游还是兼职导游，都可接受旅行社委派从事导游业务。但如果从事的是领队业务，接受旅行社委派的导游必须与旅行社订立劳动合同，而且这家旅行社必须是取得出境旅游业务经营许可的旅行社。

思 考

为什么委派导游从事领队业务的旅行社必须是取得出境旅游业务经营许可的旅行社？

提示：领队的全称是“出境旅游领队”，因此，没有取得出境旅游业务经营许可的旅行社不存在派领队的问题，也不可以委派领队。

第二节　导游人员的权利和执业规范

一、导游人员的权利

1. 导游人员的人格尊严和人身安全不受侵犯

《导游人员管理条例》第十条规定，导游人员进行导游活动时，其人格尊严应当受到尊重，其人身安全不受侵犯。导游人员有权拒绝旅游者提出的侮辱其人格尊严或者违反其职业道德的不合理要求。人格权是民事主体享有的生命权、身体权、健康权、姓名权、名称权、肖像权、名誉权、荣誉权、隐私权等权利。在旅游活动中，个别旅游者遇到不顺心的事，就肆意侮辱、谩骂甚至殴打导游人员，对此，导游人员可要求其道歉、赔偿，或要求有关部门进行处理。对个别旅游者提出的有辱导游人格尊严或违反导游职业道德的不合理要求，导游可严词拒绝。

补充阅读

《导游管理办法》第二十六条规定，导游在执业过程中，其人格尊严受到尊重，人身安全不受侵犯，合法权益受到保障。导游有权拒绝旅行社和旅游者的下列要求：

1）侮辱其人格尊严的要求；

2）违反其职业道德的要求；

3）不符合我国民族风俗习惯的要求；

4）可能危害其人身安全的要求；

5）其他违反法律、法规和规章规定的要求。

旅行社等用人单位应当维护导游执业安全、提供必要的职业安全卫生条件，并为女性导游提供执业便利、实行特殊劳动保护。

2. 导游人员在特定情况下有权调整或变更接待计划

《导游人员管理条例》第十三条第二款规定："导游人员在引导旅游者旅行、游览过程中，遇有可能危及旅游者人身安全的紧急情形时，经征得多数旅游者的同意，可以调整或者变更接待计划，但是应当立即报告旅行社。"这是《导游人员管理条例》中有关导游人员调整或变更接待计划的规定，根据这一规定，导游人员在满足下列条件的前提下可以调整或变更接待计划。

1）必须是在引导旅游者旅行、游览过程中。也就是说，只有在旅行、游览活动开始后，出现不利于旅游活动正常进行的紧急情况时，导游人员才可行使这一权利。如果紧急情形出现在旅游活动正式开始之前，则应由旅行社与旅游者协商调整接待计划。

2）必须是遇有可能危及旅游者人身安全的紧急情形。这里有两点要注意：一是情况紧急，具有突发性；二是这一突发情况可能危及旅游者的安全。

3）须征得多数旅游者的同意。导游人员在调整接待计划时，应向旅游者讲明情况，告诉旅游者可能面临的危险，说服旅游者同意变更接待计划。

4）必须向旅行社通报。

补充阅读

根据《导游人员管理条例》的规定，导游人员在引导旅游者旅行、游览过程中，遇有可能危及旅游者人身安全的紧急情形时，经征得多数旅游者的同意，可以调整或者变更接待计划。但是，如果多数旅游者不同意调整接待计划怎么办？

事实上，当危险确实存在时，多数旅游者会同意调整接待计划的，但有时会存在这种情况，危险的确存在，但旅游者并没有意识到这一点，这时需要导游耐心地解释说明。但即使如此，也并不能保证一定能说服多数旅游者变更接待计划。对此，《导游人员管理条例》并没有作出进一步的规定。但《旅行社条例实施细则》（2016年12月12日修订）对此有更具操作性的规定，其第四十三条规定：“在旅游行程中，当发生不可抗力、危及旅游者人身、财产安全，或者非旅行社责任造成的意外情形，旅行社不得不调整或者变更旅游合同约定的行程安排时，应当在事前向旅游者作出说明；确因客观情况无法在事前说明的，应当在事后作出说明。”这一规定并没有要求旅行社（导游）一定要征得多数旅游者同意才能变更接待计划，但一定要向旅游者作出说明。

3. 有权与旅行社签订劳动合同并获得相应的工资报酬

劳动合同是指劳动者与用人单位确定劳动关系、明确双方权利和义务关系的协议。签订劳动合同既是旅行社的义务，也是导游人员的权利。《旅游法》第三十八条规定：“旅行社应当与其聘用的导游依法订立劳动合同，支付劳动报酬，缴纳社会保险费用。”《旅行社条例》第三十二条规定：“旅行社聘用导游人员、领队人员应当依法签订劳动合同，并向其支付不低于当地最低工资标准的报酬。”《导游管理办法》第二十八条第一款规定：“旅行社应当与通过其取得导游证的导游订立不少于 1 个月期限的劳动合同，并支付基本工资、带团补贴等劳动报酬，缴纳社会保险费用。”

导游人员与旅行社订立劳动合同，有利于保护导游的合法权益，也有利于构建和发展和谐、稳定的劳动关系。导游人员还有权获得相应的工资报酬，其支付标准不应低于当地最低工资标准，而且旅行社不得要求导游人员和领队人员承担接待旅游团队的相关费用，对旅行社的此类要求，导游人员有权拒绝。

补充阅读

《中华人民共和国劳动合同法》（2008 年 1 月 1 日起施行，2012 年 12 月 28 日修正，以下简称《劳动合同法》）第十二条规定，劳动合同分为固定期限劳动合同、无固定期限劳动合同和以完成一定工作任务为期限的劳动合同。《劳动合同法》第十七条规定，劳动合同应当具备以下条款。

1）用人单位的名称、住所和法定代表人或者主要负责人。

2）劳动者的姓名、住址和居民身份证或者其他有效身份证件号码。

3）劳动合同期限。

4）工作内容和工作地点。

5）工作时间和休息休假。

6）劳动报酬。

7）社会保险。

8）劳动保护、劳动条件和职业危害防护。

9）法律、法规规定应当纳入劳动合同的其他事项。

劳动合同除上述规定的必备条款外，用人单位与劳动者可以约定试用期、培训、保守秘密、补充保险和福利待遇等其他事项。

关于劳动合同，《劳动合同法》还有以下规定。

1）第八条规定，用人单位招用劳动者时，应当如实告知劳动者工作内容、工作条件、工作地点、职业危害、安全生产状况、劳动报酬，以及劳动者要求了解的其他情况；用人单位有权了解劳动者与劳动合同直接相关的基本情况，劳动者应当如实说明。

2）第九条规定，用人单位招用劳动者，不得扣押劳动者的居民身份证和其他证件，不得要求劳动者提供担保或者以其他名义向劳动者收取财物。

3）第十九条规定，劳动合同期限 3 个月以上不满 1 年的，试用期不得超过 1 个月；劳动合同期限 1 年以上不满 3 年的，试用期不得超过 2 个月；3 年以上固定期限和无固定期限的劳动合同，试用期不得超过 6 个月。同一用人单位与同一劳动者只能约定一次试用期。以完成一定工作任务为期限的劳动合同或者劳动合同期限不满 3 个月的，不得约定试用期。试用期包含在劳动合同期限内。劳动合同仅约定试用期的，试用期不成立，该期限为劳动合同期限。

4）第二十条规定，劳动者在试用期的工资不得低于本单位相同岗位最低档工资或者劳动合同约定工资的 80%，并不得低于用人单位所在地的最低工资标准。

5）第三十二条规定，劳动者拒绝用人单位管理人员违章指挥、强令冒险作业的，不视为违反劳动合同。劳动者对危害生命安全和身体健康的劳动条件，有权对用人单位提出批评、检举和控告。

4. 导游人员有履行职责的相关权利

旅行社及其委派的导游人员、领队人员在经营和提供服务的过程中，为更好地履行自身的职责，需要获得一定的权利，《旅行社条例实施细则》第四十九条规定，这些权利主要包括下面 5 个方面。

1）要求旅游者如实提供旅游所必需的个人信息，按时提交相关证明文件。

2）要求旅游者遵守旅游合同约定的旅游行程安排，妥善保管随身物品。

3）出现突发公共事件或者其他危急情形，以及旅行社因违反旅游合同约定采取补救措施时，要求旅游者配合处理防止扩大损失，以将损失降低到最低程度。

4）拒绝旅游者提出的超出旅游合同约定的不合理要求。

5）制止旅游者违背旅游目的地的法律、风俗习惯的言行。

5. 导游人员有投诉举报、申请行政复议和提起诉讼的权利

导游人员如果认为自己的合法权益受到了损害，有权向有关部门投诉举报、申请行政复议和提起诉讼，以维护自身的权益。

《导游管理办法》第二十七条规定，旅行社有下列行为的，导游有权向劳动行政部门投诉举报、申请仲裁或者向人民法院提起诉讼。

1）不依法与聘用的导游订立劳动合同的。

2）不依法向聘用的导游支付劳动报酬、导游服务费用或者缴纳社会保险费用的。

3）要求导游缴纳自身社会保险费用的。

4）支付导游的报酬低于当地最低工资标准的。

旅行社要求导游接待以不合理低价组织的旅游团队或者承担接待旅游团队的相关费用的，导游有权向旅游主管部门投诉举报。

二、导游人员的执业规范

1. 导游人员应当不断提高自身的业务素质和职业技能

《导游人员管理条例》第七条规定，导游人员应当不断提高自身业务素质和职业技能。

导游人员的服务水平直接影响导游服务质量。旅游业是一个飞速发展的行业，即使是一个合格的导游人员也要不断学习，不断提高自身业务素质和职业技能。

2. 导游人员进行导游活动时，应当携带或佩戴执业证件

《导游人员管理条例》第八条规定，导游人员进行导游活动时，应当佩戴导游证。

现在，导游证已采用电子证件形式，由各级旅游主管部门通过全国旅游监管服务信息系统实施管理。电子导游证以电子数据形式保存于导游个人移动电话等移动终端设备中，便于携带。《导游管理办法》第二十条规定，导游在执业过程中应当携带电子导游证、佩戴导游身份标识，并开启导游执业相关应用软件。旅游者有权要求导游展示电子导游证和导游身份标识。

补充阅读

《导游管理办法》第三十九条规定，导游身份标识，是指标识有导游姓名、证件号码等导游基本信息，以便于旅游者和执法人员识别身份的工作标牌，具体标准由国家旅游局制定。

导游在工作中携带或佩戴导游证件：一是便于旅游者识别导游，及时得到导游的帮助和服务；二是便于旅游行政管理部门的监督检查；三是增强导游的工作责任感。

3. 导游人员应认真履行工作职责

导游人员在执业过程中，应当认真履行自身的工作职责。《导游管理办法》第二十二条规定，导游在执业过程中应当履行下列职责。

1）自觉维护国家利益和民族尊严。

2）遵守职业道德，维护职业形象，文明诚信服务。

3）按照旅游合同提供导游服务，讲解自然和人文资源知识、风俗习惯、宗教禁忌、法律法规和有关注意事项。

4）尊重旅游者的人格尊严、宗教信仰、民族风俗和生活习惯。

5）向旅游者告知和解释文明行为规范、不文明行为可能产生的后果，引导旅游者健康、文明旅游，劝阻旅游者违反法律法规、社会公德、文明礼仪规范的行为。

6）对可能危及旅游者人身、财产安全的事项，向旅游者作出真实的说明和明确的警示，并采取防止危害发生的必要措施。

补充阅读

2006 年 10 月 2 日，中央文明办、国家旅游局联合颁布《中国公民国内旅游文明行为公约》(以下简称《公约》)、《中国公民出境旅游文明行为指南》(以下简称《指南》)，对公民的旅游行为作出了明确规范。遵守《公约》和《指南》是提高导游人员文明素质的重要内容。不仅如此，导游人员还有责任在游客当中宣传《公约》和《指南》，并纠正游客的不文明行为。

中国公民国内旅游文明行为公约

营造文明、和谐的旅游环境，关系到每位游客的切身利益。做文明游客是我们大家的义务，请遵守以下公约。

1）维护环境卫生。不随地吐痰和口香糖，不乱扔废弃物，不在禁烟场所吸烟。

2）遵守公共秩序。不喧哗吵闹，排队遵守秩序，不并行挡道，不在公众场所高声交谈。

3）保护生态环境。不踩踏绿地，不摘折花木和果实，不追捉、投打、乱喂动物。

4）保护文物古迹。不在文物古迹上涂刻，不攀爬触摸文物，拍照摄像遵守规定。

5）爱惜公共设施。不污损客房用品，不损坏公用设施，不贪占小便宜，节约用水用电，用餐不浪费。

6）尊重别人权利。不强行和外宾合影，不对着别人打喷嚏，不长期占用公共设施，尊重服务人员的劳动，尊重各民族宗教习俗。

7）讲究以礼待人。衣着整洁得体，不在公共场所袒胸赤膊，礼让老幼病残，礼让女士；不讲粗话。

8）提倡健康娱乐。抵制封建迷信活动，拒绝黄、赌、毒。

中国公民出境旅游文明行为指南

中国公民，出境旅游，注重礼仪，保持尊严。
讲究卫生，爱护环境；衣着得体，请勿喧哗。
尊老爱幼，助人为乐；女士优先，礼貌谦让。
出行办事，遵守时间；排队有序，不越黄线。
文明住宿，不损用品；安静用餐，请勿浪费。
健康娱乐，有益身心；赌博色情，坚决拒绝。
参观游览，遵守规定；习俗禁忌，切勿冒犯。
遇有疑难，咨询领馆；文明出行，一路平安。

（资料来源：作者根据相关资料整理而成）

4. 导游人员应严格执行接待计划

导游人员应当严格执行旅游行程安排，不得擅自变更旅游行程或中止导游活动。《导游人员管理条例》第十三条规定，导游人员应当严格按照旅行社确定的接待计划，安排旅游者的旅行、游览活动，不得擅自增加、减少旅游项目或者中止导游活动。

补充阅读

导游人员中止导游活动一般应具备以下条件。

1）必须是在导游活动结束之前。

2）必须是擅自中止，受外部条件影响而中止不是擅自中止。

3）必须是彻底中止，即导游人员彻底放弃了原来的导游活动。

5. 导游人员在执业过程中应杜绝违法违规行为

《导游管理办法》第二十三条规定，导游在执业过程中不得有下列行为。

1）安排旅游者参观或者参与涉及色情、赌博、毒品等违反我国法律法规和社会公德的项目或者活动。

2）擅自变更旅游行程或拒绝履行旅游合同。

3）擅自安排购物活动或另行付费旅游项目。

4）以隐瞒事实、提供虚假情况等方式，诱骗旅游者违背自己的真实意愿，参加购物活动或另行付费旅游项目。

5）以殴打、弃置、限制活动自由、恐吓、侮辱、咒骂等方式，强迫或变相强迫旅游者参加购物活动、另行付费等消费项目。

6）获取购物场所、另行付费旅游项目等相关经营者以回扣、佣金、人头费或者奖励费等名义给予的不正当利益。

7）推荐或安排不合格的经营场所。

8）向旅游者兜售物品。

9）向旅游者索取小费。

10）未经旅行社同意委托他人代为提供导游服务。

11）法律法规规定的其他行为。

思　考

小费就是导游服务费吗？导游人员可以拿小费吗？

提示：

1）小费与导游服务费是不同的概念。小费是旅游者因对导游服务满意而自愿给予导游人员的奖励，而导游服务费是旅行社支付给导游人员的劳动报酬。

2）我国法律、法规禁止导游人员向旅游者索取小费，但并没有禁止旅游者主动给予导游小费。境外有一些国家（地区）存在向导游、司机等旅游从业人员支付小费的习惯，这些小费收入构成了其劳动报酬的一部分，有时甚至是其劳动报酬的主要来源，通常必须支付。出于对当地的风俗习惯、文化传统的尊重，遇到这种特殊情况，旅行社可将这一费用直接包含在旅游团费中事先向旅游者收取，也可在签订合同时专门向旅游者详细说明后另行收取，但不得由导游、领队直接收取，这样可避免被认为是在“索要小费”。

6. 导游人员应及时规范地处理旅游突发事件

《导游管理办法》第二十四条规定，旅游突发事件发生后，导游应当立即采取下列必要的处置措施。

1）向本单位负责人报告，情况紧急或发生重大、特别重大旅游突发事件时，可以直接向发生地、旅行社所在地县级以上旅游主管部门、安全生产监督管理部门和负有安全生产监督管理职责的其他相关部门报告。

2）救助或协助救助受困旅游者。

3）根据旅行社、旅游主管部门及有关机构的要求，采取调整或中止行程、停止带团前往风险区域、撤离风险区域等避险措施。

第三节　导游管理制度

与导游人员与关的管理制度包括导游资格考试制度、导游执业证书制度、导游执业保障制度和导游等级考核制度等。

一、导游资格考试制度

通过考试，取得导游资格是从事导游工作的前提。《导游人员管理条例》第三条规定，国家实行全国统一的导游人员资格考试制度。《导游管理办法》第三条规定，国家对导游执业实行许可制度。从事导游执业活动的人员，应当取得导游人员资格证和导游证。

1．考试的组织

《导游管理办法》第六条规定，国家旅游局负责制定全国导游资格考试政策、标准，组织导游资格统一考试，以及对地方各级旅游主管部门导游资格考试实施工作进行监督管理。省、自治区、直辖市旅游主管部门负责组织、实施本行政区域内导游资格考试具体工作。

2．报名条件

《导游人员管理条例》第三条规定，具有高级中学、中等专业学校或以上学历，身体健康，具有适应导游需要的基本知识和语言表达能力的中华人民共和国公民，可以参加导游人员资格考试。这是对导游资格考试报名条件的规定。具体来说，满足下列条件的人员可以参加导游资格考试。

1）是中华人民共和国公民。公民是指具有一个国家的国籍，并根据该国宪法和法律的规定享受权利和承担义务的自然人。《宪法》规定，凡具有中华人民共和国国籍的人都是中华人民共和国公民。外国人、无国籍的人不得参加我国的导游人员资格考试。

2）具有高级中学、中等专业学校或者以上学历。导游工作是一项知识性、技能性很强的工作，对导游从业者规定最低的学历标准是必要的。

3）身体健康。导游工作不仅是一项脑力劳动，也是一项体力劳动，要求导游人员有一个健康的体魄。

4）具有适应导游需要的基本知识和语言表达能力。正因为此，导游资格考试既要考基础知识，也要进行面试，现场考察其导游服务能力。

3．考试内容和方式

导游人员资格考试的考试语种分为中文和外语两种。考试科目分为政策与法律法规、导游业务、全国导游基础知识、地方导游基础知识和导游服务能力 5 科。其中，“导游服务能力”为现场考试（模拟考试），其他科目为笔试（实行全国统一的计算机考试）。导游人员资格考试每年一次，近几年都在每年的 11 月举行。

4．导游人员资格证书的发放

通过导游人员资格考试、成绩合格的人员将取得导游人员资格证书。导游人员资格证书由国务院旅游主管部门统一制证、统一编号，由国务院旅游主管部门或国务院旅游主管部门委托省、自治区、直辖市人民政府旅游主管部门颁发。导游人员资格证书终身有效。

二、导游执业证书制度

1. 取得导游证是导游执业的前提

在我国，导游执业必须有相应的执业证书，这个证书就是导游证。取得了导游人员资格证书的人员，通过申请取得导游证之后才能执业。《导游人员管理条例》第四条规定，在中华人民共和国境内从事导游活动，必须取得导游证。国家规定导游人员必须具有导游证，是为了维护旅游业的声誉，保证导游服务质量，便于旅游行政管理人员监督检查。

2. 导游证的申领条件

根据《旅游法》第三十七条、《导游人员管理条例》第四条的规定，取得导游证应具备 3 个条件：一是要考取导游人员资格证书；二是要与旅行社订立劳动合同或在相关旅游行业组织注册；三是向省一级的旅游行政部门提出申请。

与旅行社订立劳动合同或者在相关旅游行业组织注册，是取得导游人员资格证书的人员获取导游证的两种途径。

1）与旅行社订立劳动合同。导游人员与旅行社订立的劳动合同，既可以是固定期限劳动合同，也可以是无固定期限劳动合同。劳动合同的期限应当在 1 个月以上。

2）在相关旅游行业组织注册。这里的“旅游行业组织”是指依照《社会团体登记管理条例》成立的导游协会，以及在旅游协会、旅行社协会等旅游行业社会团体内设立的导游分会或导游工作部门。

补充阅读

关于旅游行业组织是否能收注册费，关于《导游管理办法》第八条明确规定，旅游行业组织在接受申请人取得导游证的注册时，不得收取注册费；旅游行业组织收取会员会费的，应当符合《社会团体登记条例》等法律法规的规定，不得以导游证注册费的名义收取会费。

3. 导游证的申领方式和提交的材料

根据《导游管理办法》第七条、第十条的规定，申请取得导游证，申请人可通过全国旅游监管服务信息系统向所在地旅游主管部门申请，并提交下列申请材料：身份证的扫描件或者数码照片等电子版；未患有传染性疾病的承诺；无过失犯罪以外的犯罪记录的承诺；与经常执业地区的旅行社订立劳动合同或者在经常执业地区的旅游行业组织注册的确认信息。

补充阅读

什么是导游的“经常执业地区”

《导游管理办法》第三十九条规定，导游的“经常执业地区”，是指导游连续执业或者 3 个月内累计执业达到 30 日的省级行政区域。此外，《导游管理办法》第十八条规定，导游的经常执业地区应当与其订立劳动合同的旅行社（含旅行社分社）或者注册的旅游行业组织所在地的省级行政区域一致。

根据《导游管理办法》第八条的规定，在旅游行业组织注册的人员，可通过旅游行业组织申请取得导游证，并应当向所在地旅游行业组织提交身份证、导游人员资格证、本人近期照片、注册申请等材料。

4. 导游证申领的受理和导游证的核发

《导游管理办法》第十一条规定，所在地旅游主管部门对申请人提出的取得导游证的申请，应当依法出具受理或者不予受理的书面凭证。需补正相关材料的，应当自收到申请材料之日起 5 个工作日内一次性告知申请人需要补正的全部内容；逾期不告知的，收到材料之日起即为受理。

所在地旅游主管部门应当自受理申请之日起 10 个工作日内，作出准予核发或者不予核发导游证的决定。不予核发的，应当书面告知申请人理由。

5. 不予颁发导游证的情形

根据《导游人员管理条例》第五条、《导游管理办法》第十二条的规定，申请人如果存在下列情形之一，将不予核发导游证。

1）申请人为无民事行为能力或者限制民事行为能力的。民事行为能力是指公民通过自己的行为取得民事权利和承担民事义务的资格。不是每个公民都有民事行为能力。法律要求公民达到一定的年龄并能对自己的行为和行为可能产生的后果具有分辨能力后才具有相应的民事行为能力。无民事行为能力人或者限制民事行为能力人都不能独立进行民事活动，或者只能进行有限度的民事活动，他们都不能取得导游证。

2）申请人患有甲类、乙类及其他可能危害旅游者人身健康安全的传染性疾病的。这些传染病包括鼠疫、霍乱、传染性非典型肺炎、艾滋病、病毒性肝炎、人感染高致病性禽流感、狂犬病、流行性乙型脑炎、肺结核、伤寒、血吸虫病、疟疾等。

3）申请人受过刑事处罚，过失犯罪的除外。受过刑事处罚的人员是指因其行为触犯了国家刑法而受到刑罚制裁的人。不是所有受过刑罚处罚的人都不能申请导游证，因过失犯罪而受到刑罚处罚的人仍然可申请导游证。《刑法》第十五条第一款规定：“应当预见自己的行为可能发生危害社会的结果，因为疏忽大意而没有预见，或者已经预见而轻信能够避免，以致发生这种结果的，是过失犯罪。”过失犯罪不是有意犯罪，其主观恶性和社会危害性方面，相对于故意犯罪都要低。

4）被吊销导游证之日起未逾3年的。自被吊销导游证之日起未逾3年的，不得重新申请导游证。

6. 导游证的管理

《导游管理办法》第七条、第十三条至第十七条分别对导游证的形式，有效期，导游证的变更、撤销、注销等进行了规定。

（1）导游证的形式

导游证采用电子证件形式，由国家旅游局制定格式标准。电子导游证以电子数据形式保存于导游个人移动电话等移动终端设备中。

（2）导游证的有效期

与导游资格证的终身有效不同，导游证的有效期只有3年。导游需要在导游证有效期届满后继续执业的，应当在有效期限届满前3个月内，通过全国旅游监管服务信息系统向所在地旅游主管部门提出申请，并提交规定的材料。旅行社或者旅游行业组织应当自导游提交申请之日起3个工作日内确认信息。所在地旅游主管部门应当自旅行社或者旅游行业组织核实信息之日起5个工作日内予以审核。

（3）导游证的变更

《导游管理办法》第十四条和第十五条对导游证的变更做了规定。导游与旅行社订立的劳动合同解除、终止或者在旅游行业组织取消注册的，导游及旅行社或者旅游行业组织应当自解除、终止合同或者取消注册之日起5个工作日内，通过全国旅游监管服务信息系统将信息变更情况报告旅游主管部门。导游应当自下列情形发生之日起10个工作日内，通过全国旅游监管服务信息系统提交相应材料，申请变更导游证信息。

1）姓名、身份证号、导游等级和语种等信息发生变化的。

2）与旅行社订立的劳动合同解除、终止或者在旅游行业组织取消注册后，在3个月内与其他旅行社订立劳动合同或者在其他旅游行业组织注册的。

3）经常执业地区发生变化的。

4）其他导游身份信息发生变化的。

（4）导游证的撤销

《导游管理办法》第十六条规定，有下列情形之一的，所在地旅游主管部门应当撤销导游证。

1）对不具备申请资格或者不符合法定条件的申请人核发导游证的。

2）申请人以欺骗、贿赂等不正当手段取得导游证的。

3）依法可以撤销导游证的其他情形。

（5）导游证的注销

《导游管理办法》第十七条规定，有下列情形之一的，所在地旅游主管部门应当注销导游证。

1）导游死亡的。

2）导游证有效期届满未申请换发导游证的。

3）导游证依法被撤销、吊销的。

4）导游与旅行社订立的劳动合同解除、终止或在旅游行业组织取消注册后，超过3个月未与其他旅行社订立劳动合同或者未在其他旅游行业组织注册的。

5）取得导游证后，导游成为无民事行为能力或者限制民事行为能力人，或者患上了甲类、乙类以及其他可能危害旅游者人身健康安全的传染性疾病，或者受到了过失犯罪以外的刑事处罚的。

6）依法应当注销导游证的其他情形。

（6）导游证的再次申请

导游证被注销后，导游符合法定执业条件需要继续执业的，应当依法重新申请取得导游证。

三、导游执业保障制度

1. 关于导游执业安全保障的规定

旅行社对导游的执业安全负责。《旅游法》第七十九条第二款规定，旅游经营者应当对直接为旅游者提供服务的从业人员开展经常性应急救助技能培训，对提供的产品和服务进行安全检验、监测和评估，采取必要措施防止危害发生。《导游管理办法》第二十六条规定，旅行社等用人单位应当维护导游执业安全、提供必要的职业安全卫生条件，并为女性导游提供执业便利、实行特殊劳动保护；第二十九条规定，旅行社应当提供设置“导游专座”的旅游客运车辆，安排的旅游者与导游总人数不得超过旅游客运车辆核定乘员数。导游应当在旅游车辆“导游专座”就坐，避免在高速公路或者危险路段站立讲解。

2. 导游服务星级评价制度

《导游管理办法》第三十条对导游服务星级评价制度做了规定。导游服务星级评价是对导游服务水平的综合评价。导游服务星级评价指标包括技能水平、学习培训经历、从业年限、奖惩情况、执业经历和社会评价等。导游服务星级根据星级评价指标通过全国旅游监管服务信息系统自动生成，并根据导游执业情况每年度更新一次。

3. 加强对导游的职业道德教育和业务培训

我国历来重视对旅游从业人员的教育和培训。《旅游法》第二十七条规定，国家鼓励和支持发展旅游职业教育和培训，提高旅游从业人员素质。《导游管理办法》第三十一条对导游的教育和培训进行了细化，具体包括下列内容。

（1）各级旅游主管部门组织的培训

1）培训的内容，应当包括政策法规、安全生产、突发事件应对和文明服务等。

2）培训的方式，可以包括培训班、专题讲座和网络在线培训等。

3）培训的时长，每年累计培训时间不得少于 24 小时。

4）各级旅游主管部门组织开展的导游培训不得向参加人员收取费用。

（2）旅游行业组织和旅行社等组织的培训

旅游行业组织和旅行社等组织应当对导游进行包括安全生产、岗位技能、文明服务和文明引导等内容的岗前培训和执业培训。

导游应当参加旅游主管部门、旅游行业组织和旅行社开展的有关政策法规、安全生产、突发事件应对和文明服务内容的培训，并积极参加其他内容的培训，提高自身的服务水平。

四、导游等级考核制度

《导游人员管理条例》第七条规定，国家对导游人员实行等级考核制度。导游人员等级考核标准和考核办法，由国务院旅游行政部门制定。2005 年 6 月 3 日，国家旅游局公布了《导游人员等级考核评定管理办法（试行）》，于 2005 年 7 月 3 日起施行。

1. 导游人员等级划分

导游人员等级分为初级、中级、高级、特级 4 个等级。

2. 导游人员等级考核评定的原则

导游人员等级考核评定工作，遵循自愿申报、逐级晋升、动态管理的原则。经考核评定合格者，获得相应的导游员等级证书。

3. 导游人员等级考核评定的程序

导游人员等级考核评定工作，按照“申请、受理、考核评定、告知、发证”的程序进行。

4. 导游人员等级考核的内容和方式

1）中级导游员的考核采取笔试方式。其中，中文导游人员考试科目为“导游知识专题”和“汉语言文学知识”；外语导游人员考试科目为“导游知识专题”和“外语”。

2）高级导游员的考核采取笔试方式，考试科目为“导游案例分析”和“导游词创作”。

3）特级导游员的考核采取论文答辩方式。

小　结

本章主要介绍了与导游人员管理有关的法规，包括导游人员的概念和分类、导游的从业条件、领队从业的特别条件、导游人员的权利、导游人员的执业规范、导游资格考试制度、导游执业证书制度、导游执业保障制度、导游等级考核制度等。

重点概念

导游人员　劳动合同　导游人员资格证书　导游证　领队　民事行为能力
导游服务星级评价

练习题

一、选择题（有一个或多个正确答案）

1. （　　）是从事导游工作和领队工作的共同前提。
   A. 在旅行社工作　　B. 取得导游证
   C. 取得领队证　　D. 取得讲解员证
2. 下列人员中不得颁发导游证的有（　　）。
   A. 无民事行为能力或限制民事行为能力的
   B. 患有甲类传染性疾病的
   C. 受过刑事处罚的
   D. 未通过导游资格考试的
3. 导游人员资格证书（　　）。
   A. 不执业即失效　　B. 3 年有效
   C. 5 年有效　　D. 终身有效
4. 导游证（　　）。
   A. 2 年有效　　B. 3 年有效
   C. 执业期间始终有效　　D. 终身有效
5. 导游每年累计培训时间不得少于（　　）小时。
   A. 24　　B. 48　　C. 56　　D. 96
6. 导游至少应具备（　　）以上学历。
   A. 初中　　B. 高中（或中专）
   C. 大专　　D. 本科
7. 从事领队业务的人员都应取得（　　）。
   A. 导游资格证　　B. 导游证　　C. 领队证　　D. 讲解员证
8. 导游应当参加旅游主管部门、旅游行业组织和旅行社开展的有关（　　）内容的培训。
   A. 政策法规　　B. 安全生产　　C. 突发事件应对　　D. 文明服务

二、是非题

1．参加了导游资格考试并成绩合格的人员，首先取得的是导游人员资格证书，而不是导游证。（　　）

2．只有与旅行社订立了劳动合同的人才能领取导游证。（　　）

3．在旅游途中，经征得多数旅游者的同意，导游即可改变旅游行程。（　　）

4．导游证采用电子证件形式。（　　）

三、简答题

1．什么是导游？

2．怎样才能取得导游证？

3．哪些人将不予颁发导游证？

4．从事领队工作应具备什么条件？

5．导游人员有哪些权利？

6．导游人员有哪些执业规范？

四、案例分析题

某旅行社组织一批旅游者赴张家界旅游。上山之前，导游告诉大家，因为是旅游旺季，天子山景区索道排队等候的人很多，不如大家先游览袁家界景区，因为这是个临时增加的景点，所以大家要另外交费。多数旅游者同意了导游的意见，但有少数旅游者不同意改变行程，也不愿另外交费。导游说："根据少数服从多数的原则，你们必须交费。"

请问：导游的说法有道理吗？为什么？

第四章　旅游消费者权益保护法规

学习重点

- 消费者及旅游者的含义
- 旅游消费者的主要权利
- 旅游消费者的主要义务
- 旅游消费者权益争议的解决途径

每个人都是消费者，也都有可能成为旅游消费者（旅游者）。相对于旅游企业而言，处于弱势地位的旅游消费者的合法权益更容易被忽视、被侵害。学习旅游消费者权益保护法规，有助于旅游消费者了解自身权益，更好地维护自身利益。同时，作为旅游业从业者，掌握旅游消费者权益保护法规，有助于维护旅游消费者的正当权益，减少旅游纠纷，更好地履行工作职责。

本章涉及的法律、法规主要有《旅游法》、《消费者权益保护法》（1993 年 10 月 31 日通过，2009 年 8 月 27 日第 1 次修正，2013 年 10 月 25 日第 2 次修正，自 1994 年 1 月 1 日起施行）、《中华人民共和国电子商务法》（2018 年 8 月 31 日通过，自 2019 年 1 月 1 日起施行，以下简称《电子商务法》）等。

第一节　旅游消费者的权利与经营者的义务

一、消费者与旅游者的含义

1. 消费者的含义

我们每个人都是消费者，但我们不一定都知道消费者的确切含义。《消费者权益保护法》第二条规定，“消费者为生活消费需要购买、使用商品或者接受服务，其权益受本法保护”。从这一规定可以看出，《消费者权益保护法》所指的消费者是为满足生活消费的需要而购买、使用商品或接受服务的个人或单位。

要理解消费者的含义要把握 3 点：消费者不一定是个人，也可以是单位；消费者的消费内容可以是购买商品、使用商品，也可以是接受某项服务；消费者的目的是满足生活消费。

思 考

购买农用生产资料用于农业生产的农民是不是消费者?

提示：根据《消费者权益保护法》对消费者的定义，购买、使用商品的人若不是为满足生活消费的需要，一般来说就不能算是消费者，也就不受《消费者权益保护法》的保护。但也有例外情况，《消费者权益保护法》第六十二条规定："农民购买、使用直接用于农业生产的生产资料，参照本法执行。"也就是说，农民购买农用生产资料用于农业生产也受《消费者权益保护法》的保护。

思 考

下列属于消费者行为的有（ ）。

A. 汽车厂为生产汽车向轮胎厂购买轮胎

B. 张某入住饭店

C. 沈某购买火车票上火车

D. 丁某为公司采购机床

E. 刘某去理发店理发

F. 贺某买了瓶牛奶

提示：B、C、E、F 属于消费者的消费行为，其中张某接受的是饭店提供的住宿服务，沈某接受的是铁路部门提供的运输服务，刘某接受的是理发服务，贺某买牛奶显然是为了生活消费需要。因为 A 与 D 不是为生活消费而购买商品，所以不是消费者行为。

2. 旅游者的含义

我国尚未通过立法界定"旅游者"这一非常重要的概念，因此，对旅游者的概念界定尚在争论当中。通常认为，旅游者是指任何一个离开常住地到异地进行游览、度假、休闲、娱乐、探亲、访友或其他形式的旅游活动，连续停留时间不超过 12 个月，并且其主要目的不是通过所从事的活动获取报酬的人。旅游者不包括因工作或学习在两地有规律往返的人。

旅游者也都是消费者，既具有消费者的一般属性，又具有其自身的特点，具体如下。

1）旅游者购买的产品是一种综合性产品，往往包括食、住、行、游、购、娱等各个方面。

2）旅游者购买产品时往往是先付费后享用产品，与"一手交钱、一手交货"的消费方式大不相同。

3）旅游者的旅游消费具有异地性特征，这使旅游者对产品知之不多，与旅游产品提供者相比处于明显的信息弱势。

4）旅游者的旅游消费往往存在一个较长的期间。

上述多种因素的存在使旅游消费的不确定性因素很多，这也使旅游者的合法权益很容易被侵害，而受到侵害后旅游者索赔的难度也更大。正因为对旅游者的权益保护有更多的困难，所以我们更应加强对旅游者权益的保护。

二、旅游消费者的权利

旅游消费者的权利是指法律、法规确定的旅游消费者为旅游消费而购买、使用旅游产品或接受服务时依法具有的为或不为一定行为，以及要求旅游经营者或其他有关主体为或不为一定行为的资格。《旅游法》《消费者权益保护法》等规定，旅游消费者的主要权利包括下面几个方面。

1. 安全保障权

安全保障权是指旅游消费者在购买、使用旅游商品或接受旅游服务时，依法享有的人身、财产安全不受侵害的权利。

安全保障权是旅游消费者享有的最基本权利。旅游消费者有权要求旅游经营者提供的商品和服务符合保障人身、财产安全的要求。在人身、财产安全遇有危险时，旅游消费者有权请求旅游经营者、当地政府和相关机构及时救助。中国出境旅游消费者在境外陷于困境时，有权请求我国驻当地机构在其职责范围内给予协助和保护。

案例分析

一旅游团在浙江沿海某旅游胜地观光，导游带着众人来到海边欣赏海滩风光。导游讲解完后，大家开始自由活动，导游指着一块“严禁入内拍照”的警示牌对大家说：“请遵守景区规定，不要越过警示牌站在礁石上拍照。”但还是有三个年轻人趁着导游不注意越过了警示牌，站在礁石上让人拍照。这时，一股海浪猛地打了过来，三个年轻人被卷入海中，其中两人又被冲上岸来，另一人再也没有上岸。

请问：旅行社提供的旅游服务能保障旅游者的人身、财产安全吗？为什么？

【分析】景区已对危险区域作出明确的警示，旅行社导游人员也事先作出了警告。旅游者不听劝告，擅自进行危险活动造成死亡的后果，是旅游者自己的过失造成的，不能就此说明旅行社提供的旅游服务不能保障旅游者的人身、财产安全，旅行社对事故可以不承担责任，但应积极协助死者家属向保险公司索赔。

2. 知悉真情权

知悉真情权又称知情权，是指旅游消费者享有的知悉其购买、使用的旅游商品或者接受的旅游服务的真实情况的权利。《消费者权益保护法》第八条规定，消费者有权根据商品或者服务的不同情况，要求经营者提供商品的价格、产地、生产者、用途、性能、规格、等级、主要成分、生产日期、有效期限、检验合格证明、使用方法说明书、售后服务，或者服务的内容、规格、费用等有关情况。

对具体的旅游消费而言，旅游消费者有权了解包价旅游合同中的行程安排、成团最低人数、服务项目的具体内容和标准、自由活动时间安排、旅行社责任减免信息及旅游目的地的风俗习惯、宗教禁忌等内容，有权要求旅行社在旅游行程开始前提供旅游行程单。

现在，很多旅游消费者通过在线平台购买旅游产品和旅游服务，这些在线平台同样要保障消费者的知悉真情权。《电子商务法》第三十九条规定，电子商务平台经营者应当建立健全信用评价制度，公示信用评价规则，为消费者提供对平台内销售的商品或者提供的服务进行评价的途径，不得删除消费者对其平台内销售的商品或者提供的服务的评价。第四十条规定，电子商务平台经营者应当根据商品或者服务的价格、销量、信用等以多种方式向消费者显示商品或者服务的搜索结果；对于竞价排名的商品或者服务，应当显著标明“广告”。

3. 自主选择权

自主选择权是指旅游消费者享有的自主选择旅游商品或接受旅游服务的权利。《旅游法》第九条第一款规定，旅游者有权自主选择旅游产品和服务。《消费者权益保护法》第九条有更具体的规定：消费者享有自主选择商品或者服务的权利；消费者有权自主选择提供商品或者服务的经营者，自主选择商品品种或者服务方式，自主决定购买或者不购买任何一种商品、接受或者不接受任何一项服务；消费者在自主选择商品或者服务时，有权进行比较、鉴别和挑选。

近年来，消费者通过网络、电视、电话、邮购等远程购物方式购买商品越来越普遍，但这种方式具有非现场性的特点，消费者无法直接接触商品，难以作出准确判断。为保护这部分消费者的权益，《消费者权益保护法》第二十五条规定，经营者采用网络、电视、电话、邮购等方式销售商品，除特定商品外，消费者有权自收到商品之日起七日内退货，且无须说明理由。消费者退货的商品应当完好，所退商品的运费在双方无约定的情况下由消费者承担。经营者应当自收到退回商品之日起七日内返还消费者支付的商品价款。值得注意的是，消费者直接到商店购买物品而要求退货的，不适用上述规定。

补充阅读

不适用七日内无理由退货的特定商品，《消费者权益保护法》第二十五条规定，主要包括：①消费者定作的；②鲜活易腐的；③在线下载或者消费者拆封的音像制品、计算机软件等数字化商品；④交付的报纸、期刊；⑤其他根据商品性质并经消费者在购买时确认不宜退货的商品。

为保障通过网络平台购买商品和服务的消费者的自主选择权，《电子商务法》第十七条规定，电子商务经营者应当全面、真实、准确、及时地披露商品或者服务信息，保障消费者的知情权和选择权。第十八条规定，电子商务经营者根据消费者的兴趣爱好、消费习惯等特征向其提供商品或者服务的搜索结果的，应当同时向该消费者提供不针对其个人特征的选项。第十九条规定，电子商务经营者搭售商品或服务，应当以显著方式提请消费者注意，不得将搭售商品或者服务作为默认同意的选项。

案例分析

几名旅游者在某饭店用餐，席间一位旅游者从旅行包中拿出一瓶在旅游点购买的酒与大家一起分享，没有在饭店点酒水。结账时，他们惊讶地发现账单上多出了 50 元的“开瓶费”。饭店经理解释说，该饭店谢绝客人自带酒水，如果客人一定要自带酒水，则要收取 50 元开瓶费。旅游者认为，消费者有权选择消费项目，带不带酒水是自己的自由，而且饭店没有将不能自带酒水的规定在显著的位置标示出来，也没有向他们申明不能自带酒水，因此，这 50 元收得不合理。

请问：这 50 元开瓶费该不该收？为什么？

【分析】消费者有自主选择权，本例中，旅游者有权不接受饭店提供的酒水服务，饭店在没有事先申明的情况下强收“开瓶费”是在干涉消费者的自主选择权。目前，对饭店业中普遍存在的禁止消费者自带酒水的规定合理与否的争论很大，司法实践和社会舆论普遍认为饭店这一规定对消费者不公平。还有一点可以肯定，饭店若禁止消费者自带酒水，必须事先让顾客知道，这也是尊重消费者选择权的体现。

4. 公平交易权

公平交易权是指旅游消费者在购买旅游商品或接受旅游服务时所享有的获得质量保障、价格合理、计量正确等公平交易条件，拒绝经营者的强制交易行为的权利。公平交易权的实现是衡量旅游消费者合法权益是否得到保障的重要标志。实践中，旅行社未与旅游消费者协商一致或未经旅游者要求，指定购物场所、安排旅游者参加另行付费项目、强迫或变相强迫旅游者购物等都是强制交易行为，旅游消费者有权拒绝。

课堂讨论

某景区制定了两种门票价格，本地人的门票价格是 20 元，而外地旅游者的门票价格是 90 元。这一做法合理吗？为什么？

5. 依法求偿权

依法求偿权是指旅游消费者在因购买、使用旅游商品或接受旅游服务而受到人身、财产损害时，依法享有的获得赔偿的权利。

6. 特殊群体获得便利优惠权

残疾人、老年人、未成年人等旅游消费者在旅游活动中，有权依照法律、法规和有关规定享受便利和优惠。

7. 获取知识权

获取知识权是指旅游消费者享有获得有关旅游消费和旅游消费者权益保护方面知识的权利。这一权利是从知悉真情权派生而来的权利。旅游消费者获取知识权的实现一方面有赖于经营者提供信息，另一方面也有赖于政府和消费者组织等提供的消费知识。此外，旅游消费者提高自我保护意识，努力掌握所需商品或服务的知识和使用技能也非常重要。

8. 获得尊重权

获得尊重权是指旅游消费者在购买、使用旅游商品和接受旅游服务时，享有人格尊严、民族风俗习惯得到尊重，个人信息依法得到保护的权利。

在旅游过程中，旅游消费者通常是从常住地到达另一个地方，甚至要跨越国界，各地的风俗习惯、文化传统可能存在较大差异，法律给予旅游消费者获得尊重权不仅是社会文明进步的表现，也是使旅游消费者达到旅游效果、真正获得身体和心理上放松的一种表现。

补充阅读

在参加旅游活动前，旅游经营者往往要收集旅游者大量的个人信息，这些信息一旦泄露，会给旅游者增加很多麻烦甚至带来巨大损失。为此，《消费者权益保护法》第二十九条第二款特别规定："经营者及其工作人员对收集的消费者个人信息必须严格保密，不得泄露、出售或者非法向他人提供。经营者应当采取技术措施和其他必要措施，确保信息安全，防止消费者个人信息泄露、丢失。在发生或者可能发生信息泄露、丢失的情况时，应当立即采取补救措施。"《旅游法》第五十二条也有同样规定："旅游经营者对其在经营活动中知悉的旅游者个人信息，应当予以保密。"

9. 监督检举权和批评建议权

旅游消费者享有监督检举权和批评建议权。《消费者权益保护法》第十五条规定，消费者享有对商品和服务以及保护消费者权益工作进行监督的权利，有权检举、控告侵害消费者权益的行为和国家机关及其工作人员在保护消费者权益工作中的违法失职行为，有权对保护消费者权益工作提出批评、建议。

三、旅游消费者的主要义务

根据《旅游法》的规定，旅游者应该承担的主要义务有以下几个方面。

1. 文明旅游义务

旅游消费者在旅游活动中应当遵守社会公共秩序和社会公德，尊重当地的风俗习惯、文化传统和宗教信仰，爱护旅游资源，保护生态环境，遵守旅游文明行为规范。

补充阅读

2016 年 5 月实施的《国家旅游局关于旅游不文明行为记录管理暂行办法》第二条列举了旅游者可能被纳入“旅游不文明行为记录”的行为。这些行为主要包括以下几种。

1）扰乱航空器、车船或者其他公共交通工具秩序。

2）破坏公共环境卫生、公共设施。

3）违反旅游目的地社会风俗、民族生活习惯。

4）损毁、破坏旅游目的地文物古迹。

5）参与赌博、色情、涉毒活动。

6）不顾劝阻、警示从事危及自身以及他人人身财产安全的活动。

7）破坏生态环境，违反野生动植物保护规定。

8）违反旅游场所规定，严重扰乱旅游秩序。

9）国务院旅游主管部门认定的造成严重社会不良影响的其他行为。

因监护人存在重大过错导致被监护人发生不文明行为，将监护人纳入“旅游不文明行为记录”。

2. 不损害他人合法权益的义务

旅游消费者在旅游活动中或在解决纠纷时，不得损害当地居民的合法权益，不得干扰他人的旅游活动，不得损害旅游经营者和旅游从业人员的合法权益。

3. 个人健康信息告知义务

旅游消费者购买、接受旅游服务时，应当向旅游经营者如实告知与旅游活动相关的个人健康信息。

4. 安全配合义务

旅游消费者应遵守旅游活动中的安全警示规定，不携带危害公共安全的物品。对国家应对重大突发事件暂时限制旅游活动的措施，以及有关部门、机构或旅游经营者采取的安全防范和应急处置措施，旅游消费者应当予以配合。旅游消费者在接受相关组织或机构的救助后，应当支付应由个人承担的费用。

5. 遵守出入境管理义务

出境旅游消费者不得在境外非法滞留，入境旅游消费者不得在境内非法滞留；随团出、入境的旅游消费者不得擅自分团、脱团。

四、旅游经营者的义务

1. 依法或按约履行义务

旅游经营者向旅游消费者提供商品和服务，应当按照法律、法规的规定履行义务。旅游经营者与旅游消费者有约定的，应当按约定履行义务，但双方的约定不得违背法律、法规的规定。

从事道路旅游客运的经营者应当遵守道路客运安全管理的各项制度，并在车辆的显著位置明示道路旅游客运专用标识，在车厢内的显著位置公示经营者和驾驶人信息及监督电话等。

景区、住宿经营者将其部分经营项目或者场地交由他人从事住宿、餐饮、购物、游览、娱乐、旅游交通等经营的，应当对实际经营者的经营行为给旅游消费者造成的损害承担连带责任。

旅游经营者组织、接待出入境旅游，发现旅游消费者从事违法活动或者有非法滞留等情形的，应当及时向公安机关、旅游主管部门或者我国驻外机构报告。

2. 保障人身和财产安全

旅游经营者应当保证其提供的商品或服务符合保障旅游人身、财产安全的要求。

（1）取得相应许可

旅游经营者经营高空、高速、水上、潜水、探险等高风险旅游项目，应当按照国家有关规定取得经营许可。旅游经营者取得相关质量标准等级的，其设施和服务不得低于相应标准；未取得质量标准等级的，不得使用相关质量等级的称谓和标识。

（2）说明和提示

对可能危及人身、财产安全的商品和服务，应当向旅游消费者作出真实的说明和明确的警示，并说明和标明正确使用商品或接受服务的方法及防止危害发生的方法。对旅游地可能引起旅游消费者误解或产生冲突的法律规定、风俗习惯、宗教信仰等，旅游经营者应当事先给旅游消费者以明确的说明和忠告。

《旅游法》第六十二条规定，订立包价旅游合同时，旅行社应当向旅游者告知下列事项：旅游者不适合参加旅游活动的情形；旅游活动中的安全注意事项；旅行社依法可以减免责任的信息；旅游者应当注意的旅游目的地相关法律、法规和风俗习惯、宗教禁忌，依照中国法律不宜参加的活动等；法律、法规规定的其他应当告之的事项。此外，《旅游法》第八十条还规定，旅游经营者应当就旅游活动中的下列事项，以明示的方式事先向旅游消费者作出说明或者警示。

1）正确使用相关设施、设备的方法。

2）必要的安全防范和应急措施。

3）未向旅游消费者开放的经营、服务场所和设施、设备。

4）不适宜参加相关活动的群体。

5）可能危及旅游消费者人身、财产安全的其他情形。

（3）培训和检查

旅游经营者应当对直接为旅游消费者提供服务的从业人员开展经常性应急救助技能培训，对提供的产品和服务进行安全检验、监测和评估，采取必要措施防止危害发生。

（4）预防和处置

旅游经营者发现其提供的商品或者服务存在严重缺陷，有危及人身、财产安全危险的，应当立即向有关行政部门报告和告知消费者，并采取停止销售、警示、召回、无害化处理、销毁、停止生产或者服务等措施。

突发事件或者旅游安全事故发生后，旅游经营者应当立即采取必要的救助和处置措施，依法履行报告义务，并对旅游消费者作出妥善安排。

3. 听取意见和接受监督

旅游经营者应当听取旅游消费者对其提供的商品或者服务的意见，接受旅游消费者的监督。

4. 提供真实信息

旅游经营者提供商品或者服务应当明码标价，这是保证旅游经营者提供真实信息的基本前提。不仅如此，旅游经营者还应当向旅游消费者提供有关商品或服务的质量、性能、用途、有效期限等方面的真实、全面的信息，不做虚假或引人误解的宣传。旅游经营者对旅游消费者就其提供的商品或者服务的质量和使用方法等问题提出的询问，应当作出真实、明确的答复。

对有欺诈行为的经营者，《消费者权益保护法》规定了严厉的处罚措施，其中最具特色的是第五十五条第一款："经营者提供商品或者服务有欺诈行为的，应当按照消费者的要求增加赔偿其受到的损失，增加赔偿的金额为消费者购买商品的价款或者接受服务的费用的三倍；增加赔偿的金额不足五百元的，为五百元。法律另有规定的，依照其规定。"

补充阅读

2009 年 8 月 27 日修正的《消费者权益保护法》第四十九条是这样规定的："经营者提供商品或者服务有欺诈行为的，应当按照消费者的要求增加赔偿其受到的损失，增加赔偿的金额为消费者购买商品的价款或者接受服务的费用的一倍。"显然，2013 年 10 月 25 日修正的《消费者权益保护法》对经营者的欺诈行为加大了打击力度。

课堂讨论

正是因为《消费者权益保护法》有增加三倍赔偿的规定，有人开始成为打假专业户，四处购买假货，然后获取多倍赔偿。这一行为曾引起广泛的争论，有人认为他们知假买假不是消费者，有人认为他们为保护消费者权益、净化经济环境做了贡献，有人认为他们打假是假，获利是真。你的看法呢？

5. 出具发票等购货凭证或服务单据

旅游经营者提供商品或服务，应当按照国家有关规定或者商业惯例向旅游消费者出具发票等购货凭证或者服务单据。旅游消费者索要这些凭证或者单据的，旅游经营者必须出具。

商业惯例是指某一行业的经营者在销售商品或提供服务时普遍遵循的做法，包括向消费者出具发票等购货凭证或服务单据方面的惯常做法。商业惯例虽不是国家法律、法规的规定，却被有关经营者公认和遵守，在维护正常的交易秩序、保护消费者权益方面发挥着重要作用。

课堂讨论

在日常生活中，在你购买商品或接受服务的时候，经营者会主动提供发票等购货凭证或服务单据吗？你会主动索要这些凭证或单据吗？这些凭证或单据有什么意义？

6. 保证商品和服务的质量

旅游经营者应当保证在正常使用商品或接受服务的情况下其提供的商品或服务应当具有的质量、性能、用途和有效期限，但旅游消费者在购买该商品或接受该服务前已经知道其存在瑕疵，且该瑕疵不违反法律强制性规定的除外。旅游经营者以广告、产品说明、实物样品或其他方式表明商品或者服务的质量状况的，应当保证其提供的商品或服务的实际质量与表明的质量状况相符。

7. 售后服务义务

如果经营者提供的商品或服务不符合质量要求，消费者可以依照国家规定或当事人之间的约定要求退货，或者要求更换、修理。即使没有规定和约定，消费者也可以自收到商品之日起七日内退货。七日后符合法定解除合同条件的，消费者可以及时退货；不符合法定解除合同条件的，可以要求经营者履行更换、修理等义务。上述因退货、更换、修理而产生的运输等必要费用由经营者承担。

8. 保证公平交易

旅游经营者向旅游消费者提供商品或者服务，应当恪守社会公德，诚信经营，不得设定不公平、不合理的交易条件，不得强制交易。

旅游经营者不得以格式条款、通知、声明、店堂告示等方式，作出排除或限制旅游消费者权利、减轻或免除旅游经营者责任、加重旅游消费者责任等对旅游消费者不公平、不合理的规定，不得利用格式条款并借助技术手段强制交易。

补充阅读

格式条款是合同当事人为了重复使用而预先拟定，并在订立合同时未与对方协商的条款。旅游合同大部分是格式条款。因为格式条款往往都是经营者事先拟定好的，因此很容易出现对消费者不利的条款。为此，《消费者权益保护法》第二十六条第一款特别规定了对格式条款的限制："经营者在经营活动中使用格式条款的，应当以显著方式提请消费者注意商品或者服务的数量和质量、价款或者费用、履行期限和方式、安全注意事项和风险警示、售后服务、民事责任等与消费者有重大利害关系的内容，并按照消费者的要求予以说明。"

课堂讨论

我们经常在商场中看到这样的告示："特价商品不退不换"，"烟、酒、化妆品等商品离柜概不负责"等。你如何看待这样的告示？

9. 尊重消费者的人身权

经营者不得对消费者进行侮辱、诽谤，不得搜查消费者的身体及其携带的物品，不得侵犯消费者的人身自由。

补充阅读

人身权是民事主体依法享有的与其人身不可分离而无直接财产内容的民事权利。人身权分为人格权和身份权，其中人格权包括生命权、身体权、健康权、姓名权、名称权、肖像权、名誉权、荣誉权、隐私权等，身份权包括监护权、亲权、父权等。

人身权是民事主体依法享有的最基本的民事权利，也是现代文明社会人们赖以生存的必不可少的社会条件。一个人可能因某种原因不享有某些具体的财产权，却不可能不享有人身权。

第二节　旅游消费者权益的保护

一、国家对旅游消费者合法权益的保护

在与旅游经营者交易的过程中，旅游消费者客观上处于弱者的地位。首先，旅游消费者不可能对所有旅游产品有明确而深刻的认识，这导致旅游消费者与旅游经营者之间对旅游产品的信息把握严重不对称，旅游消费者权益因此极易受损；其次，旅游消费者是分散的个人，而旅游经营者大多是拥有专业知识、实力雄厚的经济组织，旅游消费者受专业知识、消费经验和时间、精力、财力、场合等的限制，较难主张和实现自己的权利。因此，国家对旅游消费者的合法权益给予特别的保护。国家对旅游消费者合法权益的保护主要由立法机关、行政机关、司法机关通过相应的法律措施来实现。

1. 立法保护

完善的法律、法规体系是国家保护旅游消费者合法权益的基础和依据。国家通过制定有关保护消费者合法权益方面的法律、法规，促使人们自觉遵守，从而有效地防止侵犯消费者权益行为的发生。

我国现有的与保护旅游消费者合法权益相关的法律、法规主要有《民法典》《消费者权益保护法》《旅游法》《中国公民出国旅游管理办法》《旅行社条例》及其实施细则等。

2. 行政保护

强有力的行政监督是保护消费者权益的重要环节。在确保消费者权利的实现和经营者义务的履行方面，国家行政机关担负着法定的重要职责。《消费者权益保护法》第三十一条规定："各级人民政府应当加强领导，组织、协调、督促有关行政部门做好保护消费者合法权益的工作，落实保护消费者合法权益的职责。

各级人民政府应当加强监督，预防危害消费者人身、财产安全行为的发生，及时制止危害消费者人身、财产安全的行为。"

国家和地方各级市场监督管理部门是实施消费者权益保护的基本职能机构。各级物价、技术监督、卫生、食品检验、商检、旅游等行政管理机关和行业主管部门、企业主管部门，在各自的职责范围内采取措施，保护消费者的合法权益，包括定期或不定期对经营者提供的商品和服务进行抽查检验，并及时向社会公布抽查检验结果。

3. 司法保护

有关国家机关应当依照法律、法规的规定，惩处经营者在提供商品和服务中侵害消费者合法权益的违法犯罪行为。旅游消费者对于损害其合法权益的旅游经营者，可以向

人民法院提起诉讼，要求人民法院判决旅游经营者承担民事责任。

如果旅游经营者侵害旅游消费者合法权益的行为情节严重，构成犯罪，人民检察院可以对该旅游经营者提起公诉，人民法院应积极受理，依法及时作出判决。

二、社会对旅游消费者合法权益的保护

保护消费者合法权益也是全社会的共同责任，国家鼓励、支持一切组织和个人对损害消费者合法权益的行为进行社会监督。广播、电视、报纸等大众传播媒介应当做好维护消费者合法权益的宣传，对损害消费者合法权益的行为进行舆论监督。在社会对旅游消费者合法权益的保护方面，旅游消费者组织对旅游消费者的保护至为重要。

个体的消费者联合起来形成消费者组织是保护消费者合法权益的重要途径。消费者组织是指依法成立的对商品和服务进行社会监督的保护消费者合法权益的社会组织，包括消费者协会和其他消费者组织。在我国，消费者组织主要是消费者协会。消费者协会是非营利性的、公益性的社会组织，在保护消费者权益方面发挥着重要作用。因为消费者协会的目的是保护消费者的合法权益，所以，各级消费者协会不得从事商品经营和营利性服务，不得以收取费用或其他谋取利益的方式向消费者推荐商品和服务。

补充阅读

《消费者权益保护法》第三十七条规定，消费者协会履行下列公益性职责。

1）向消费者提供消费信息和咨询服务，提高消费者维护自身合法权益的能力，引导文明、健康、节约资源和保护环境的消费方式。

2）参与制定有关消费者权益的法律、法规、规章和强制性标准。

3）参与有关行政部门对商品和服务的监督、检查。

4）就有关消费者合法权益的问题，向有关部门反映、查询，提出建议。

5）受理消费者的投诉，并对投诉事项进行调查、调解。

6）投诉事项涉及商品和服务质量问题的，可以委托具备资格的鉴定人鉴定，鉴定人应当告知鉴定意见。

7）就损害消费者合法权益的行为，支持受损害的消费者提起诉讼或者依照本法提起诉讼。

8）对损害消费者合法权益的行为，通过大众传播媒介予以揭露、批评。

三、旅游消费者权益争议的解决途径

旅游消费者权益争议是指旅游消费者与旅游经营者之间因旅游消费者权益问题而发生的纠纷。这些或大或小的纠纷在旅游过程中时有发生。一般来说，旅游消费者权益争议解决的途径主要有以下几种。

1. 与旅游经营者协商和解

协商是解决争议最简便、成本最低的途径，可能也是用得最多的一种解决途径。但并不是所有纠纷都能达成和解，这种情况下，就得谋求别的解决途径了。

2. 请求消费者协会或依法成立的其他调解组织调解

消费者协会受理旅游消费者的投诉，在进行充分调查后可以进行调解。消费者协会的调解应在双方自愿的基础上，以事实为依据，坚持合法、合理、公正的原则。消费者协会的调解不具有法律约束力，由当事人自愿履行。

补充阅读

消费者协会和行政管理机关不同，它并没有对纠纷的直接处理权，其处理意见也不具有强制力。消费者协会只能对投诉事项进行一定的调查、调解，或转交相应的行政管理机关处理。但消费者协会对具体纠纷的解决能起到巨大的督促作用。

3. 向有关行政部门投诉

旅游消费者可以向旅游行政管理部门、市场监督管理部门等行政机关投诉。这些行政部门对于旅游消费者的投诉应当及时作出处理决定。

4. 提请仲裁机构仲裁

不是所有情况下都能提请仲裁，只有旅游消费者与旅游经营者之间事先订有仲裁条款或事后达成了仲裁协议的情况下才能提请仲裁机构仲裁。经过仲裁机构仲裁的结果，当事人应自觉执行，不得起诉。如果旅游经营者不履行仲裁裁决，旅游消费者可以向有管辖权的人民法院申请执行。

5. 向人民法院起诉

凡当事人之间没有仲裁条款或仲裁协议的消费纠纷，不论是否经过协商、调解、投诉、申诉，旅游消费者都可以直接向人民法院起诉。

课堂讨论

作为消费者，当你的权益受到侵害时，你是怎么解决的？为什么会采取这种方式解决？

四、旅游损害赔偿主体的确定

在解决消费者权益争议过程中，我们首先遇到的问题是如何确定赔偿主体。例如，消费者购买的彩电出现了质量问题，是找卖彩电的商场还是找彩电生产厂家？普通消费者对这一类问题会感到无所适从。旅游者也是消费者，在面临权益争议的过程中同样会遇到需要确定赔偿主体的问题。下面列举一些消费者权益争议解决过程中常见的确定赔偿主体的方式，了解这些方式，对确定旅游消费者权益争议解决过程中的赔偿主体是非常有利的。

1. 向生产者或向销售者索赔

根据《消费者权益保护法》的规定，消费者在购买、使用商品时，合法权益受到损害的，可以向销售者要求赔偿；消费者或者其他受害人因商品缺陷造成人身、财产损害的，可以向销售者要求赔偿，也可以向生产者要求赔偿。属于生产者责任的，销售者在赔偿后，有权向生产者追偿。属于销售者责任的，生产者在赔偿后，有权向销售者追偿。在实践当中，要让旅游消费者去证明在哪个生产或销售环节中出现问题，再向责任主体追偿，这样显然对旅游消费者不利。所以，法律规定旅游消费者可以选择任何一个进行索赔，之后再由生产者、销售者分配责任。

2. 由服务者承担责任

消费者在接受服务时，其合法权益受到损害的，可以向服务者要求赔偿。旅游过程涉及食、住、行、游、购、娱等多个环节，旅游消费者在接受服务时其合法权益受到损害的，可以向各个环节的服务者要求赔偿。很多情况下，旅行社往往先向旅游消费者承担责任，再向有责任的经营者追偿。

3. 企业合并、分立后的赔偿

旅游消费者在购买、使用商品或者接受服务时，其合法权益受到损害，若原企业分立、合并，可以向变更后承受其权利、义务的企业要求赔偿。

4. 经营者使用他人营业执照的赔偿

使用他人营业执照的违法经营者提供商品或者服务，损害旅游消费者合法权益的，旅游消费者可以向其要求赔偿，也可以向营业执照的持有人要求赔偿。

5. 展销、租赁柜台经营的损害赔偿

旅游消费者在展销会、租赁柜台购买商品或者接受服务，合法权益受到损害的，可以向销售者或服务者要求赔偿。展销会结束或者柜台租赁期满后，旅游消费者也可以向展销会的举办者、柜台的出租者要求赔偿。展销会的举办者、柜台的出租者赔偿后，有权向销售者或者服务者追偿。

6. 网上购买商品或者接受服务的损害赔偿

消费者通过网络交易平台购买商品或者接受服务，在近年来变得越来越普遍。过去，

《消费者权益保护法》对网上交易时消费者合法权益受到损害的赔偿主体没有作出规定。但修正后的《消费者权益保护法》对其进行了明确。《消费者权益保护法》第四十四条规定，消费者通过网络交易平台购买商品或者接受服务，其合法权益受到损害的，可以向销售者或者服务者要求赔偿。网络交易平台提供者不能提供销售者或者服务者的真实名称、地址和有效联系方式的，消费者也可以向网络交易平台提供者要求赔偿。网络交易平台提供者赔偿后，有权向销售者或者服务者追偿。网络交易平台提供者明知或者应知销售者或者服务者利用其平台侵害消费者合法权益，未采取必要措施的，依法与该销售者或者服务者承担连带责任。

案例分析

小张在某购物网站上购买了一款手机，拿到货后发现该手机是假冒产品，遂要求卖家退货，但此时卖家已无法联系上。小张联系了网站，网站方面告知小张，该卖家提供给网站的信息都是假的，网站也无法联系上卖家，网站能做的只是关闭该卖家，小张的损失只能自己承担。

请问：小张的损失只能自己承担吗？

【分析】《消费者权益保护法》规定，如果网络交易平台提供者不能提供销售者或服务者的真实名称、地址和有效联系方式，消费者可以向网络交易平台提供者要求赔偿。本例中，小张可要求网站承担赔偿责任。

7. 虚假广告损害赔偿

《消费者权益保护法》第四十五条规定，消费者因经营者利用虚假广告或者其他虚假宣传方式提供商品或服务，其合法权益受到损害的，可以向经营者要求赔偿，并可请求行政主管部门对发布虚假广告的经营者、发布者予以惩处。广告经营者、发布者不能提供经营者的真实名称、地址和有效联系方式的，应承担赔偿责任。广告经营者、广告发布者设计、制作、发布关系消费者生命健康商品或者服务的虚假广告，造成消费者损害的，应当与提供该商品或服务的经营者承担连带责任。社会团体或者其他组织、个人在关系消费者生命健康商品或者服务的虚假广告或者其他虚假宣传中向消费者推荐商品或者服务，造成消费者损害的，应当与提供该商品或者服务的经营者承担连带责任。

思 考

知名人物向公众推荐商品或服务，只要没有收取费用就不用担责，这句话对吗？

提示：这句话不对。根据《消费者权益保护法》的规定，知名人物在关系消费者生命健康商品或者服务的虚假广告或其他虚假宣传中向消费者推荐商品或者服务，造成消费者损害的，应当与提供该商品或者服务的经营者承担连带责任。

五、侵犯旅游消费者合法权益应承担的法律责任

经营者在侵害旅游消费者合法权益时应当分别承担或同时承担民事责任、行政责任和刑事责任。

1. 经营者应承担的民事责任

（1）经营者承担民事责任的情形

《消费者权益保护法》第四十八条规定，经营者提供商品或者服务有下列情形之一的，除本法另有规定外，应当依照其他有关法律、法规的规定，承担民事责任：①商品或服务存在缺陷的；②不具备商品应当具备的使用性能而出售时未作说明的；③不符合在商品或者其包装上注明采用的商品标准的；④不符合商品说明、实物样品等方式表明的质量状况的；⑤生产国家明令淘汰的商品或者销售失效、变质的商品的；⑥销售的商品数量不足的；⑦服务的内容和费用违反约定的；⑧对消费者提出的修理、重作、更换、退货、补足商品数量、退还货款和服务费用或者赔偿损失的要求，故意拖延或者无理拒绝的；⑨法律、法规规定的其他损害消费者权益的情形。

（2）经营者承担民事责任的主要方式

1）停止侵害，包括停止提供不合法定或约定质量的商品或服务、停止侵害消费者人格尊严或侵犯消费者人身自由等。

2）恢复原状，包括对不合格商品进行退货、退款，退还服务费用，对邮购、预售违约后退款并承担利息及合理费用等。

3）采取补救措施，包括补足商品数量、退还多收款项、修理、重作、更换等。

4）赔偿损失，包括赔偿财产损失、赔偿人身伤亡的医疗费、治疗期间的护理费、交通费、因误工减少的收入、残疾者生活自助器具费及生活补助费、残疾赔偿金、丧葬费、死亡赔偿金、由死者生前扶养的人所必需的生活费等。

5）其他，如恢复名誉、消除影响、赔礼道歉等。

上述承担民事责任的方式，依据具体情况，可分别适用，也可同时适用。

2. 经营者应承担的行政责任

根据《旅游法》的规定，旅游经营者侵犯了旅游消费者的合法权益，可能面临的行政责任有责令改正、没收违法所得、罚款（对单位的罚款在5000元以上30万元以下或违法所得1倍以上5倍以下，对个人的罚款为1000元以上2万元以下）、责令停业整顿、吊销旅行社业务经营许可证、暂扣或者吊销导游证、记入信用档案并向社会公布等。

补充阅读

根据《消费者权益保护法》的规定，经营者的下列情形可能面临行政处罚。

1）提供的商品或服务不符合保障人身、财产安全要求的。

2）在商品中掺杂、掺假，以假充真，以次充好，或者以不合格商品冒充合格商品的。

3）生产国家明令淘汰的商品或销售失效、变质的商品的。

4）伪造商品的产地，伪造或者冒用他人的厂名、厂址，篡改生产日期，伪造或冒用认证标志等质量标志的。

5）销售的商品应当检验、检疫而未检验、检疫或者伪造检验、检疫结果的。

6）对商品或者服务做虚假或引人误解的宣传的。

7）拒绝或拖延有关行政部门责令对缺陷商品或者服务采取停止销售、警示、召回、无害化处理、销毁、停止生产或者服务等措施的。

8）对消费者提出的修理、重作、更换、退货、补足商品数量、退还货款和服务费用或者赔偿损失的要求，故意拖延或无理拒绝的。

9）侵害消费者人格尊严、侵犯消费者人身自由或者侵害消费者个人信息依法得到保护的权利的。

10）法律、法规规定的对损害消费者权益应当予以处罚的其他情形。

3. 经营者应承担的刑事责任

经营者侵害旅游消费者合法权益的行为，依据《刑法》规定构成犯罪的，应当依法追究刑事责任。

小　结

本章结合旅游工作实际和对旅游者权益的保护，主要以《旅游法》《消费者权益保护法》为依据，介绍了消费者权益保护方面的一些基本知识，包括消费者和旅游者的含义、旅游消费者的权利和主要义务、旅游经营者的义务、国家对旅游消费者合法权益的保护、社会对旅游消费者合法权益的保护、旅游消费者权益争议的解决途径、旅游损害赔偿主体的确定、侵犯旅游消费者合法权益应承担的法律责任等。

重点概念

消费者　旅游者　旅游消费者的权利　消费者组织　旅游消费者权益争议

练　习　题

一、选择题（有一个或多个正确答案）

1．旅游消费者的自主选择权包括（　　）。

A．选择提供旅游商品或旅游服务的经营者

B．选择旅游商品品种

C．选择服务方式

D．选择消费行为所适用的法律

2．侵犯旅游消费者合法权益应承担的法律责任包括（　　）。

A．经济责任　　B．行政责任　　C．民事责任　　D．刑事责任

3．属于旅游经营者对旅游者的义务的有（　　）。

A．保障人身和财产安全

B．出具发票等购货凭证或者服务单据

C．通报企业的经营状况

D．依法或按约履行义务

4．旅游经营者应当就旅游活动中的（　　）事项，以明示的方式事先向旅游者作出说明或者警示。

A．正确使用相关设施、设备的方法

B．必要的安全防范和应急措施

C．未向旅游者开放的经营、服务场所和设施、设备

D．不适宜参加相关活动的群体

5．旅游经营者侵犯了旅游者的合法权益，可能面临的行政责任有（　　）。

A．赔偿损失　　B．没收违法所得　　C．停业整顿　　D．赔礼道歉

6．电子商务平台经营者应当根据商品或服务的价格、销量、信用等以多种方式向消费者显示商品或服务的搜索结果；对于竞价排名的商品或服务，（　　）显著标明“广告”。

A．应当　　B．可以　　C．尽量　　D．视情况

7．经营者采用网络、电视、电话、邮购等方式销售商品，除特定商品外，消费者有权自收到商品之日起（　　）日内退货，且无须说明理由。

A．3　　B．7　　C．10　　D．15

8．电子商务经营者搭售商品或者服务，应当以显著方式提请消费者注意，（　　）将搭售商品或服务作为默认同意的选项。

A．可以　　B．应当　　C．视情况可以　　D．不得

9．经营者提供商品或者服务有欺诈行为的，应当按照消费者的要求增加赔偿其受到的损失，增加赔偿的金额为消费者购买商品的价款或者接受服务的费用的（　　）倍。

A. 1　　　　B. 2　　　　C. 3　　　　D. 5

10. 如果商品或服务的虚假广告涉及消费者生命健康，并造成了对消费者的实际损害，（　　）应承担连带责任。

A. 广告经营者　　　　B. 广告发布者

C. 提供该商品或者服务的经营者　　　　D. 消费者

二、是非题

1. 消费者是指购买、使用商品或接受服务的个人或单位。（　　）

2. 旅游消费者在因购买、使用旅游商品或者接受旅游服务而受到人身、财产损害时，只能就物质损失要求赔偿，不能就精神损害要求赔偿。（　　）

3. 在与旅游经营者交易的过程中，旅游消费者客观上处于弱者的地位。（　　）

4. 消费者索要发票等购货凭证或服务单据的，经营者必须出具。（　　）

三、简答题

1. 什么是消费者？试举例说明。
2. 旅游消费有哪些特点？
3. 旅游消费者有哪些主要权利？
4. 旅游经营者有哪些主要义务？
5. 国家对旅游消费者合法权益的保护方式有哪些？
6. 旅游消费者权益争议的解决途径有哪些？
7. 旅游损害赔偿主体应如何确定？
8. 经营者承担民事责任的方式主要有哪些？

四、案例分析题

1. 某旅游团在一饭店用餐的时候，旅游者吴某顺手把自己随身携带的手包挂在了身后的椅子上。等他用完餐，却发现自己的手包不翼而飞。手包里有手机、身份证等物品和 3000 多元现金。吴某承认自己过于粗心，但同时认为饭店对手包的遗失也应负一定的责任，正是因为饭店的安保措施存在漏洞，才使小偷有机可乘，于是他找到饭店，要求饭店承担他的部分损失。饭店则认为自己已在醒目处设置提示牌，上面写有“请顾客保管好自己的随身物品”等字样，因此已经尽到了自己的义务。饭店安排的值班人员是维持用餐秩序的，不是为顾客看包的，况且吴某并没有把手包交给任何工作人员保管，因此，饭店拒绝了吴某的要求。

请问：从经营者义务的角度来看，饭店有哪些责任？

2. 大学生李某 3 月 5 日在某购物网站上购买了一双鞋，3 月 9 日他收到了快递来的鞋子，发现颜色与网上的照片有一定差距，遂立即要求退货。

请问：依据《消费者权益保护法》，李某的退货要求能得到满足吗？他应该如何做才能退货？

3. 王某在某超市购物时，看到超市正在举行促销活动，原价每斤 10 元的苹果只卖 5 元，于是买了 5 斤苹果，又买了一些别的东西。付款后回到家中，王某查看购物小票才知，超市还是按每斤 10 元结账的，也就是超市多收了王某 25 元。

请问：如果按照《消费者权益保护法》的规定，王某可得到超市多少赔偿？

4. 某旅游在线平台依据特定消费者的兴趣爱好、消费习惯等特征，向其推送特定旅游产品的搜索结果，以吸引消费者的注意，更多地销售旅游产品。

请问：该旅游在线平台的这一行为可能存在什么法律风险？该如何避免这一风险？

第五章　旅游合同法规

学习重点

- 合同的概念
- 旅游合同的形式、主要条款及订立程序
- 旅游合同的效力
- 旅游合同的具体履行规则

在社会经济生活中，合同行为、合同现象大量存在，从国家的大型建设项目到百姓的日常生活，都离不开合同，旅游业也是如此。旅游交易的法制化、合同化越来越成为一种趋势，这一趋势对规范旅游交易、减少纠纷、提高旅游服务质量有着重大意义。旅游业的从业人员应该了解一些合同的基本知识，这对其工作和日常生活都是非常有利的。

第一节　旅游合同法规概述

一、合同

1. 合同的概念

合同是平等主体的自然人、法人、其他组织之间设立、变更、终止民事权利、义务关系的协议。简单来说，合同是一种协议，但不是所有的协议都是合同。合同有如下特征：①合同是一种能引起民事权利和民事义务产生、变更或终止的合法行为；②合同的目的是设立、变更或终止民事权利、义务关系；③合同是多方民事法律行为，有两个或两个以上的主体参加。

补充阅读

很多人可能认为合同离自己很远，其实不然，合同无处不在。买票上车，表明你与运输企业签订了一份客运合同；在商店询问商品价格，然后付款取货，表明你与商店签订了一份口头买卖合同；将布料交给裁缝，请他做一件衣服，表明你与他签订了一份加工承揽合同。

有人统计，仅从可统计的采取书面形式订立的合同来看，全国每年订立的合同数量都在 40 亿份以上，平均每年每个中国人要签订 3 份以上的书面合同。至于那些经常发生、即时完成的口头合同，其数量更是惊人，数不胜数。实际上，几乎每个人都自觉不自觉地生活在由各种各样合同构成的社会网络当中。

2. 合同的分类

世界各国对合同有许多种分类方法。例如，根据合同双方权利、义务的分担方式，可将合同分为双务合同和单务合同；根据双方当事人权利的取得是否付出相应代价，可将合同分为有偿合同和无偿合同等。生活中，我们常将合同划分为租赁合同、买卖合同、借贷合同、承揽合同、运输合同、保险合同、委托合同等诸多种类。

二、旅游合同

旅游合同是旅游者与旅游经营者，以及旅游经营者之间设立、变更、终止民事权利、义务关系的协议。旅游合同属于合同，具备一般合同的特点，但旅游合同还具备自身的特点，具体如下。

1）旅游合同当事人一方具有恒定性。任何人都可能成为旅游者，从而成为旅游合同的主体，与旅游相关的企业也可能成为旅游合同的一方，而合同的另一方只能是旅行社。

2）旅游合同的标的具有特殊性。旅游合同的标的就是旅游产品，即旅游经营者凭借旅游吸引物和旅游设施，向旅游者提供用以满足其旅游活动需求的全部服务。因此，旅游产品与以物质形态表现的具体劳动产品相比是一种极特殊的产品，这种产品的特殊性表现在以下几点：①旅游产品的无形性和不可储藏性；②旅游产品的不可移动性；③旅游产品的综合性；④旅游产品生产与消费的同时性；⑤旅游产品信息的非对称性。

三、合同法

1. 合同法的概念

合同法是调整平等民事主体间利用合同进行财产流转而产生的社会关系的法律规范的总和。

合同法是世界各国民事法律的重要组成部分，也是我国现阶段依法管理经济的重要法律。在 1999 年之前，我国没有一部统一的合同法。1999 年 3 月 15 日，第九届全国人民代表大会第二次会议通过了《中华人民共和国合同法》（以下简称《合同法》），并自 1999 年 10 月 1 日起施行。由此，我国有了一部统一的合同法，它在保护当事人的合法权益、维护社会经济秩序、促进社会主义现代化建设方面，起到了重要的作用。2021 年 1 月 1 日，《民法典》开始施行，《合同法》随即废止。《民法典》第三编为“合同”，分为 3 个分编、29 章、526 条，对合同的订立、效力、履行、保全、转让、终止、违约责任等进行了规定。

《民法典》中并没有针对旅游合同作出特别的规定，也没有在法律上给予“旅游合同”以特定名称，但我国旅游业中签订的任何合同都将受《民法典》的规范和约束，因此，了解旅游合同法规，实际上主要是了解《民法典》的一些相关规定，同时，旅游合同还要遵守《旅游法》的相关规定。

2. 合同当事人应当遵守的基本准则

1999 年颁发的《合同法》规定了合同当事人应当遵守的基本准则，这也是人民法院、仲裁机构在审理、仲裁合同纠纷时应当遵循的原则。《民法典》施行后，合同当事人应当遵守的基本准则可参照《民法典》第一编“总则”的相关规定（《民法典》第四条至第九条）。

（1）平等原则

平等原则是指合同当事人在合同法律关系中的地位是平等的，任何一方不能把自己的意志强加给另一方，其主要含义包括：①订立合同时双方当事人法律地位平等，任何一方不能把有利于自己一方利益的条款强加于人；②履行合同时双方法律地位平等，任何一方不得擅自变更或解除合同；③承担合同责任时双方法律地位平等，任何一方因过错违反合同，都应当依法承担违约责任。

（2）自愿原则

合同当事人从事民事活动，应当遵循自愿原则。合同当事人有权依照自己的意志自主决定订立或不订立某一合同，有权选择另一方当事人，有权决定合同内容、变更或解除合同，有权选择合同方式，有权选择解决合同纠纷的方式，任何单位和个人都不得非法干预。

（3）公平原则

公平原则是指合同当事人在进行合同法律行为时，应本着公正的观念，公平地确定各方的权利和义务，实现各自的经济利益。在合同法领域中贯彻公平原则，将有助于保障公正交易和公平竞争，同时也有利于合同纠纷得到公平、合理的处理。

（4）诚信原则

诚信原则也即诚实信用原则，要求人们在从事民事活动时，讲究信用，恪守诺言，诚实不欺，用善意的心理和方式取得权利、履行义务，在不损害他人利益和社会利益的前提下追求自身的利益。

案例分析

陈某开了一家鲜花店，销售各种鲜花。凭借多年的经验，陈某知道每年的情人节是鲜花销售的旺季。为了达到垄断市场的目的，2019 年 2 月 13 日，陈某找到鲜花批发部的老板方某，表示将于 2 月 14 日 10 时前以优惠价格将所有鲜花取走。方某因此拒绝了其他店主购花的要求。但是，2 月 14 日陈某并没有来取花。当日 16 时，方某只好将库存鲜花低价抛售，损失达 5000 元。方某要求陈某赔偿损失。陈某认为，自己虽有在批发部购花的意向，但双方并未签订合同，买卖不成立，不应承担赔偿责任。无奈之下，方某只好起诉到法院。

请问：法院会支持方某吗？

【分析】本案中，虽然陈某和方某买卖合同未成立，但陈某为阻止竞争对手购进鲜花，达到垄断市场的目的，假借订立合同，恶意与方某进行磋商，使方某丧失与他人交易的机会，违背了诚实信用原则，应该赔偿方某的损失。

（5）守法与公序良俗原则

合同当事人在订立、履行、变更、解除合同及处理合同争议时，不得违反法律的强制性规定，不得违背公序良俗（即公共秩序和善良习俗）。

案例分析

吴某与李某关系很要好。李某有赌博的恶习，有一次他赌博时输光了身上所有的钱，仍不甘心，急于捞回本钱，于是向一旁观战的吴某借钱，吴某答应借 5000 元，并要李某立了字据，约定第二天还钱。但李某越输越多，很快将借的 5000 元输光了。过了几天，一直等李某还钱的吴某实在坐不住了，拿着字据找李某要钱，李某以没钱为由拒还。此事一拖就是半年，万般无奈的吴某起诉到了法院，以为有字据在，自己稳操胜券。

请问：法院会支持吴某的主张吗？为什么？

【分析】赌博是我国法律禁止的行为，吴某很清楚地知道李某借钱的目的是用来赌博，仍然借钱给他，这种借贷关系是非法的，法律不予保护。

（6）绿色原则

合同当事人从事民事活动，应当有利于节约资源，有利于保护生态环境。

第二节　旅游合同的订立

一、订立合同的主体资格

旅游合同的订立者不外乎旅游者和旅游企业，一般来说，旅游企业都有订立合同的能力，但要注意不能超越自己的经营范围。

旅游者的情况较为复杂，并非所有旅游者都有订立合同的能力。这是因为能够独立订立合同的人，不仅要有民事权利能力，还要有相应的民事行为能力。

民事权利能力是每个人都拥有的。《民法典》第十三条规定，自然人从出生时起到死亡时止，具有民事权利能力，依法享有民事权利，承担民事义务。

但民事行为能力可能因人而不同。《民法典》规定，18 周岁以上的自然人为成年人，为完全民事行为能力人，可以独立实施民事法律行为。16 周岁以上的未成年人（不满 18 周岁的自然人为未成年人），以自己的劳动收入为主要生活来源的，视为完全民事行为能力人。上述这类旅游者都具有订立合同的行为能力。

8 周岁以上的未成年人为限制民事行为能力人，实施民事法律行为须由其法定代理人代理或经其法定代理人同意、追认；但是，可以独立实施纯获利益的民事法律行为或与其年龄、智力相适应的民事法律行为。这类旅游者能否签订旅游合同要具体问题具体分析。

不满 8 周岁的未成年人、不能辨认自己行为的成年人、8 周岁以上的不能辨认自己行为的未成年人均为无民事行为能力人，由其法定代理人代理实施民事法律行为。这类旅游者不能独自签订旅游合同。

案例分析

刘某今年 13 岁，暑假开始后，感觉老待在家里没意思。有一天他路过某旅行社，看到里面挂了许多关于旅游景区的照片，感觉很好奇，于是走了进去。旅行社的一位工作人员热情地接待了他，向他介绍旅行社的旅游线路，其中一条线路既可以漂流，又可以爬山，还有各种刺激的游戏，刘某动心了，很快交了 4800 元钱，并在合同上签了字。刘某父母知道后，认为合同无效，要求旅行社退款。

请问：旅行社应该退款吗？为什么？

【分析】刘某是限制民事行为能力人，只能进行与他的年龄、智力相适应的民事活动，参加这样一条复杂的涉及大量支出的旅游线路，不应该由他独自决定。事实上，旅行社也不应该让他独自参加这项具有一定危险性的旅游活动。因此，本案例中旅行社应该退款。

现在，很多旅游合同是在网上签订的，当事人的订约资格如何判定呢？《电子商务法》第四十八条规定，电子商务当事人使用自动信息系统订立或者履行合同的行为对使用该系统的当事人具有法律效力。在电子商务中推定当事人具有相应的民事行为能力。但是，有相反证据足以推翻的除外。因此，在电子商务中，推定合同当事人都具有相应的订约资格，除非有证据证明当事人不具备这一资格。

二、旅游合同的形式

合同的形式是指体现合同内容的方式。许多人认为，白纸黑字、见诸纸面的合同才是合同，这其实是一种误解。一般来讲，合同有以下 3 种形式。

1. 书面形式合同

书面形式是指合同书、信件和数据电文（电报、电传、传真、电子数据交换和电子邮件）等可以有形地表现所载内容的形式。随着互联网技术的发展，微信、QQ 等已成为人们日常交往的重要载体，有的也可成为书面形式的种类。书面形式的合同有其明显的优势，如有据可查、发生纠纷后易于举证、便于分清责任。因此，那些重要的合同、关系复杂的合同、金额大的合同、不能立即履行的合同最好采取书面形式。我国法律、法规还规定了一些必须采取书面形式的合同，如《旅游法》第五十八条就明确规定，包价旅游合同应当采用书面形式。但书面形式的合同签订程序较为复杂，需要花费较多的时间和精力。

> **思　考**
>
> 包价旅游合同为什么应当采用书面形式？
>
> **提示：**包价旅游合同属于关系复杂、金额较大、不能立即履行的合同，又涉及人身财产安全，因此应当采用书面形式。

2. 口头形式

口头形式是指当事人双方只用语言表示订立合同，如面对面谈话、打电话等，而不用文字表达合同内容。在人们的日常生活当中，口头形式的合同无处不在。菜场买菜、商店购物、朋友间的借贷、替人保管财物等都是口头形式的合同。以口头形式订立合同既方便又快捷，有利于减少交易成本，加速商品流转。口头形式的合同缺点是无文字依据，一旦发生纠纷，易造成举证困难，不易分清责任。因此，口头形式只适用于那些关系简单、涉及金额小、能即时履行的合同，如一手交钱、一手交货的小额买卖。

3. 其他形式

其他形式是指除了书面形式和口头形式之外的订立合同的形式，如推定形式等。推定形式又被称为行为默示形式，指合同当事人以某种表明法律意图的行为间接地表示合同内容的形式。例如，司机驾车驶入停车场停车，停车场收取费用即可推定成立了一个合同。又如，客人在饭店租住客房的合同已到期，但客人继续交房租，饭店也继续收受房租，从这种行为中可以推定饭店方面已同意延长与客人的租赁合同。再如，商家对某商品规定了试用期，消费者在试用期内可以买也可以不买，当试用期限届满后，消费者对是否购买该商品未作表示，则可视为消费者已同意购买。

旅游合同的形式与普通合同的形式一样，包括上述 3 种形式。

> **思　考**
>
> 一名学生某日中午通过打电话的形式，向快餐店预订了两份快餐，约好半小时送到宿舍。这是合同吗？若是，属于哪种形式的合同？
>
> 一名学生通过电子邮件向某书店订购两本复习参考书，书店回信表示同意，双方进一步约定了送书方式和付款方式。这是合同吗？若是，属于哪种形式的合同？
>
> **提示：**前者是口头形式的合同，后者是书面形式的合同。

三、旅游合同的主要条款

合同的条款是指合同当事人协商一致的合同内容，合同条款具体规定了当事人的权利和义务。《民法典》第四百七十条规定，合同的内容由当事人约定，一般包括下列条款：①当事人的姓名或名称和住所；②标的；③数量；④质量；⑤价款或报酬；⑥履行期限、地点和方式；⑦违约责任；⑧解决争议的方法。

1. 当事人的姓名或名称和住所

姓名是指旅游者的姓名，名称是指旅游企业或其他旅游经营者的名称。旅游企业或其他旅游经营者的住所是其注册登记地，旅游者的住所是其户籍所在地或长期生活与活动的处所。

补充阅读

确定一个人的住所本来不是一件很难的事情，但在现代社会，人口流动性的加大为公民住所的确定带来了困难。公民住所的确定非常重要，因为它关系到很多重要的法律问题。根据我国法律的有关规定，公民住所的确定应遵循下列原则。

1）公民以其户籍所在地的居住地为住所。

2）公民经常居住地与住所不一致的，将经常居住地视为住所。所谓经常居住地，是指公民离开住所地最后连续居住 1 年以上的地方，但住院治病的地点除外。

3）公民由其户籍所在地迁出后至迁入另一地前，无经常居住地的，仍以其原户籍所在地为住所。

2. 标的

标的是合同当事人权利、义务一致指向的对象，是合同成立的基本条件。标的可以是财产，可以是劳务，也可以是一定的工作成果。旅游合同的标的一般是能满足旅游者需要的旅游服务行为。

3. 数量

数量是指合同标的的多少，是标的的具体化，直接决定当事人双方权利、义务的程度。标的通过数字和计量单位来表示，因此，合同中必须使用国家统一规定的度量衡和法定单位。在旅游合同中，旅游的天数、景点的多少等都是合同的数量条款。

4. 质量

质量是标的的质的规定性，也是标的的具体化。不同的标的有不同的质量要求，合同中应明确规定标的的质量标准和具体要求。在旅游合同中，餐饮的标准、所住饭店的星级等都是合同的质量条款。

5. 价款或报酬

价款是指向提供财物、产品的一方当事人支付的货币，如顾客购买彩电向商场支付的货币。报酬是指向提供劳务或完成特定工作成果的当事人支付的货币，如旅游者向导游人员支付的导游服务费。

6. 履行期限、地点和方式

履行期限是指履行合同义务的时间界限，违反了约定期限很有可能会构成违约。履行地点是指履行合同约定义务的地点。这一地点关系到费用负担和合同纠纷案件的法院管辖等问题，因此，对履行地点的约定应尽量明确具体。履行方式是指履行义务的方式，如是一次交付还是分期分批交付，是交付实物还是交付所有权凭证等。

7. 违约责任

违约责任是指当事人一方或双方由于自己的过错，造成合同不能履行或不能完全履行时，按照法律的规定或合同的约定所承担的民事责任。

8. 解决争议的方法

解决争议的方法是指发生合同纠纷后，当事人通过什么途径来解决纠纷。

上述条款不是每个合同都具备的，也不是每个合同的所有条款，但却是合同应具备的主要条款。旅游合同同样要具备这些条款。

思　考

《旅游法》第五十八条规定，包价旅游合同应当采用书面形式，包括下列内容。

1）旅行社、旅游者的基本信息。

2）旅游行程安排。

3）旅游团成团的最低人数。

4）交通、住宿、餐饮等旅游服务安排和标准。

5）游览、娱乐等项目的具体内容和时间。

6）自由活动时间安排。

7）旅游费用及其交纳的期限和方式。

8）违约责任和解决纠纷的方式。

9）法律、法规规定和双方约定的其他事项。

请问：在这 9 项内容中，哪些内容体现了合同的主要条款？分别体现了哪些条款？

四、合同订立的程序

任何一个合同的订立都要经过要约和承诺两个阶段。

1. 要约

要约是希望和他人订立合同的意思表示。发出要约的当事人为要约人，受领要约的当事人为受要约人。要约仅仅是一种意思表示，光有要约不能成立合同。生活中要约的例子随处可见，如超市里贴着价格标签的商品、自动售货机的设置、悬赏广告等都是要约。

要约应具备两个条件：①内容具体确定，即要约的内容必须使受要约人了解将要签订的合同的主要内容，以供受要约人考虑是否承诺；②要约应表明经受要约人承诺，要约人即受该意思表示约束。这实际是说要约对要约人具有约束力，要约一旦生效，要约人就不得随意撤回或变更要约。

不具备上述两个条件的意思表示不是要约，往往是要约邀请。要约邀请是希望他人向自己发出要约的意思表示。生活中这样的例子也很多，如寄送的价目表、拍卖公告、招标公告等都是要约邀请。在多数情况下，商业广告是要约邀请，但也有符合要约条件而成为一种要约的。

2. 承诺

承诺是受要约人同意要约的意思表示。承诺是合同签订的另一个重要阶段，任何合同都是要约和承诺相结合的产物。承诺一旦到达要约人，合同便告成立。

一项有效的承诺，必须符合以下条件：①承诺必须由受要约人向要约人作出；②承诺必须是对要约明确表示同意的意思表示；③承诺必须在要约有效期内作出；④承诺的内容必须与要约的内容一致。

一个合同的成立往往要经历多次要约和承诺，如果受要约人对要约的内容做出实质性变更，承诺就没有完成，而是产生了一个新的要约。合同的签订往往要经历多次这样的反复。

补充阅读

旅游合同的签订同样要经历要约和承诺阶段，尽管在签合同时谁也不会明说是在要约还是在承诺。例如，旅行社新开发一条旅游线路，向旅游者散发宣传广告，在通常情况下，这是旅行社向旅游者发出要约邀请（有的也构成要约）；旅游者看到广告后有点动心，去旅行社门市部咨询，这通常是旅游者向旅行社发出要约或要约邀请；经过咨询或协商，甚至包括讨价还价、修改协议，合同最终完成，这就是承诺。

五、格式合同

合同的每一个条款都要经历协商的过程，这往往很麻烦，为减少这样的麻烦，有人发明了格式条款。采用格式条款订立的合同又被称为格式合同或标准合同。生活中格式合同很多，如购房合同、电信合同、保险合同等。格式合同优点有很多，如可以节省时间、减少麻烦。国家还可通过标准合同规定一些合同的必备条款，以保护当事人的利益。

但是，格式合同也有负面影响，提供商品或服务的一方在拟定合同条款时，很可能会利用其优越的经济地位，制定有利于自己而不利于消费者的条款。为避免这一情况的出现，《民法典》第四百九十六条至四百九十八条对格式合同的使用有一些特别的限制，这些限制包括：①提供格式条款的一方应当遵循公平原则确定当事人之间的权利和义务，并采取合理的方式提示对方注意免除或减轻其责任等与对方有重大利害关系的条款，按照对方的要求，对该条款予以说明；②提供格式条款的一方未履行提示或者说明义务，致使对方没有注意或者理解与其有重大利害关系的条款的，对方可以主张该条款不成为合同的内容；③提供格式条款一方不合理地免除或减轻其责任、加重对方责任、限制对方主要权利的条款无效；④提供格式条款一方排除对方主要权利的条款无效；⑤对格式条款的理解发生争议的，应当按照通常理解予以解释；⑥对格式条款有两种以上解释的，应当作出不利于提供格式条款一方的解释；⑦格式条款和非格式条款不一致的，应当采用非格式条款。

思　考

在包价旅游合同中，如果旅行社和旅游者对合同条款发生争议，双方的解释也都有各自的道理，应采用哪一方的解释？

提示：对格式条款的理解发生争议的，应当按照通常的理解予以解释。对格式条款有两种以上解释的，应当作出不利于提供格式条款一方的解释。因此，在本案例中，应采用对旅游者有利的解释。

在旅游业当中，旅游业经营者与旅游者之间普遍使用格式条款订立合同。旅游业采用格式合同有其有利的一面，即旅游经营者将一些普遍问题用相同的标准固定下来，而不必与每一个订约者进行磋商，节省了大量的人力、物力；不利的一面是格式条款千人一面，缺乏特色，又是单方拟定的，很容易导致对方当事人的抵触。

案例分析

学生刘某有一次路过一座商场时，看见商场内出售打折的手机，价格很便宜，决定买一个。付款时，营业员指着商场告示说："打折商品，概不退货。"刘某内心虽有矛盾，但还是买了手机。谁知没用多久，手机就出现质量问题，以致后来根本没法用了。刘某想换一个，商场以"打折商品，概不退货"为由拒绝。刘某为此非常苦恼。

请问：消费者遇到这种情况应该怎样维护自己的权益？

【分析】"打折商品，概不退货"是商家自拟的免责条款，它出现在商场告示中，又可称为格式条款。商家出售的任何商品，不论是否打折，都应保证质量，不得出售有质量缺陷的商品。本案例中的商场想通过格式条款的形式免除自身责任、排除消费者的主要权利，这是不符合法律规定的。刘某可以要求商场更换或退货，若商场拒绝，刘某可以通过消费者协会解决问题，也可以向法院起诉。

第三节 旅游合同的效力

已经订立的合同的法律效力不一定相同，有的合同能生效，有的合同不能生效，有的合同则可以撤销。

一、旅游合同的生效

合同自成立时生效。但已订立的合同要产生当事人希望的后果，必须满足法定的生效条件，根据《民法典》的相关规定，这些条件主要有以下几个方面。

1. 当事人有相应的缔约能力

这一点在前面关于订立合同的主体资格时已有涉及，如要求旅游者具有相应的民事行为能力，要求旅游企业不超范围经营等。

2. 意思表示真实

当事人意思表示一致，一般能使合同成立，但合同的生效还要求当事人意思表示要真实。例如，一方当事人对合同的内容产生了重大误解，或者一方当事人在受到胁迫的情况下被迫签合同，表面上看，双方意思表示一致，但一方当事人的意思表示是不真实的。

3. 不违反法律、法规和公序良俗

合同的目的和内容不得违反法律、行政法规的强制性规定，不得违背公序良俗。

4. 标的的确定和可能

如果合同的标的既不确定，也没有履行的可能，这样的合同就没有存在的必要。例如，旅行社与旅游者签订的赴月球旅游的合同。

二、旅游合同的无效

有的合同虽然已经成立，但却是一种无效的合同，国家对此类合同既不承认也不加以保护，当事人对此类合同不能履行，也不承担违约责任。《民法典》第一百五十三条、第一百五十四条规定，具有下列情况之一的合同是无效的。

1）违反法律、行政法规的强制性规定。

2）违背公序良俗。

3）行为人与相对人恶意串通，损害他人合法权益。

有的合同部分无效。《民法典》第五百零六条规定，合同中的下列免责条款无效：①造成对方人身损害的；②因故意或重大过失造成对方财产损失的。

《民法典》第一百五十五条、第一百五十六条规定，无效的合同自始没有法律约束力。合同部分无效，不影响其他部分效力的，其他部分仍然有效。

三、旅游合同的可撤销

有的合同因为缺少一定的生效要件，所以属于可以撤销的合同，其是否有效，取决于有撤销权的一方当事人是否行使撤销权。《民法典》第一百四十七条至一百五十一条规定，对下列合同，当事人有权请求人民法院或仲裁机构予以撤销。

1. 因重大误解订立的合同

所谓重大误解，是指当事人因自己的过错而对合同的内容等发生误解，订立了合同，并在客观上遭受了较大损失。误解既可以是单方的误解，也可以是双方的误解。产生误解的原因既可能是当事人缺乏必要的知识、技能和信息，也可能是当事人缺乏必要的交易经验或能力。误解直接影响了当事人应享受的权利和承担的义务，因此，法律规定因重大误解订立的合同属于可撤销合同。

案例分析

游客一行 5 人在某城市旅游，为出行方便，他们决定在当地租一辆车。当天的市内旅游结束后，他们问司机每人收多少钱。司机一边伸出两个手指，一边说这是当地惯例。他们随即递给司机 1000 元钱。事后，有人告诉他们，在当地，租用这样的车一天的价格是 200 元，而不是每个乘客 200 元。

请问：他们能把多付的钱要回来吗？为什么？

【分析】这种情况属于重大误解。根据《民法典》的规定，这一付款行为可撤销，当事人之间可重新商定租车价格。

2. 一方以欺诈手段订立的合同

一方以欺诈手段，使对方在违背真实意思的情况下订立的合同，受欺诈方有权请求人民法院或仲裁机构予以撤销。

3. 因第三人实施欺诈行为而订立的合同

第三人实施欺诈行为，使一方在违背真实意思的情况下订立的合同，对方知道或应当知道该欺诈行为的，受欺诈方有权请求人民法院或仲裁机构予以撤销。

4. 受胁迫而订立的合同

一方或第三人以胁迫手段，使对方在违背真实意思的情况下订立的合同，受胁迫方有权请求人民法院或仲裁机构予以撤销。

5. 乘人之危订立的显失公平的合同

一方利用对方处于危困状态、缺乏判断能力等情形，致使订立的合同显失公平的，受损害方有权请求人民法院或仲裁机构予以撤销。显失公平的合同是指合同中双方当事人的权利与义务明显不对等，使一方遭受重大不利的合同。因为显失公平的合同违反了公平合理的原则，所以它属于可撤销的合同。但在实际生活中，这类合同并不容易界定，因为对于公平与否，不同的人有不同的判断，且不同的交易环境对公平与否也会带来影响。例如，同样一瓶矿泉水，平常的价格和在沙漠中作为稀缺资源的价格可能大不相同。

课堂讨论

甲在一旅游名山住了几天，发现这里卖的生活用品，尤其是食品比山下要贵很多，他认为这样显失公平。你觉得呢？

值得注意的是，具有撤销权的当事人应及时行使自己的权利，否则，权利将丧失。《民法典》第五百四十一条规定，撤销权自债权人知道或者应当知道撤销事由之日起一年内行使。自债务人的行为发生之日起五年内没有行使撤销权的，该撤销权消灭。

四、合同无效或被撤销的法律后果

无效的合同或被撤销的合同自一开始就没有法律效力，但这并不说明无效的合同或被撤销的合同不产生任何法律后果。根据《民法典》的相关规定，合同无效或被撤销的法律后果有两个：一是返还财产或折价补偿，二是赔偿损失。

补充阅读

《民法典》第一百五十七条　民事法律行为无效、被撤销或者确定不发生效力后，行为人因该行为取得的财产，应当予以返还；不能返还或者没有必要返还的，应当折价补偿。有过错的一方应当赔偿对方由此所受到的损失；各方都有过错的，应当各自承担相应的责任。法律另有规定的，依照其规定。

第四节　旅游合同的履行

一、旅游合同履行的概念

旅游合同履行是指旅行社与旅游者各自依照合同的约定，全面、适当地完成其合同义务，以保证权利人的合同债权得到完全实现的行为。订立合同的目的当然是履行合同，而一项合同的履行完毕也是合同终止的最主要、最正常的原因。因此，合同的履行是合同法的中心内容。

二、旅游合同履行的原则

旅游产品是由食、住、行、游、购、娱六大要素构成的组合产品，这使旅游合同的履行更显复杂，需要组团社、地接社及其他旅游服务供应商的密切配合才能顺利完成。因此，在旅游合同的履行过程中严格遵守履行原则有着重要的意义。根据《民法典》第五百零九条的规定，旅游合同履行的原则包括下面几点。

1. 遵守约定原则

遵守约定原则也被称为约定必须信守原则，包括两个原则：一是适当履行原则，要求当事人按照合同约定的履行主体、标的、时间、地点及方式履行，且均应适当，符合合同的约定；二是全面履行原则，要求当事人按照合同的各项条款，全面完整地完成合同规定的义务。

补充阅读

全面履行不同于实际履行。例如，一家旅游汽车公司把旅游者从A地运到B地，实现了合同的目的，完成了合同的实际履行。但这种履行行为不一定是全面履行行为，因为将旅游者从A地运到B地虽然结果相同，但还存在运送方式、运送路线、运送期限等的差异。只有这些具体细节都符合合同要求，才叫全面履行。

2. 诚实信用原则

诚实信用原则具体包括两个原则：协作履行原则和经济合理原则。

（1）协作履行原则

协作履行原则是指合同当事人不仅应当各自严格履行义务，还应当尽力协助对方履行义务，在整个履行过程中贯彻团结互助的精神。例如，因客观原因不能及时履行合同时，应当告知对方，并积极采取补救措施；一方因他方违反合同受到损失时，各方应积极采取措施防止损失扩大；债权人应当及时接受对方的履行，并为履行创造必要的方便条件；为对方保守在履行过程中所了解的对方的秘密。

补充阅读

在旅游过程中，旅游者的主要义务是支付旅游团费，但其义务不局限于此。在旅游过程中，旅游者也应多方配合旅行社的工作，如提供个人真实信息、保持旅游车的卫生、按时集合出发、按时就餐、爱护文物、遵守景区规定等，这有助于旅行社全面履行自己的义务。同时，旅行社也应在旅游前积极做好履约准备，在旅游过程中严格遵守旅游计划，不擅自调整旅游线路和项目，不降低服务档次，出现影响旅游活动顺利进行的客观情况时，及时向旅游者说明情况，做好解释和沟通工作。

（2）经济合理原则

经济合理原则要求当事人在履行合同时要讲求经济效益，以最小的成本取得最大的合同利益。例如，选择最经济合理的运输方式、选择体现经济合理原则的履行期限、选用体现经济合理原则的设备、违约时选择经济合理的补救方式等。

3. 绿色原则

依据这一原则，当事人在履行合同过程中，应当避免浪费资源、污染环境和破坏生态。

补充阅读

《民法典》第五百零九条：

当事人应当按照约定全面履行自己的义务。

当事人应当遵循诚信原则，根据合同的性质、目的和交易习惯履行通知、协助、保密等义务。

当事人在履行合同过程中，应当避免浪费资源、污染环境和破坏生态。

三、旅游合同的具体履行规则

旅游合同的履行是一个由很多阶段构成的过程，每个阶段都有其复杂性和特殊性，因此，在合同的履行过程中，经常会出现各种各样的问题。遇到问题时怎样处理更符合法律规范，是每个旅游从业人员都应该努力思考和认真学习的。

1. 合同条款约定不明时的履行规则

由于受主客观因素的影响，旅游合同可能存在部分内容无约定或约定不明的情况，处理得不好，很容易导致合同纠纷。当遇到条款内容约定不明时，首先要与对方协商，通过签订补充协议的方式，将条款明确化；如果双方协议不成，可以按照合同有关条款或交易习惯确定；如果仍然不能确定，则可以按下面的规则进行。

（1）质量约定不明时

《民法典》第五百一十一条规定，质量要求不明确的，按照强制性国家标准履行；没有强制性国家标准的，按照推荐性国家标准履行；没有推荐性国家标准的，按照行业标准履行；没有国家标准、行业标准的，按照通常标准或者符合合同目的的特定标准履行。这里说的通常标准指中等质量标准，或者平均标准。

案例分析

某旅行社在与旅游者签订合同时，在住宿问题上只谈到火车上住两夜、景区住两夜，却没有对住宿标准作出约定。有的旅游者认为没有约定是旅行社方面的失误，旅游者可以根据自己的理解入住五星级饭店。

请问：在这种情况下，你作为导游该怎么办？

【分析】这属于住宿标准约定不明的情况。根据《民法典》的规定，该旅游团的住宿标准可按照通常标准或符合合同目的的特定标准执行。导游可以根据合同有关条款、交易习惯、通常标准、旅游者所交费用情况（是普通团还是豪华团等）和同类型旅游团队的住宿情况等，向旅游者作出解释。

（2）履行地点约定不明时

合同中约定的履行地点不明确的，应根据合同的性质、标的的种类和法律规定来确定。相关法律规定，履行地点不明确的，在履行义务一方所在地履行；给付货币的，在接受货币一方所在地履行。

案例分析

湖南某旅行社推出了港澳游项目，价格相对较低，吸引了很多旅游者与旅行社签约。临出发前，旅游者被告知，该旅游团从深圳组团，旅游者要自行赶赴深圳参团，去深圳的费用由旅游者自行承担。这一条在合同中没有约定，因此旅游者大为不满。

请问：旅行社的做法合理吗？为什么？

【分析】本案例属于履行地点约定不明的情况，根据相关法律，履行地点不明确的，在履行义务一方所在地履行。本案例中，湖南这家旅行社是履行义务一方，因此，本案例中合同的履行地是旅行社的所在地。

（3）履行期限约定不明时

合同履行期限不明确的，债务人可以随时履行，债权人也可以随时请求履行，但是应当给对方必要的准备时间。具体来说，旅游者可以随时向旅游经营者支付费用，旅游经营者也可以随时要求旅游者支付费用，但要给旅游者必要的准备时间；旅游经营者可以随时履行义务，旅游者也可以随时要求旅游经营者履行义务，但要给旅游经营者必要的准备时间。

案例分析

南昌的一家旅行社组织一批旅游者参加“庐山两日游”活动，合同其他条款都很完满，唯独在履行期限的约定上出现了失误，合同中只讲明“五一黄金周期间”，而这一周有7天。

请问：如果你是旅行社工作人员，应该如何确定出行时间？

【分析】根据规定，旅行社可以在黄金周期间随时履行义务。也就是说，只要在“五一黄金周期间”，哪一天都行，但要给旅游者的付款留出必要的时间。因此，最好的解决办法还是与旅游者进行协商，确定双方都满意的日子。

（4）履行方式约定不明时

履行方式约定不明时，按照有利于实现合同目的的方式履行。

案例分析

某旅行社组织一批旅游者参加“黄山四日游”活动，合同中约定晚间乘火车赴黄山市，但没有约定是不是卧铺。结果那批旅游者当晚乘坐的是硬座，整整12个小时。等上午到达黄山市时，旅游者已筋疲力尽，游兴全无。

请问：在合同没有约定的情况下，旅行社安排旅游者坐硬座合理吗？为什么？

【分析】履行方式约定不明时，按照有利于实现合同目的的方式履行，旅游者整晚坐硬座出行，显然不利于实现第二天继续旅游的目的。

（5）履行费用的负担不明确时

履行费用的负担不明确的，由履行义务一方负担；因债权人原因增加的履行费用，由债权人负担。

2. 迟延履行后价格变动时的处理规则

在旅游合同的履行过程中，有可能出现因旅游经营者的原因而使合同推迟履行的情况，在推迟履行期间，如果出现旅游服务产品价格变动，应按下列规则履行合同：旅游服务产品价格上涨的，按原来的价格履行；旅游服务产品价格下降的，按新价格履行。总之，执行的价格应有利于非过错方。

案例分析

某旅游团原定于5月2日出行，但旅行社没有订到足够的机票。经协商，双方决定出行日期改为5月10日。旅游者提出，因不在“黄金周”期间旅游，旅行社应退还“黄金周”期间价格上涨的相关费用。

请问：旅游者的要求合理吗？为什么？

【分析】旅游者的要求是合理的。因旅行社自身的原因造成旅游合同迟延履行，在“黄金周”前后价格出现变动的情况下，执行的价格应有利于非过错的旅游者。

3. 当事人变化对合同履行的影响

旅游合同生效后，当事人不得因姓名、名称的变更或法定代表人、负责人、承办人的变动而不履行合同义务。

案例分析

旅游者李某与某饭店客房部经理张某很熟，李某通过张某预订了两间客房，约定展销会期间入住，并向饭店交付了定金。后张某因故离职，饭店通知李某先期与饭店预订客房的合同是张某个人行为，应属无效。

请问：饭店的做法合理吗？为什么？

【分析】李某并不是与张某签订合同，而是与饭店签订合同，张某的离职不影响饭店应履行的义务。

第五节　旅游合同的变更、转让与终止

一、旅游合同的变更

旅游合同的变更是指有效成立的旅游合同在尚未履行或未履行完毕之前，由于当事人协商一致或一定的法律事实的出现而使合同内容发生改变。旅游合同在签订以后，经常会出现需要变更的情况，如增加或减少参观景点、改变旅游日期、改变旅游路线等。

合同一旦成立即具有法律效力，当事人不得擅自对合同内容加以改变，但是，这并不意味着在任何情况下都不能变更合同。首先，根据前面提到的合同自愿的原则，当事人协商一致就可以变更合同，法律对此一般不会硬性禁止。其次，合同尚未履行或未履行完毕之前，如果客观情况发生变化，继续按照原合同约定履行会造成不利的后果，就可以变动原合同条款，调整合同内容。

值得注意的是，当双方协议变更合同时，双方对变更的内容应约定明确，如果双方对变更的内容约定不明确，就推定合同没有变更。

案例分析

某旅行社安排一批旅游者去武夷山旅游，正当旅行社导游安排旅游者进行九曲溪漂流的时候，突然天降大雨，溪水陡涨，且极有可能暴发山洪。部分旅游者觉得来一趟武夷山不容易，坚持漂流。导游在征得多数旅游者同意后，果断地取消了漂流项目，并及时向旅行社做了汇报。

请问：导游变更游览计划的行为合理吗？

【分析】导游人员在引导旅游者游览过程中，遇有可能危及旅游者人身安全的紧急情形时，征得多数旅游者的同意，可以调整或变更接待计划并立即报告旅行社。因此，本案例中导游的行为是合理的。

二、旅游合同的转让

合同转让是指合同当事人一方将其合同的权利或义务全部或部分转移给第三人。

合同的转让与前面提到的合同的变更不同。合同的变更改变了合同的具体内容，合同当事人并没有变化；合同的转让正好相反，合同当事人出现了变化而合同内容并没有改变。

按照转让的权利与义务不同，合同转让可以分为债权转让、债务移转、债权债务的概括移转 3 种情况。无论哪一种情况，转让方都应当及时通知对方或征得对方同意，只有这样才能产生法律效力。

补充阅读

合同的转让要产生法律效力，有的情况下要征得对方同意，有的情况下只要通知对方即可。

1）债权人转让权利的，应当及时通知债务人（不一定要债务人同意），如果不通知，这种转让对债务人不产生法律效力。债权人转让的权利应该是允许转让的权利，如果根据合同的性质或当事人的约定或法律的规定，该债权是不能转让的，债权人的转让行为就是无效的。

2）债务人将合同的义务全部或部分转移给第三人的，应当经债权人同意，这就比“通知”更进一步了。

3）当事人一方经对方同意，可以将自己在合同中的权利和义务一并转让给第三人。这里也要求对方“同意”。

总之，合同的转让在债权人转让权利的情况下只需通知对方，在其他情况下必须经对方同意。

对旅游合同的转让，《旅游法》中也有明确规定。例如，《旅游法》第六十三条第二款规定，因未达到约定人数不能出团的，组团社经征得旅游者书面同意，可以委托其他旅行社履行合同。《旅游法》第六十四条规定，旅游行程开始前，旅游者可以将包价旅游合同中自身的权利义务转让给第三人，旅行社没有正当理由的不得拒绝，因此增加的费用由旅游者和第三人承担。

三、旅游合同的终止

无论哪一类合同都有一定存在期限，不能永久存续。因此，任何一类合同，其规定的权利与义务都要走向终止。根据《民法典》的规定，合同权利与义务终止的情况有以下几种。

1. 债务已经按照约定履行

如果合同已得到履行，合同当事人的利益要求已得到满足，合同目的已经实现，合同也就终止了。例如，旅游者退房离开饭店，旅游团成员结束旅行回到家中，都表明合同已得到履行，旅游合同自然终止。

2. 合同解除

在合同履行过程中，主客观情况可能发生变化，使合同不能履行或不宜履行，甚至由于一方当事人严重违反合同义务，造成合同不可能履行或不必要履行，这些情况的存在，使双方当事人有必要对合同解除作出规定。合同解除是指合同成立后，没有履行或没有履行完毕之前，双方当事人通过协议或一方行使解除权的方式，使合同关系提前消灭。合同解除的情况有以下两种。

（1）约定解除

法律允许合同双方通过协议的方式解除合同，这是前面提到的合同自愿原则的体现。此外，当事人也可以约定一方可解除合同的条件，当这一条件成立时，解除权人可以解除合同。例如，《旅游法》第六十三条第一款规定："旅行社招徕旅游者组团旅游，因未达到约定人数不能出团的，组团社可以解除合同。但是，境内旅游应当至少提前七日通知旅游者，出境旅游应当至少提前三十日通知旅游者。"这说明旅行社可与旅游者事先约定成团人数，如果未能达到相应人数，旅行社可解除与旅游者的合同，但要提前七日或三十日通知旅游者。这个成团人数就是旅行社与旅游者约定的合同解除的条件。

（2）法定解除

根据《民法典》的规定，在一些特定情况出现时，当事人一方也可以行使解除权解除合同。这些情况主要包括：①因不可抗力致使不能实现合同目的；②在履行期限届满之前，当事人一方明确表示或以自己的行为表明不履行主要债务；③当事人一方迟延履行主要债务，经催告后在合理期限内仍未履行；④当事人一方迟延履行债务或有其他违约行为致使不能实现合同目的。

《旅游法》第六十七条也涉及旅游合同的法定解除，其中规定因不可抗力或旅行社、履行辅助人已尽合理注意义务仍不能避免的事件，使合同不能继续履行的，旅行社和旅游者均可以解除合同。合同不能完全履行的，旅行社经向旅游者作出说明，可以在合理范围内变更合同；旅游者不同意变更的，可以解除合同。

案例分析

某旅行社推出了城市周边景区一日游的旅游产品，为方便大家交款，旅行社允许旅游者在上车后再付款。但一位旅游者上车后坚持不付款，要求在全部行程结束后再付款。导游解释说，根据合同规定，上车后行程开始前就应付清全部款项，否则就是违约，但该旅游者置之不理。游完两个景点后，该旅游者仍不付款。

请问：如果你是导游，应该怎么做？

【分析】该旅游者迟延履行主要债务，经催告后在合理期限内仍未履行，这时旅行社可以行使法定解除权，终止与该旅游者的旅游合同，并可要求其赔偿损失。

3. 债务相互抵消

合同双方互相有到期债务，且该债务的标的物种类、品质相同的，任何一方可以将自己的债务与对方的债务抵消（除了法律规定或按合同性质不得抵消的）。债务的标的物种类、品质不相同的，经双方协商一致，也可以抵消。

案例分析

某旅行社在组团旅游过程中，一个行程安排中的景点因内部整修而无法参观，为此，旅行社将退还每位旅游者 100 元费用。旅游团中有一个旅游者尚有 100 元的费用没有交清。

请问：旅行社与该名旅游者之间最简单的处理债权、债务的方法是什么？

假设上述景点可以安排参观，导游考虑到该旅游者尚有 100 元费用没有交清，于是向该旅游者提出一个折中的解决方法：该旅游者不参加该景点的参观，100 元费用也免交。

请问：导游这样做合适吗？

【分析】第一，根据品质相同的债务可相互抵消的原则，旅行社与该欠费旅游者之间最简单的处理债权、债务的方法是抵消；第二，导游这样做是可以的，前提是与这名旅游者协商，并征得该旅游者同意。

4. 债务人依法将标的物提存

债务人在清偿债务过程中，可能发生一些特殊情况，如债权人拒绝受领、债权人下落不明等，致使债务人不能向债权人交付标的物。为保护债务人的利益，《民法典》规定，在发生该法所规定的一些特定情况时，允许债务人以提存（债务人将标的物交给提存部门）的方式代替清偿，从而消灭所负债务。

5. 债权人免除债务

如果债权人放弃债权，主动免除债务人的债务，合同关系就自然终止。例如，某旅游者报名参加了 A 旅行社的一日游项目，但因为他的好朋友参加了 B 旅行社的一日游项目，该旅游者于是主动放弃了 A 旅行社的一日游项目，转而报名参加 B 旅行社的一日游。该旅游者的这一行为实际上是免除了 A 旅行社本应承担的为其提供旅游服务的义务。

6. 债权、债务同归于一人

生活中可能会发生债权债务同归于一个人（或单位）的情况，这时合同自然终止。例如，企业合并、第三人同时继承债权人的债权和债务人的债务等。

7. 法律规定或当事人约定终止的其他情形

这些情况要根据相关法律与当事人的约定具体分析。

第六节 违约责任

一、违约责任的概念

违约责任是指合同当事人不履行合同义务或履行合同义务不符合约定时所应承担的法律后果。

由于主客观的原因，合同当事人一方或双方违反合同义务的情况时有发生，法律设立违约责任制度，有利于弥补因违约给对方造成的损失，能有效地维护合同纪律，促进合同的正确履行，维护正常的社会经济秩序。

二、合同履行中的免责事由

产生违约责任的行为有很多种，如当事人拒绝履行合同、无法履行合同、迟延履行合同、履行不符合约定的标准等。在这些行为当中，有些是不能原谅的，有些是“情有可原”的，下面介绍属于“情有可原”而不必承担责任的情况。

1. 发生不可抗力

因不可抗力不能履行合同的，根据不可抗力的影响，部分或全部免除责任。如果不可抗力已使合同的履行成为不可能，则应免除违约方的责任；如果不可抗力只造成部分合同无法履行，则应免除违约方的部分责任；如果不可抗力只是造成当事人暂时履约困难，则可要求当事人迟延履行，免除其迟延履行的责任。但是，在不可抗力发生前，当事人就因自身的原因迟延履行合同的，不能因不可抗力免除责任。

补充阅读

《民法典》第五百九十条　当事人一方因不可抗力不能履行合同的，根据不可抗力的影响，部分或者全部免除责任，但是法律另有规定的除外。因不可抗力不能履行合同的，应当及时通知对方，以减轻可能给对方造成的损失，并应当在合理期限内提供证明。

当事人迟延履行后发生不可抗力的，不免除其违约责任。

案例分析

某旅行社组织一个旅游团赴某风景区旅游，合同约定行程的最后一日是漂流。天有不测风云，在预定去漂流的前一天，风景区突降暴雨，导致山洪暴发，这时候去漂流将会非常危险。导游决定取消预定的漂流，并退还旅游者有关漂流的费用。但有的旅游者依然不理解，认为旅行社单方面改变了合同，是一种违约行为，应承担违约责任。

请问：旅行社的做法有道理吗？为什么？

【分析】山洪暴发属于不可抗力，导游为旅游者安全着想取消预定的漂流，不必承担违约责任。

2. 约定的免责事由出现

在合同履行过程中，当事人一方的违约行为符合所约定的免责事由时，可免除违约方的违约责任。当然，前提是免责事由的约定是合法的。

3. 法律的特别规定

除了不可抗力，法律有特别规定的免责条件的，一旦发生违约又符合该条件时，可免除违约责任。例如，符合法律和合同规定条件下的运输，由于货物本身的自然性质或合理损耗的原因造成货物灭失、短少、变质、污染、损坏的，承运人不承担责任。

4. 对方有过错

如果合同的不能履行或不完全履行完全是因对方的过错所造成的，不履行或不完全履行的一方就不仅可以免除责任，还有权要求对方赔偿损失。

三、违约责任的承担方式

承担违约责任的方式主要有继续履行、赔偿损失等。此外，支付违约金、适用定金罚则等也是承担违约责任的方式。合同双方也可约定承担违约责任的其他方式。

1. 继续履行

继续履行是指要求违约方继续履行合同义务，具有强制性，是违约责任的一种承担方式。只要债权人在合理的期限内要求继续履行，又有履行可能，债务人就应该继续履行。在实践中，有的旅游经营者认为违约后已对旅游者进行了赔偿，因而不用再履行合同了，这个想法是错误的。

继续履行的前提是有履行的可能，如果在法律上或事实上合同已不能履行，或者债务的标的不适于强制履行或履行费用过高，则不能适用继续履行。债权人在合理期限内未要求履行，也不适用继续履行。

对包价旅游合同来说，旅行社拒绝继续履行合同可能导致惩罚性赔偿。《旅游法》第七十条规定，旅行社具备履行条件，经旅游者要求仍拒绝履行合同，造成旅游者人身损害、滞留等严重后果的，旅游者可以要求旅行社支付旅游费用一倍以上三倍以下的赔偿金。

2. 赔偿损失

合同一方当事人因为对方的违约行为而造成财产损失时，可以要求违约方赔偿损失。赔偿的范围可由合同当事人事先约定，没有约定的，赔偿的范围应包括违约行为给受损失方所造成的财产直接损失和间接损失，但不包括无故扩大的损失。《民法典》第五百九十一条规定，当事人一方违约后，对方应当采取适当措施防止损失的扩大；没有采取适当措施致使损失扩大的，不得就扩大的损失请求赔偿。当事人因防止损失扩大而支出的合理费用，由违约方负担。

补充阅读

所谓直接损失，是指因违约行为而造成对方当事人现有物质财富的减损，如财物损坏、灭失、费用支出等；间接损失是指因违约行为而造成对方当事人未来可得利益的丧失，如利润损失等。

3. 支付违约金

违约金是指合同当事人在合同中约定的，在一方当事人不履行或不适当履行合同义务时，向对方当事人支付的一定数额的金钱。违约金一定要在合同中事先约定，若未约定，则不产生违约金责任。

违约金具有赔偿性。违约方支付了违约金之后，当事人不能再要求违约方继续履行合同或赔偿损失。但是，如果当事人约定的是迟延履行违约金，违约方支付违约金后，还应当履行合同。

违约金不能过高或过低。如果约定的违约金过分高于或低于违约行为所造成的损害，当事人可请求人民法院或仲裁机构适当予以减少或增加。

4. 适用定金罚则

定金是合同的一种担保形式，对定金罚则的适用则是违约责任的一种承担方式。

《民法典》第五百八十六条规定，当事人可以约定一方向对方给付定金作为债权的担保。定金合同自实际交付定金时成立。定金的数额由当事人约定；但是，不得超过主合同标的额的20%，超过部分不产生定金的效力。实际交付的定金数额多于或少于约定数额的，视为变更约定的定金数额。《民法典》第五百八十七条规定，债务人履行债务的，定金应当抵作价款或者收回。给付定金的一方不履行债务或者履行债务不符合约定，致使不能实现合同目的的，无权请求返还定金；收受定金的一方不履行债务或履行债务不符合约定，致使不能实现合同目的的，应当双倍返还定金。

《民法典》第五百八十八条规定，当事人既约定违约金，又约定定金的，一方违约时，对方可以选择适用违约金或定金条款。定金不足以弥补一方违约造成的损失的，对方可以请求赔偿超过定金数额的损失。

值得注意的是，定金的“定”不能写成“订”。“定金”也不能写成“预付款”，只有定金才适用定金罚则，预付款不适用定金罚则。

思　考

游客李某拟参加某旅行社组织的旅游团，交了600元定金，暂未签合同。李某后来兴趣改变，不打算参团了，这个费用怎么处理？如果李某仍然要求参团，但旅行社无法满足李某要求，这个费用怎么处理？

提示：李某交的600元是定金，根据定金罚则，如果李某兴趣改变，不打算参团了，作为给付定金的一方，李某无权要求旅行社返还这600元；如果李某仍然要求参团，但旅行社无法满足李某要求，就是旅行社违约，作为收受定金的一方，旅行社应当双倍返还定金，即旅行社应返还李某1200元。

5. 采取补救措施

违约产生后，受损害方可根据标的的性质及损失的大小，合理要求违约方采取修理、重作、更换、退货、减少价款或报酬等补救措施。

小　结

本章结合旅游业的实际，介绍了旅游合同的一些基本知识，主要包括旅游合同法规概述，旅游合同的订立，旅游合同的效力，旅游合同的履行，旅游合同的变更、转让和终止，违约责任等。

重点概念

合同　旅游合同　合同法　要约　承诺　格式合同　旅游合同的变更
合同转让　违约责任

练习题

一、选择题（有一个或多个正确答案）

1.（　　）最好采取书面形式。

A．重要的合同　　B．关系复杂的合同
C．金额大的合同　　D．不能立即履行的合同

2. 下列旅游合同无效的是（　　）。

A. 因重大误解订立的合同

B. 恶意串通，损害国家、集体或者第三人利益的合同

C. 违反法律的合同

D. 显失公平的合同

3. 违约责任的承担方式有（　　）。

A. 支付违约金　　B. 采取补救措施

C. 继续履行　　D. 赔偿精神损失

4.（　　）属于合同转让。

A. 债权转让　　B. 债务移转

C. 合同内容变更　　D. 债权、债务的概括转移

5. 旅行社具备履行条件，经旅游者要求仍拒绝履行合同，造成旅游者人身损害、滞留等严重后果的，旅游者可以要求旅行社支付旅游费用 1 倍以上（　　）倍以下的赔偿金。

A. 2　　B. 3　　C. 5　　D. 10

6. 下列条件中，属于旅游合同的生效条件的有（　　）。

A. 当事人有相应的缔约能力

B. 意思表示真实

C. 不违反法律或者社会公共利益

D. 标的的确定和可能

7. 合同的书面形式包括（　　）等。

A. 合同书　　B. 电子邮件　　C. 信件　　D. 传真

8. 合同的签订要经过（　　）两个阶段。

A. 邀约　　B. 要约　　C. 承诺　　D. 定约

二、是非题

1. 合同就是一种协议，协议也就是合同。（　　）

2. 通过电子邮件形式订立的合同属于书面合同的一种。（　　）

3. 口头合同易带来纠纷，为了交易安全，应取消口头合同的存在。（　　）

三、简答题

1. 合同法的基本原则有哪些？

2. 什么样的旅游者可以独立签订旅游合同？

3. 合同有哪些主要条款？

4. 合同法对格式合同的使用有哪些特别的限制？

5. 合同的生效有哪些条件？

6. 旅游合同的质量和履行地点约定不明时应如何处理？

7．旅游合同的终止有哪些情况？

8．违约责任的承担方式有哪些？

四、案例分析题

1．某公司打算组织30名员工赴昆明旅游，为此联系了一家昆明的旅行社，希望该旅行社负责接待。9月10日，旅行社根据该公司的旅游行程安排和接待标准，将下列信息传真至该公司：旅游费用每人1000元，所有费用在旅游团到达昆明时交清。9月11日，该公司传真至旅行社：同意旅行社的报价，旅游费先交一半，另一半在旅游结束时再交。当日，旅行社回传该公司，坚持团费一次付清。该公司未回复旅行社。9月15日上午，该公司再次传真至旅行社：团款先付一半，余款在旅游的最后一日付清；旅游团已在路上，9月16日上午到达昆明，请旅行社安排接待工作。旅行社立即传真回复：因通知时间太晚，旅行社无法接待。该公司收到旅行社传真后紧张起来，马上向旅游质监部门反映情况。经旅游质监部门协调，该公司同意一次性付清旅游费用，该旅行社也同意接待，但因确认时间太晚，要求每人增加旅游期间的住宿费、交通费150元。考虑到公司员工已在赴昆明途中，该公司同意了旅行社的要求，此时已是9月15日下午。

旅游结束后，该公司向旅游质监部门投诉该旅行社，要求旅行社退赔4500元费用。该公司的理由是在旅游团已出发的情况下，旅行社擅自解除接待合同，使旅游团陷入困境。随后，旅行社又乘人之危，要求每人增加150元费用，为此公司总共多支付了4500元，这些费用理应由旅行社承担。

请问：

1）本案例中旅行社与公司之间的合同关系是什么时候成立的？为什么？

2）本案例中公司多支付的4500元可要求旅行社返还吗？为什么？

2．某旅行社在与旅游者签订旅游合同时，事先拟定了所有的条款，其中有这样一条：旅途中出现的一切安全事故由旅游者自己负责。

请问：该旅行社拟定的合同是一种什么类型的合同？旅行社可以在合同中加上“一切安全事故由旅游者自己负责”的条款吗？为什么？

第六章　旅游饭店管理法规

学习重点

- 中国旅游饭店行业规范
- 旅游饭店星级评定
- 旅游饭店的治安管理

旅游饭店是旅游业的重要组成部分，在促进旅游业和国民经济快速发展中起着非常重要的作用。目前与饭店有关的法律、法规主要有《旅游法》、《民法典》、《中华人民共和国治安管理处罚法》（2005 年 8 月 28 日通过，2012 年 10 月 26 日修正，以下简称《治安管理处罚法》）、《旅馆业治安管理办法》（1987 年 9 月 23 日国务院批准，1987 年 11 月 10 日公安部发布，2011 年 1 月 8 日第一次修订，2020 年 11 月 29 日第二次修订）、《娱乐场所管理条例》（国务院 2006 年 1 月 29 日公布，2016 年 2 月 6 日第一次修订，2020 年 11 月 29 日第二次修订）和《娱乐场所管理办法》（2013 年 1 月 25 日文化部部务会议审议通过，2017 年 12 月 15 日修订）等。

第一节　旅游饭店概述

食、宿、行、游、购、娱通常被认为是旅游六要素，即旅游的六个基本组成部分。其中，饭店主要涉及六要素当中的宿，还涉及食和娱要素。

一、旅游饭店的含义

2010 年 10 月，国家质量监督检验检疫总局、国家标准化管理委员会批准发布了国家标准《旅游饭店星级的划分与评定》（GB/T 14308—2010），从 2011 年 1 月 1 日起实施。这一标准对旅游饭店做了定义：以间（套）夜为单位出租客房，以住宿服务为主，并提供商务、会议、休闲、度假等相应服务的住宿设施，按不同习惯可能也被称为宾馆、酒店、旅馆、旅社、宾舍、度假村、俱乐部、大厦、中心等。《中国旅游饭店行业规范》第二条规定，旅游饭店包括在中国境内开办的各种经济性质的饭店，含宾馆、酒店、度假村等。因此，旅游饭店是一个比较宽泛的概念，能为客人提供餐饮等相关服务的住宿设施都可称为旅游饭店。

二、旅游饭店的权利与义务

旅游饭店作为旅游法律关系的主体，必然要和其他主体发生联系，产生一定的权利和义务关系。现在还没有专门的法律、法规来规范旅游饭店的权利和义务。在实践当中，旅游饭店与客人及旅行社的关系可适用《民法典》《旅游法》等的相关规定。

1. 旅游饭店对客人的权利义务

就旅游饭店与客人的关系而言，旅游饭店的权利主要有：①向客人收取费用的权利；②一定条件下拒绝接待客人的权利；③要求客人遵守饭店规章制度的权利；④向客人索赔的权利；⑤对客人在饭店内的违法行为加以制止的权利。

旅游饭店的义务主要有：①为客人提供合同约定的服务；②保障客人的人身、财产安全；③尊重客人的隐私。

2. 旅游饭店对旅行社的权利义务

就旅游饭店与旅行社的关系而言，旅游饭店的权利主要有：①有权要求旅行社向饭店支付房费和其他费用；②在旅行社违约时，有权要求旅行社赔偿损失。

旅游饭店的义务主要有：①在接受旅行社的预订后，保证在预订期内向旅行社提供合同所规定的客房；②保证服务质量。

三、中国旅游饭店行业规范

为了倡导履行诚信准则，保障客人和旅游饭店的合法权益，维护旅游饭店业经营管理的正常秩序，促进中国旅游饭店业的健康发展，中国旅游饭店业协会依据国家有关法律、法规，制定了《中国旅游饭店行业规范》。该规范自 2002 年 5 月 1 日起施行，并于 2009 年 8 月进行了修订。

《中国旅游饭店行业规范》是旅游饭店自律的行为规范，对会员饭店具有约束作用。会员饭店违反该规范，造成不良后果和影响的，除按照有关规定进行处理外，中国旅游饭店业协会还将视情节轻重，给予会员饭店内部通报批评、公开批评，直至将该会员饭店除名。会员饭店如果同客人发生纠纷应参照《中国旅游饭店行业规范》有关条款协商解决；协商不成的，双方按照国家有关法律、法规处理。

1. 总体要求

旅游饭店应当遵守国家的有关法律、法规和规章，遵守社会道德规范，诚信经营，维护中国旅游饭店行业的声誉。

2. 预订、登记、入住的规范

旅游饭店预订、登记、入住的相关规范包括以下几个方面。

1）旅游饭店在办理客人入住手续时，应当按照国家的有关规定，要求客人出示有效证件，并如实登记。

2）旅游饭店应当同团队、会议、长住客人签订住房合同。合同内容应包括客人进店和离店的时间、房间等级与价格、餐饮价格、付款方式、违约责任等款项。

3）旅游饭店应与客人共同履行住宿合同，因不可抗力不能履行的，任何一方均应当及时通知对方。由于旅游饭店出现超额预订而使客人不能入住的，旅游饭店应当主动替客人安排本地同档次或高于本饭店档次的饭店入住，所产生的有关费用由饭店承担。

4）以下人员饭店可以不予接待：①携带危害饭店安全的物品入店者；②从事违法活动者；③影响饭店形象者；④无支付能力或曾有过逃账记录者。当旅游饭店客满时，可拒绝客人的入住要求。

3. 旅游饭店收费规范

旅游饭店收费规范包括以下内容。

1）旅游饭店应当将房价表置于总服务台显著位置，如果给予客人房价折扣，也应书面约定。

2）旅游饭店应在前厅显著位置明示客房价格和住宿时间结算方法，或者确认已将此信息告知客人。

补充阅读

修订前的《中国旅游饭店行业规范》第十条规定，客房收费以“间/夜”为计算单位（钟点房除外），客人住一“间/夜”，计收一天房费；次日12时以后、18时以前办理退房手续者，饭店可以加收半天房费；次日18时以后退房者，饭店可以加收一天房费。这就是饱受争议的“12点退房”规定。2009年8月，中国旅游饭店业协会对《中国旅游饭店行业规范》进行了修订，将此条改为“饭店应在前厅显著位置明示客房价格和住宿时间结算方法，或者确认已将上述信息用适当方式告知客人”。

新的规范不再对“12点退房”统一规定，并不表明饭店不能坚持“12点退房”规定。饭店作为一家自负盈亏的企业，有经营自主权，有权在不违反法律的前提下，自行选择住宿时间的结算方法，退房时间可以是11点、13点、14点……自然也可以是12点，前提是“在前厅显著位置明示客房价格和住宿时间结算方法，或者确认已将上述信息用适当方式告知客人”。也就是说，只要客人入住前明确知道了这一结算方法，仍坚持入住，就表明客人接受了这一结算方法，这一结算方法即成为住宿合同的一部分，任何一方违约都要承担违约责任。

3）旅游饭店如果对客房、餐饮、洗衣、电话等服务项目加收服务费，应当在房价表或有关服务价目单上明码标价。

4）旅游饭店可以谢绝客人自带酒水和食品进入餐厅、酒吧、舞厅等场所享用，但应当将谢绝的告示设置于经营场所的显著位置，或者确认已将此信息告知客人。

4. 保护客人人身和财产安全的规范

旅游饭店有责任保护客人的人身和财产安全，具体如下。

1）旅游饭店客房房门应当装置防盗链、门镜、应急疏散图，卫生间内应当采取有效的防滑措施。客房内应当放置服务指南、住宿须知和防火指南。有条件的饭店应当安装客房电子门锁和公共区域安全监控系统。

2）对可能损害客人人身和财产安全的场所，旅游饭店应当采取防护、警示措施。警示牌应当中外文对照。

3）旅游饭店应有相应的措施防止客人放置在客房内的财物灭失、毁损。

4）旅游饭店应当保护客人的隐私权。除日常清扫卫生、维修保养设施设备或发生火灾等紧急情况外，饭店员工未经客人许可不得随意进入客人下榻的房间。

5. 保管客人物品的规范

（1）贵重物品的保管

旅游饭店应当在前厅处设置有双锁的客人贵重物品保险箱，按照规定的时限免费提供住店客人贵重物品的保管服务，并对此作出书面规定，在客人办理入住登记时予以提示。

（2）一般物品的保管

客人在餐饮、康乐、前厅行李处等场所寄存物品时，旅游饭店应当检查其包装是否完好、安全，并询问有无违禁物品和贵重物品，如有贵重物品，由饭店员工验收并交饭店贵重物品保管处免费保管；客人事先未声明或不同意核实的，按一般物品保管，经双方当面确认后签发给客人行李寄存牌。

客房内设置的保险箱仅为客人提供存放一般物品之用。对没有按规定存放在饭店前厅贵重物品保险箱内而在客房里灭失、毁损的客人的贵重物品，如果责任在旅游饭店一方，可视为一般物品予以赔偿。

6. 洗衣服务和停车场管理规范

旅游饭店为客人提供洗衣服务时，应做到：①要求客人在洗衣单上注明洗涤种类及要求；②事先检查衣物有无破损。

补充阅读

旅游饭店在为客人提供洗衣服务时，之所以应要求客人注明洗涤种类及要求，是为了避免将有特殊洗涤要求的衣物按常规方式洗涤而造成损害。如果客人没有提出特别的洗涤要求，饭店按常规方式洗涤就不用承担责任。事先检查衣物有无破损也是很有必要的，当衣物洗涤后发现有破损的问题时，事先的检查有利于判明责任。

旅游饭店应当保护停车场内客人的车辆安全。由于保管不善，造成车辆灭失或毁损的，旅游饭店承担相应责任。若车内所放置的物品灭失，旅游饭店不用承担责任。

7. 其他规范

除上述规范外，旅游饭店还应遵守以下相关规范。

1）旅游饭店有义务提醒客人在客房内遵守国家有关规定，不得私留他人住宿或擅自将客房转让给他人使用及改变使用用途。

2）旅游饭店有义务提示客人爱护饭店的财物。因客人的原因造成损坏的，旅游饭店可以要求客人承担赔偿责任。

案例分析

一名客人在住店时，不小心将电视机的遥控器损坏。饭店方面要求该客人按房内的《住宿须知》上标明的遥控器赔偿金额100元赔偿，遭到客人拒绝。客人只同意按市场价赔偿。双方由此发生分歧。

请问：饭店可否要求客人赔偿？如何赔偿？

【分析】饭店可以要求客人赔偿，但饭店单方面确定的赔偿金额过高，属格式条款。《民法典》规定，提供格式条款一方免除或减轻其责任、加重对方责任、限制对方主要权利的，该条款无效。

3）对饮酒过量的客人，旅游饭店应恰当、及时地劝阻，防止客人在店内醉酒。客人醉酒后在饭店内肇事造成损失的，旅游饭店可以要求肇事者承担相应的赔偿责任。

4）客人结账离店后，若有物品遗留在客房内，旅游饭店应当设法同客人取得联系，将物品归还或寄还给客人，或替客人保管，所产生的费用由客人承担。3个月后仍无人认领的，旅游饭店可进行登记造册，送当地公安机关按拾遗物品处理。

第二节　旅游饭店星级评定

对旅游饭店进行星级评定是使旅游饭店的管理和服务更加规范化和专业化的有效措施，也是国际上用来反映旅游饭店的硬件和软件水平的通行做法。我国从1988年开始实行星级评定制度，星级标准也几经修改，现在采用的标准是国家质量监督检验检疫总局、国家标准化管理委员会于2010年10月批准发布的国家标准《旅游饭店星级的划分与评定》（GB/T 14308—2010）。为配合该标准的实施，进一步规范旅游饭店星级评定及复核工作，国家旅游局制定了《〈旅游饭店星级的划分与评定〉（GB/T 14308—2010）实施办法》，自2011年1月1日起实施。

补充阅读

2003 年颁布的《旅游饭店星级的划分与评定》与 1997 年版本标准相比，有下列变化。

1）用“旅游饭店”取代“旅游涉外饭店”，并按国际惯例明确了旅游饭店的定义。

2）规定旅游饭店使用星级的有效期限为 5 年，取消了星级终身制，增加了预备星级。

3）明确了星级的评定规则，增加了某些特色突出或极其个性化的饭店可以直接向旅游饭店星级评定机构申请星级的内容。

4）对餐饮服务的要求适当简化。

5）将一星级饭店客房的最低数量要求由原来的 20 间改为 15 间。

6）将原标准三星级以上饭店的选择项目合并，归纳为“综合类别”“特色类别一”“特色类别二”和“特色类别三”4 大部类，删去了原有部分内容，增加了饭店品牌、总经理资质、环境保护等内容。

7）对四星级以上饭店的核心区域前厅、客房和餐厅强化了要求，增加整体舒适度等内容。

8）借鉴一些国家的做法，增设了“白金五星级”。

2010 年颁布的《旅游饭店星级的划分与评定》标准与 2003 年版本标准相比，主要有下列变化。

1）更加注重饭店核心产品，弱化配套设施。

2）将一星至三星级饭店定位为有限服务饭店。

3）突出绿色环保的要求。

4）强化安全管理要求，将应急预案列入各星级的必备条件。

5）提高饭店服务质量评价的操作性。

6）增加例外条款，引导特色经营。

一、旅游饭店星级的划分与标志

1. 旅游饭店星级的划分

旅游饭店星级是指用星的数量和颜色表示旅游饭店的等级。旅游饭店星级分为 5 个级别，即一星级、二星级、三星级、四星级、五星级（含白金五星级）。最低为一星级，最高为五星级。星级越高，表示饭店的等级越高。

2. 旅游饭店星级的标志

星级标志由长城与五角星图案构成，用 1 颗五角星表示一星级，2 颗五角星表示二星级，3 颗五角星表示三星级，4 颗五角星表示四星级，5 颗五角星表示五星级，5 颗白金五角星表示白金五星级。

3. 旅游饭店的星级证书和标志牌

旅游饭店星级证书和标志牌由全国旅游星级饭店评定委员会（以下简称全国星评委）统一制作、核发。原则上，一家饭店只可申领一块星级标志牌。每块星级标志牌上应有编号，且编号要与相应的星级饭店证书号一致。星级标志牌破损或丢失，经所在省级旅游星级饭店评定委员会（以下简称省级星评委）查明属实后，相关饭店可向全国星评委申请补发。星级饭店如因更名须更换星级证书，可凭市场监督管理部门有关文件证明进行更换，同时必须交还原星级证书。

旅游饭店星级标志牌应置于饭店前厅最明显的位置，接受公众监督。

补充阅读

我国首批白金五星级饭店

继 2003 年国家标准《旅游饭店星级的划分与评定》（GB/T 14308—2003）提出“白金五星级饭店”概念后，2006 年 7 月，白金五星级饭店创建试点工作正式启动，北京中国大饭店等 4 家五星级饭店入选创建试点单位。经过一年多的创建工作，2007 年 8 月，北京中国大饭店、上海波特曼丽嘉饭店、广州花园饭店 3 家饭店通过全国星评委专家组的验收，成为我国首批白金五星级饭店。

二、旅游饭店星级的评定标准

1. 参评条件

凡在我国境内正式营业一年以上的饭店，均可申请星级评定。经评定达到相应星级标准的饭店，由全国旅游饭店星级评定机构颁发相应的星级证书和标志牌。星级标志的有效期为 3 年，3 年期满后应进行重新评定。

补充阅读

《旅游饭店星级的划分与评定》（GB/T 14308—2010）不是强制性标准，并不要求所有旅游饭店都参加星级评定。旅游饭店可根据自身的经营需要，决定是否申请星级评定。一旦取得星级，旅游饭店就必须按相应的星级标准提供规范的服务，并接受旅游饭店星级评定机构的检查。

2. 评定标准

旅游饭店星级评定的标准主要涉及以下 3 个方面。

1）基本条件（必备项目）。各个星级的饭店都有相应的基本硬件设施和服务项目要求，各参评饭店应逐项达标，缺一不可。

2）设施设备要求（硬件要求）。涉及饭店设备设施的位置、结构、数量、面积、功能、材质、设计、装饰等方面。评星时将对旅游饭店的上述硬件条件进行打分，三星级至五星级饭店不得低于下列分数：三星级饭店 220 分，四星级饭店 320 分，五星级饭店 420 分。一星级、二星级饭店不做要求。旅游饭店达不到上述分数，则不能取得相应的星级。

3）运营质量要求（软件要求）。涉及饭店各项服务的基本流程、设施维护保养和清洁卫生方面的评价。三星级至五星级饭店的最低得分率是：三星级饭店 70%，四星级饭店 80%，五星级饭店 85%。一星级、二星级饭店不做要求。旅游饭店达不到上述得分率，则不能取得相应的星级。

3. 评定重点

对一星级、二星级、三星级饭店的评定重点是其住宿产品，而对四星级和五星级（含白金五星级）饭店的评定则是对其全部饭店产品进行全面评价。小型豪华精品饭店可以直接申请评定五星级。以住宿为主营业务、建筑与装修风格独特、拥有独特客户群体、管理和服务特色鲜明，且业内知名度较高的旅游饭店，也可直接申请评定五星级饭店。

4. 整体参评

在评定星级时，旅游饭店作为一个整体来参与评定，这就要求旅游饭店内所有区域都应达到同一星级的质量标准和管理要求。

思 考

一家饭店有 A、B 两栋楼，A 楼达到了五星级标准，B 楼只能达到四星级标准，这家饭店应该被评为五星级还是四星级？

提示：根据旅游饭店星级评定的标准进行分析。

5. 星级调整

旅游饭店取得星级后，因饭店改造而发生建筑规格、设施设备和服务项目的变化，关闭或取消原有设施设备、服务功能或项目，导致达不到原星级标准的，必须向相应级别旅游星级饭店评定委员会申报，接受复核或重新评定。

补充阅读

《旅游饭店星级的划分与评定》（GB/T 14308—2010）将客房产品定位为饭店核心产品，突出客房舒适度的要求，要求所有的星级饭店都制定相应的节能减排方案并付诸实施，制定火灾等6类突发事件处置的应急预案。评定星级后，如果饭店营运中发生重大安全责任事故，那么所属星级将被立即取消，相应星级标识不能继续使用。

新标准在硬件要求上增设商务会议饭店设施、度假饭店设施、其他3类选择项目，鼓励企业按类别集中选项，引导星级饭店向特色化、差异化方向发展。取消了对牙膏、牙刷、拖鞋、沐浴液、洗发液等客用品的硬性要求。

新标准还强调：不存在“准×星”“超×星”或“相当于×星”这种标准。任何饭店都不允许以“准×星”“超×星”等作为宣传手段。

三、旅游饭店星级的评定程序

下面以五星级饭店为例，讲解旅游饭店星级的评定程序。

1. 申请

旅游饭店申请评定五星级饭店，应对照评分表的内容，按属地原则向地区星评委和省级星评委逐级递交饭店星级申请报告、自查打分表、消防验收合格证（复印件）、卫生许可证（复印件）、工商营业执照（复印件）、饭店装修设计说明等星级申请材料。

2. 推荐

省级星评委收到旅游饭店申请材料后，按照评审要求，于一个月内对申报饭店进行星评工作指导。对符合申报要求的饭店，以省级星评委名义向全国星评委递交推荐报告。

3. 审查与公示

全国星评委在接到省级星评委推荐报告和饭店星级申请材料后，应在一个月内完成审定申请资格、核实申请报告等工作。对通过资格审查的饭店，在中国旅游网和中国旅游饭店业协会网站上同时公示。

4. 宾客满意度调查

对通过五星级资格审查的旅游饭店，全国星评委可根据工作需要安排宾客满意度调查，并形成专业调查报告。

5. 国家级星评员检查

全国星评委发出《星级评定检查通知书》，委派2～3名国家级星评员，以明查或暗访的形式对申请五星级的饭店进行评定检查。检查未予通过的饭店，应进行整改，并可申请重新检查。

6. 审核

检查结束后一个月内，全国星评委应根据检查结果对申请五星级的饭店进行审核。审核的主要内容及材料包括：国家级星评员检查报告、星级评定检查反馈会原始记录材料、依据评定标准打分的情况等。

7. 批复

对于经审核认定达到标准的饭店，全国星评委将作出批准其为五星级旅游饭店的批复，并授予五星级证书和标志牌。对于经审核认定达不到标准的旅游饭店，全国星评委作出不批准其为五星级饭店的批复。批复结果在中国旅游网和中国旅游饭店业协会网站同时公示。

8. 申诉

申请星级评定的旅游饭店对星评过程及其结果如有异议，可直接向国家旅游行政管理部门申诉。

9. 抽查

国家旅游行政管理部门可派出国家级星评监督员随机抽查星级评定情况，对星评工作进行监督。

一星级到四星级饭店的评定，由相应的评定机构参照五星级饭店的评定程序进行。白金五星级饭店的评定办法另行规定。

四、旅游饭店星级的复核及处理

1. 星级复核的目的和责任分工

星级复核是星级评定工作的延续，是星级评定工作的重要组成部分，其目的是督促已取得星级的饭店持续达标。星级复核的责任分工与星级评定的责任分工一致，也就是说，星级饭店的评定机构也就是其复核机构。全国星评委拥有对各星级饭店复核结果的最终处理权。

2. 星级复核的种类和程序

星级复核分为年度复核和 3 年期满的评定性复核两种。

（1）年度复核的程序

1）旅游饭店对照星级标准自查自纠。

2）旅游饭店将自查结果报告相应级别星评委。

3）相应级别星评委根据饭店自查结果进行抽查。

4）相应级别星评委对复核工作进行总结，并逐级上报复核结果。

（2）评定性复核的程序

1）各级星评委委派星评员进行明察或暗访。

2）视情况对五星级饭店进行宾客满意度调查，作为评定性复核的参考意见。

3）相应级别星评委对复核工作进行总结，并逐级上报复核结果。

接受评定性复核的星级饭店如果正在进行大规模装修改造，或者因其他适当原因暂停营业，可以在评定性复核当年年前提出延期申请，但延期复核的最长时限不应超过一年，如延期超过一年，须重新申请星级评定。

3. 星级复核的处理

对复核结果达不到相应标准的星级饭店，相应级别星评委可根据情节轻重给予限期整改、取消星级的处理，并公布处理结果。整改期限原则上不超过一年。

被复核饭店出现以下任何一种情况，相应级别星评委应作出“取消星级”的处理。

1）必备项目不达标。

2）发生重大事故，或者遭遇重大投诉事件并被查实，造成恶劣影响。

3）停止饭店经营业务或停业装修改造一年以上。

4）五星级饭店设施设备（硬件）得分低于380分，四星级饭店低于280分，三星级饭店低于180分。

5）五星级饭店运营质量（软件）得分率低于75%，四星级饭店得分率低于70%，三星级饭店得分率低于60%。

对于取消星级的旅游饭店，相应级别星委会应将其星级证书和星级标志牌收回。旅游饭店自取消星级之日起一年后，方可重新申请星级评定。

第三节　旅游饭店的治安、餐饮、娱乐管理

对旅游者来说，在饭店住宿是其旅游生活中极为重要的一环。旅游者除了游览观光，大部分时间是在旅游饭店度过的。旅游饭店的治安、餐饮、娱乐管理状况不仅直接影响旅游者的人身、财产安全，还影响旅游者的旅游满意度。因此，加强饭店的治安、餐饮、娱乐管理是旅游饭店管理和旅游安全管理的重要内容。

一、旅游饭店的开办条件

《旅馆业治安管理办法》规定，开办旅游饭店，必须达到以下3个条件。

1）房屋建筑、消防设备、出入口和通道等，必须符合《中华人民共和国消防法》等有关规定，并且具备必要的防盗安全设施。

2）经主管部门审查批准，经当地公安机关签署意见。

3）向市场监督管理部门申请登记，领取营业执照。

旅游饭店开业后，如有歇业、转业、合并、迁移、改变名称等情况，应当在市场监督管理部门办理变更登记后3日内，向当地的县、市公安局、公安分局备案。

二、旅游饭店的治安管理

1. 建立安全管理制度

旅游饭店在经营中应遵守国家的法律，建立各项安全管理制度，设置治安保卫组织或指定安全保卫人员。严禁旅游者将易燃、易爆、剧毒、腐蚀性和放射性等危险物品带入旅游饭店。旅游者也不得私自留客住宿或转让床位。旅游饭店对旅游者酗酒滋事、大声喧哗、影响他人休息的行为应予以制止。

2. 严格执行住宿登记制度

旅游饭店接待旅游者住宿，必须查验旅游者的身份证件，并如实登记旅游者姓名、身份证件种类和号码等；接待境外旅游者住宿，还应当在 24 小时内向当地公安机关报送住宿登记表。

3. 配合查处违法犯罪行为

旅游饭店内严禁进行卖淫、嫖宿、赌博、吸毒、传播淫秽物品等违法犯罪活动。旅游饭店工作人员发现可疑人员、正在实施违法犯罪的人员和被公安机关通缉的罪犯，应当立即向当地公安机关报告，不得知情不报或隐瞒包庇。公安人员到旅游饭店执行公务时，旅游饭店工作人员和旅游者应当予以协助。公安人员也应当出示证件，严格依法办事，文明礼貌待人，维护旅游饭店的正常经营和旅游者的合法权益。

补充阅读

《治安管理处罚法》第五十六条规定：“旅馆业的工作人员对住宿的旅客不按规定登记姓名、身份证件种类和号码的，或者明知住宿的旅客将危险物质带入旅馆，不予制止的，处二百元以上五百元以下罚款。

旅馆业的工作人员明知住宿的旅客是犯罪嫌疑人员或者被公安机关通缉的人员，不向公安机关报告的，处二百元以上五百元以下罚款；情节严重的，处五日以下拘留，可以并处五百元以下罚款。”

4. 妥善保管旅游者财物

旅游饭店应设置旅游者财物保管箱、柜或保管室、保险柜，指定专人负责保管工作；对旅游者寄存的财物，要建立登记、领取和交接制度。

对旅游者遗留的物品，旅游饭店应妥善保管，设法归还原主或揭示招领；经招领3个月后无人认领的，要登记造册，送当地公安机关按拾遗物品处理；对违禁物品和可疑物品，应当及时报告公安机关处理。

三、旅游饭店的餐饮管理

餐饮并不是饭店必备的服务项目，却是许多饭店经营的重要组成部分，有的饭店还靠特色餐饮赢得市场。2014年9月22日，商务部和国家发展和改革委员会联合发布了《餐饮业经营管理办法（试行）》，自2014年11月1日起施行。旅游饭店开展餐饮经营和服务必须遵守《餐饮业经营管理办法（试行）》的规定。

1. 餐饮经营的含义

餐饮经营是指通过即时加工制作、商业销售和服务性劳动等方式，向消费者提供食品和消费场所及设施的经营行为。其中，即时加工制作是饭店餐饮服务的显著特征，涵盖了食品生产和服务性劳动两方面内容。

2. 餐饮经营主要规范

（1）保证食品安全

餐饮经营者应当严格按照法律、法规的有关规定从事经营活动，不销售不符合国家产品质量及食品安全强制标准的食品，保证食品安全。

（2）节约资源，反对浪费

在餐饮经营过程中，应当做好节能减排、节约资源工作。为此，餐饮经营者有责任提醒消费者节俭用餐，在醒目位置张贴节约标识，引导消费者适量点餐，帮助消费者将剩菜打包。对节约用餐的消费者可采取表扬和奖励的措施。

（3）禁止设置最低消费

设置最低消费曾是一些餐饮企业的通行做法。《民法典》《消费者权益保护法》《反不正当竞争法》《价格法》等对此没有禁止性的规定。《餐饮业经营管理办法（试行）》第十二条明确规定："禁止餐饮经营者设置最低消费。"也就是说，餐饮经营者不能再设置最低消费，否则就是违法。

思　考

餐饮经营者设置最低消费有何危害？

提示：①最低消费具有强迫性，侵害了消费者的自主选择权和公平交易权；②增加了消费者的支出；③导致过度消费，助长铺张浪费之风。

（4）规范促销

餐饮经营者开展促销活动时，对促销原因、促销方式、促销规则、促销期限、促销商品的范围、相关限制性条件等方面应予明示，并严格按照有关承诺履行义务，不得故意拖延提供相关商品或服务，不得以任何形式降低商品质量或服务水平。

3. 餐饮从业者信用记录管理

餐饮经营者及其负责人、高层管理人员的信用记录将纳入国家统一的信用信息平台，其严重违法失信行为将向社会公开。

四、旅游饭店的娱乐管理

旅游饭店不是娱乐场所，但旅游饭店中对外营业的歌舞、游艺场所属于娱乐场所，这些场所不仅要遵守《旅馆业治安管理办法》的规定，还要遵守《娱乐场所管理条例》《娱乐场所管理办法》的规定。

1. 娱乐场所的含义

根据《娱乐场所管理条例》第二条的规定，娱乐场所是指以营利为目的，并向公众开放、消费者自娱自乐的歌舞、游艺等场所。

2. 娱乐场所的设立地点

《娱乐场所管理条例》第七条规定，娱乐场所不得设在下列地点。

1）居民楼、博物馆、图书馆和被核定为文物保护单位的建筑物内。

2）居民住宅区和学校、医院、机关周围。

3）车站、机场等人群密集的场所。

4）建筑物地下一层以下。

5）与危险化学品仓库毗连的区域。

3. 娱乐场所及其从业人员行为的禁止

《娱乐场所管理条例》第十四条规定，娱乐场所及其从业人员不得实施下列行为，不得为进入娱乐场所的人员实施下列行为提供条件。

1）贩卖、提供毒品，或者组织、强迫、教唆、引诱、欺骗、容留他人吸食、注射毒品。

2）组织、强迫、引诱、容留、介绍他人卖淫、嫖娼。

3）制作、贩卖、传播淫秽物品。

4）提供或者从事以营利为目的的陪侍。

5）赌博。

6）从事邪教、迷信活动。

7）其他违法犯罪行为。

娱乐场所的从业人员不得吸食、注射毒品，不得卖淫、嫖娼；娱乐场所及其从业人员不得为进入娱乐场所的人员实施上述行为提供条件。

4. 对娱乐场所经营环境和设施设备的要求

1）歌舞娱乐场所应当按照国务院公安部门的规定在营业场所的出入口、主要通道安装闭路电视监控设备，并保证营业期间能正常运行。监控录像资料应留存 30 日备查，不得删改或挪作他用。

2）娱乐场所应当在营业场所的大厅、包厢、包间内的显著位置悬挂含有禁毒、禁赌、禁止卖淫嫖娼等内容的警示标志，未成年人禁入或限入标志。标志应当注明公安部门、文化主管部门的举报电话。

3）歌舞娱乐场所的包厢、包间内不得设置隔断，并应当安装展现室内整体环境的透明门窗，包厢、包间的门不得有内锁装置。

4）在营业期间，歌舞娱乐场所内亮度不得低于国家规定的标准。

5）游艺娱乐场所不得设置具有赌博功能的电子游戏机机型、机种、电路板等游戏设施设备，不得以现金或有价证券作为奖品，不得回购奖品。

6）在营业期间，娱乐场所应当保证疏散通道和安全出口畅通，并在疏散通道和安全出口设置明显的指示标志，不得遮挡、覆盖指示标志。

5. 对娱乐场所经营的要求

1）每日凌晨 2 点至上午 8 点，娱乐场所不得营业。

2）歌舞娱乐场所不得接纳未成年人。除国家法定节假日外，游艺娱乐场所设置的电子游戏机不得向未成年人提供。

3）娱乐场所应当建立营业日志。营业日志不得删改，并应当留存 60 日备查。

4）营业期间，娱乐场所的从业人员应当统一着工作服，佩戴工作标志。

小　　结

本章主要介绍了与旅游饭店管理有关的法规内容，包括旅游饭店的含义、旅游饭店的权利和义务、中国旅游饭店行业规范、旅游饭店星级的划分和标志、旅游饭店星级的评定标准、旅游饭店星级的评定程序、旅游饭店星级的复核及处理、旅游饭店的开办条件、旅游饭店的治安管理、旅游饭店的餐饮管理、旅游饭店的娱乐管理等。

重点概念

旅游饭店　旅游饭店星级　餐饮经营

练　习　题

一、选择题（有一个或多个正确答案）

1. 旅游饭店的权利主要有（　　）。
   A. 向旅客收取费用　　B. 索赔
   C. 要求旅客遵守饭店规章制度　　D. 一定条件下拒绝接待旅客的权利
2. 根据旅游饭店行业规范，饭店可以不予接待的人员包括（　　）。
   A. 无支付能力者　　B. 残疾人
   C. 影响饭店形象者　　D. 有过逃账记录者
3. 每日（　　），娱乐场所不得营业。
   A. 零点至上午 8 点　　B. 凌晨 2 点至上午 8 点
   C. 凌晨 3 点至上午 9 点　　D. 零点至上午 10 点
4. 对复核结果达不到相应标准的星级饭店，相应级别星评委可按（　　）处理。
   A. 签发警告通知书　　B. 通报批评
   C. 限期整改　　D. 取消星级
5. 我国旅游饭店等级最高的星级是（　　）。
   A. 钻石五星级　　B. 七星级
   C. 六星级　　D. 五星级
6. 饭店星级标志的有效期为（　　）年。
   A. 3　　B. 5　　C. 10　　D. 15
7. 旅游饭店被取消星级后，（　　）。
   A. 不能再申请星级评定
   B. 可立即再次申请星级评定
   C. 1 年后才可再次申请星级评定
   D. 3 年后才可再次申请星级评定
8. 娱乐场所不得设在（　　）。
   A. 居民住宅区　　B. 学校周围
   C. 建筑物地下二层　　D. 博物馆内

二、是非题

1. 旅游饭店不能拒绝任何客人的住宿要求。（　　）
2. 旅游饭店行业规范对所有饭店都有强制执行力。（　　）
3. 根据旅游饭店行业规范，只要事先在有关场所的显著位置上进行了明示，旅游饭店可以谢绝客人自带酒水和食品进入餐厅、酒吧、舞厅等场所享用。（　　）

4．凡在我国境内正式营业的旅游饭店，均可申请星级评定。（　）

5．餐饮企业设置最低消费并不违法。（　）

三、简答题

1．旅游饭店有哪些权利和义务？
2．旅游饭店在预订、登记、入住方面有哪些行业规范？
3．旅游饭店在收费方面有哪些行业规范？
4．旅游饭店在客人物品的保管方面有哪些行业规范？
5．我国旅游饭店的星级是如何划分的？
6．什么情况下星级饭店可能被取消星级？
7．餐饮经营者开展促销活动应遵守哪些规定？
8．对娱乐场所经营环境和设施设备有哪些要求？

四、案例分析题

1．陈某一家三口在某城市旅游。在购物过程中，陈某与当地人刘某产生纠纷，刘某尾随陈某进入其所住饭店，知道了其房号。然后，刘某叫来两人返回饭店，在饭店走廊中对陈某大打出手，当时饭店有多名保安和服务员在场，但没有人敢上前制止。3人打完人后扬长而去，保安也未加阻拦。因无法找到打人的刘某，陈某要求饭店赔偿其医疗费等共计4000元，遭到饭店拒绝。

请问：饭店的拒绝有道理吗？为什么？

2．某日上午，客人退房后，客房服务员小李在打扫房间时，在床边发现了一双半新的皮鞋，小李以为是客人扔掉的，于是顺手将皮鞋扔进了垃圾桶。过了几天，客人打电话给饭店客房服务中心，说自己几天前在饭店住过，将一双皮鞋忘在了房间里，不知是否找到。客房服务中心小张查阅了饭店的“宾客遗忘物品捡拾登记本”，并没有找到这双皮鞋的记录。为负责起见，小张又找到当时的服务员小李询问，才知事情原委，只好向客人如实相告并表达歉意。

请问：小李的做法有何不妥？若有不妥，正确的做法应是什么？

第七章 旅游交通运输管理法规

学习重点

- 旅游交通运输法规的构成
- 承运人和旅游者的义务
- 民航、铁路、公路 3 种交通运输形式的相关法律、法规的主要内容

旅游交通运输是旅游业发展的前提条件，也是旅游业的重要组成部分，与旅行社、旅游饭店一起被称为旅游业的三大支柱。因此，了解、熟悉、掌握旅游交通运输方面的法律、法规，无论是对旅游者还是对旅游从业人员来说，都是非常重要的。

第一节 旅游交通运输管理法规概述

一、旅游交通运输概述

旅游交通运输是为旅游者实现旅游目的而提供的空间位移服务的经营活动，如将旅游者从居住地运送到某景点，将旅游者从一个景点运送到另一个景点等。传统意义上的旅游交通包括航空旅客运输、铁路旅客运输、公路旅客运输等。随着旅游业的发展，许多山区景点建设了索道，客运索道运输作为一种新的旅游交通运输方式逐渐走入人们的视野。

旅游交通运输是整个交通运输业的重要组成部分，具有一般交通运输的共同要求，如安全性、计划性、及时性等。但旅游交通运输的服务对象是旅游者，这使旅游交通运输与一般的交通运输相比有一些自身的特点，如游览性、舒适性、季节性等。

二、旅游交通运输法规的构成

旅游交通运输法规是调整旅游交通运输过程中各种社会关系的法律规范的总称。这些法律规范涉及的范围很广，主要由以下内容构成。

1. 专门调整交通运输关系的法律、法规

专门调整交通运输关系的法律、法规不仅适用于旅游业，还适用于整个交通运输业，

主要包括：①航空运输方面，《民用航空法》《国内航空运输承运人赔偿责任限额规定》等；②铁路运输方面，《铁路法》《铁路旅客运输规程》等；③公路运输方面，《公路法》《中华人民共和国道路运输条例》（以下简称《道路运输条例》）等。

2. 我国刑事、民事法律中有关交通运输的一些规定

《刑法》《民法典》等法律、法规中都有涉及交通运输的一些规定，如《民法典》中有对运输合同的一般规定，《刑法》中有对破坏交通工具罪、暴力危及飞行安全罪等的规定。这些法律的有关交通运输的规定也适用于旅游交通运输领域。此外，旅游者在购票乘坐交通运输工具、接受交通运输企业提供的服务的过程中，实际上成为消费者，自然受到《消费者权益保护法》的保护。

3. 有关交通运输的国际公约

我国还参加了一些国际交通运输公约，如《统一国际航空运输某些规则的公约（1999 年 5 月 28 日 蒙特利尔）》（即《蒙特利尔公约》，1999 年 5 月 28 日签订于蒙特利尔，全国人民代表大会常务委员会于 2005 年 2 月 28 日批准），该公约适用于所有以航空器运送人员、行李或货物而收取报酬的国际运输，也适用于航空运输企业以航空器履行的免费运输。

三、旅游交通运输法规调整的法律关系

旅游交通运输法规调整的法律关系包括以下几个方面：①旅游交通运输部门同旅游者之间的关系，如铁路运输管理法规中有禁止旅客携带易燃、易爆品上车的规定；②旅游交通运输部门之间的关系；③旅游交通运输部门同相关的旅游经营者之间的关系，如旅行社与民航、铁路等交通运输部门之间的关系；④旅游者之间、旅游者与普通旅客之间因运输业务而发生的经济关系；⑤我国交通运输部门和外国交通运输部门之间因运输业务而发生的经济关系；⑥旅游交通运输部门内部的管理关系。

四、旅游运输合同

旅游运输合同是指承运人按照约定的运输方式，在运达期限内将旅游者及行李运达约定地点并由旅客支付费用的合同。

1. 合同的凭证

在旅游交通运输中，多数情况下旅客和交通运输企业并不特意签订书面合同，但这种书面合同确实是存在的，其证据就是承运人发售的客票、行李票等。《民法典》第八百一十四条规定，客运合同自承运人向旅客出具客票时成立，但是当事人另有约定或者另有交易习惯的除外。

也就是说，除特殊情况外，承运人向旅客出具客票即标志着合同的成立。

补充阅读

《铁路法》第十一条第二款规定："旅客车票、行李票、包裹票和货物运单是合同或者合同的组成部分。"

《民用航空法》第一百一十一条第一款规定："客票是航空旅客运输合同订立和运输合同条件的初步证据。"

虽然客票、行李票等是旅游运输合同的凭证，但并不是唯一的凭证。在目前普遍实现网络购票、实名制购票的情况下，更不能仅凭一张车票来判断运输合同是否存在。

2. 合同的内容

旅游运输合同的内容一般体现在客票、行李票之中。例如，客票上一般有价金、行程、日期、车次、座位等内容，行李票上会标明行李的件数和重量。电子客票上同样有相关的内容。客票、行李票上的内容毕竟较简单，合同中还有许多需要明确的内容，如双方的权利义务、纠纷处理等，这些在客票、行李票上是看不到的，但这并不意味着出现纠纷时双方没有依据可循，这时的依据是我国的有关旅游交通运输的法律、法规。此外，在不违反法律、法规的前提下，合同双方还可以签订书面合同，进一步明确双方的权利与义务。

3. 合同的变更和消灭

在旅游运输合同中，旅客或承运人要求变更合同内容的情况经常出现。例如，承运人要求改变车次、运输时间、改变目的地或经停地等，旅客也可能要求改变乘车时间、票价级别、更换乘机人等。《民法典》规定，当事人协商一致，可以变更合同。在实际操作过程中，民航、铁路、公路等运输服务提供部门对变更合同的情况都有比较明确具体的规定。

旅游运输合同的消灭大致有以下类型：①旅客按时到达目的地并取得行李，运输合同履行完毕；②旅客自愿或因承运人的责任而造成退票；③旅客因为自身原因未能搭乘事先约定的交通工具，而又未能办理延期或退票手续，造成客票作废；④合同已经解除。合同的解除主要有两种情况：一种是双方协商一致解除合同，另一种是不可抗力使合同目的不能实现。

五、承运人和旅游者的义务

旅游者和承运人之间的权利与义务互相依存，一方的权利即为另一方的义务。因此，本书仅从义务的角度对承运人与旅游者的权利和义务关系进行阐述。

1. 承运人的义务

承运人的义务包括以下几个方面。

1）满足旅游者通常、合理的运输要求。不歧视旅游者，无正当理由不能拒载旅游者。

2）按照约定时间将旅游者安全运送到约定地点。没有约定运送期间的，承运人应在合理期间内将旅游者运送到约定地点。承运人迟延运输的，应当根据旅游者的要求安排改乘其他班次或退票。

3）按约定的或通常的运输路线将旅游者运送到约定地点。

4）向旅游者及时告知有关不能正常运输的重要事由和安全运输应当注意的事项。

5）向旅游者提供相应的服务。擅自变更运输工具而降低服务标准的，应当根据旅游者的要求退票或减收票款；擅自提高服务标准的，不应当加收票款。

6）在运送旅游者的过程中，要保证旅游者的人身、财产安全。具体有以下几个方面。一是在运输过程中，应当尽力救助患有急病、分娩、遇险的旅游者。二是对运输过程中旅游者的伤亡承担损害赔偿责任，但伤亡是旅客自身健康原因造成的或承运人证明伤亡是旅游者故意、重大过失造成的除外。值得注意的是，承运人的这一义务同样适用于按照规定免票、持优待票或经承运人许可搭乘的无票旅游者。三是当承运人自身过错造成运输过程中旅游者自带物品毁损、灭失时，承运人有责任赔偿。

案例分析

王某在游完一景点后在景点门外的长椅上休息，旅游车司机陈某过来说座位是他的，要求王某起来，王某拒绝了陈某的要求，两人发生争吵。当王某要乘坐陈某的车离开景点时，陈某宁可退车费也坚决不让王某上车，两人再次发生争吵。

请问：陈某只要退还王某车费就有权拒绝王某乘车吗？

【分析】满足旅游者通常、合理的运输要求是承运人的义务。承运人无正当理由不能拒载旅游者。本案例中，陈某无权因个人恩怨拒绝王某乘车。

2. 旅游者的义务

旅游者的义务包括以下几个方面。

1）支付票款或运输费用。支付票款是旅游者的义务，但承运人未按约定路线或通常路线运输增加票款或运输费用的，旅游者可以拒绝支付增加部分的票款或运输费用。

2）持有效客票乘运。旅游者无票乘运、超程乘运、越级乘运或持失效客票乘运的，应当补交票款。旅游者因自己的原因不能按照客票记载的时间乘坐的，应当在约定的时间内办理退票或变更手续。

3）按照约定的限量携带行李。携带行李超过限量的，旅游者应当办理托运手续。

4）应自觉接受承运人和有关部门的安全检查。我国法律规定，旅游者不得随身携带或在行李中夹带易燃、易爆、有毒、有腐蚀性、有放射性，以及有可能危及运输工具上人身和财产安全的危险物品或其他违禁物品。如系国际运输，旅游者不得携带国家规定的禁止出境和入境的物品。旅游者违反上述规定的，承运人可以将违禁物品卸下、销毁或送交有关部门。旅游者坚持携带或夹带违禁物品的，承运人应当拒绝运输。

第二节　航空旅客运输管理法规

一、航空运输的概念及分类

本书所称的航空运输是指公共航空运输，即公共航空运输企业使用民用航空器经营的旅客、行李或货物的运输。这里所说的“民用航空器”，是指除了用于执行军事、海关、警察飞行任务外的航空器。

航空运输分为国内航空运输和国际航空运输两种。国内航空运输是指根据当事人订立的航空运输合同，运输的出发地点、约定的经停地点和目的地点均在中华人民共和国境内的运输。国际航空运输是指根据当事人订立的航空运输合同，无论运输有无间断或有无转运，运输的出发地点、目的地点或约定的经停地点之一不在中华人民共和国境内的运输。

二、航空旅客运输管理法规的主要内容

航空旅客运输管理法规主要有《民用航空法》（自 1996 年 3 月 1 日起施行，2018 年 12 月 29 日第五次修正，2021 年 4 月 29 日第六次修正）、《国内航空运输承运人赔偿责任限额规定》（自 2006 年 3 月 28 日起施行）、《航班正常管理规定》（交通运输部令 2016 年第 56 号，自 2017 年 1 月 1 日起施行）、《中华人民共和国民用航空安全保卫条例》（1996 年 7 月 6 日发布，2011 年 1 月 8 日修订，以下简称《民用航空安全保卫条例》）等。限于篇幅，下面着重介绍其中与旅游者联系较紧密的内容。

1. 客票

客票是航空旅客运输合同订立和运输合同条件的初步证据。承运人应当为每一旅客单独填开客票。客票至少应当包括旅客姓名、出票人名称、出票时间和地点、出发地点和目的地点等内容。客票只限客票上所列姓名的旅客本人使用，不得转让和涂改，否则客票无效，票款不退。

（1）购票

旅客购票应出示本人有效身份证件，购买儿童、婴儿票应提供出生年月的有效证明。重病旅客购票，应持有医疗单位出具的适于乘机的证明，经航空公司同意后方可购票。

补充阅读

根据中国民航局的统一规定，已满 2 周岁未满 12 周岁的儿童按照同一航班成人普通票价的 50%购买儿童票，提供座位。未满 2 周岁的婴儿按照同一航班成人普通票价 10% 购买婴儿票，不提供座位；如需要单独占用座位时，应购买儿童票。

（2）退票

由于承运人或旅客原因，旅客不能在客票有效期内完成部分或全部航程，可以在客票有效期内要求退票。航班取消、提前、延误、航程改变或承运人不能提供原定座位时，旅客要求退票，始发站应退还全部票款，经停地应退还未使用航段的全部票款，均不收取退票费。

补充阅读

一般情况下，无成人陪伴的儿童不可单独乘机。但也不绝对，根据民航部门的规定，无成人陪伴儿童、无自理能力人、孕妇或者患病者乘机，应当经承运人同意，并事先作出安排。

2. 行李

（1）行李的含义

行李是指旅客在旅行中为了穿着、使用、舒适或便利而携带的必要或适量的物品和其他个人财物。

（2）行李的种类

旅客的行李通常包括托运行李和随身行李物品。托运行李是指旅客交由公共航空运输企业负责照管和运输并填开行李票的行李。随身行李物品是指经公共航空运输企业同意，由旅客自行负责照管的行李和自行携带的零星小件物品。

（3）行李的携带规定

不是所有的行李都能携带登机。根据相关规定，下列物品不得作为行李运输。

1）危险物品，包括爆炸品、气体、易燃液体、易燃固体、自燃物质、遇水释放易燃气体的物质、氧化剂、有机过氧化物、毒性物质、传染性物质、放射性物品、腐蚀品和不属于上述任何一类别而在航空运输中具有危险性的物质和物品。

2）枪支、弹药、管制刀具及其他类似的物品（另有规定的除外）。

3）动物（另有规定的除外）。

4）中华人民共和国或运输过程中有关国家法律规定禁止出境、入境或过境的物品。

5）包装、形状、重量、体积或性质不适宜运输的物品。

补充阅读

2008 年 3 月 14 日，中国民用航空局发布《关于禁止旅客随身携带液态物品乘坐国内航班的公告》，主要内容如下。乘坐国内航班的旅客一律禁止随身携带液态物品，但可办理交运，其包装应符合民航运输有关规定。旅客携带少量旅行自用的化妆品，每种化妆品限带一件，其容器容积不得超过 100 毫升，并应置于独立袋内，接受开瓶检查。有婴儿随行的旅客，购票时可向航空公司申请，由航空公司在机上免费提供液态乳制品；糖尿病患者或其他患者携带必需的液态药品，经安全检查确认无疑后，交由机组保管。

此外，根据航空安全需要，中国民航局于 2008 年 4 月 7 日决定，从即日起禁止旅客随身携带打火机、火柴乘坐民航飞机。

3. 承运人的责任

（1）保证飞行安全和航班正常，提供良好服务

承运人应当以保证飞行安全和航班正常、提供良好服务为准则，采取有效措施，提高运输服务质量。在航空运输过程中，旅客发生疾病时，承运人应积极采取措施，尽力救护。旅客运输航班延误的，承运人应当在机场内及时通告有关情况。

（2）人身损害责任及免责

责任：因发生在民用航空器上或在旅客上、下民用航空器过程中的事件，造成旅客人身伤亡的，承运人应当承担责任。旅客可以自行决定向保险公司投保航空运输人身意外伤害险，但此项保险金额的给付，并不意味着承运人可以免除或减少应承担的赔偿金额。

免责：旅客的人身伤亡完全是由于旅客本人的健康状况造成的，承运人不承担责任。

（3）财产损害责任及免责

责任：在下列情况下发生的财产损害，承运人应承担责任。①因发生在民用航空器上或在旅客上、下民用航空器过程中的事件，造成旅客随身携带物品毁灭、遗失或损坏的；②因发生在航空运输期间（在机场内、民用航空器上或机场外降落的任何地点，托运行李处于承运人掌管之下的全部期间）的事件，造成旅客的托运行李毁灭、遗失或损坏的。

免责：旅客随身携带物品或托运行李的毁灭、遗失或损坏完全是由于行李本身的自然属性、质量或缺陷造成的，承运人不承担责任。

（4）受害人有过错时承运人的责任

在旅客、行李运输中，经承运人证明，损失是由受害人的过错造成或促成的，应当根据造成或促成此种损失的过错的程度，相应免除或减轻承运人的责任。

（5）航班延误或取消后承运人应视情况为旅客提供食宿服务

《航班正常管理规定》第二十九条规定，发生航班出港延误或者取消后，承运人或地面服务代理人应当按照下列情形为旅客提供食宿服务。

1）由于机务维护、航班调配、机组等承运人自身原因，造成航班在始发地出港延误或取消，承运人应当向旅客提供餐食或住宿等服务。

2）由于天气、突发事件、空中交通管制、安检及旅客等非承运人原因，造成航班在始发地出港延误或取消，承运人应当协助旅客安排餐食和住宿，费用由旅客自理。

3）国内航班在经停地延误或取消，无论何种原因，承运人均应当向经停旅客提供餐食或住宿服务。

4）国内航班发生备降，无论何种原因，承运人均应当向备降旅客提供餐食或住宿服务。

4. 承运人的赔偿责任限额

（1）赔偿责任限额的含义

赔偿责任限额是指当航空运输过程中发生的旅客人身、财产损失数额没有超出法定责任限额时，承运人按实际损失赔偿旅客；当损失数额超过责任限额时，承运人仅在法定责任限额内承担赔偿责任。赔偿责任限额的规定有利于促进航空运输业和航空保险业的发展，公平维护航空运输合同各方当事人的合法权益。但赔偿责任限额并不是在任何情况下都适用。如果航空运输中的损失是由于承运人或其受雇人、代理人的故意或明知可能造成损失而轻率地作为或不作为造成的，承运人无权援用有关赔偿责任限额的规定。

（2）国内航空运输承运人赔偿责任限额

根据《国内航空运输承运人赔偿责任限额规定》，国内航空运输承运人对每名旅客的赔偿责任限额为人民币 40 万元；对每名旅客随身携带物品的赔偿责任限额为人民币 3000 元；对旅客托运的行李和对运输的货物的赔偿责任限额为每千克人民币 100 元。

（3）国际航空运输承运人的赔偿责任限额

《民用航空法》对国际航空运输承运人的赔偿责任限额作出了规定。

1）对每名旅客的赔偿责任限额为 16600 计算单位；但是，旅客可以同承运人书面约定高于此规定的赔偿责任限额。

2）对托运行李或者货物的赔偿责任限额，每公斤为 17 计算单位。

3）对每名旅客随身携带的物品的赔偿责任限额为 332 计算单位。

5. 旅客的安全义务

《民用航空安全保卫条例》规定，所有乘坐民用航空器的旅客及其携带的行李物品，必须接受安全检查。拒绝接受安全检查的，不准登机。

在机场内，禁止随意穿越航空器跑道、滑行道；禁止强行登、占航空器；禁止谎报险情，制造混乱。在航空器内，旅客不能有危及飞行安全和扰乱航空器内秩序的行为，下述行为都在禁止之列：在禁烟区吸烟；抢占座位、行李舱（架）；打架、酗酒、寻衅滋事；盗窃、故意损坏或擅自移动救生物品和设备。旅客实施上述行为的，由民航公安机关依照《治安管理处罚法》有关规定予以处罚。

航空器在飞行中的安全保卫工作由机长统一负责。在航空器飞行中，对扰乱航空器内秩序、干扰机组人员正常工作而不听劝阻的人，机长有权采取必要的管束措施。

第三节　铁路旅客运输管理法规

铁路旅客运输管理法规主要有《铁路法》（自 1991 年 5 月 1 日起施行，2009 年第一次修正，2015 年第二次修正）、《铁路旅客运输规程》（自 1997 年 12 月 1 日起施行，2010 年 12 月 1 日修订）、《旅游专列运输管理办法》（自 2000 年 4 月 25 日施行）等。限于篇幅，下面着重介绍其中与旅游者联系较紧密的内容。

一、铁路旅客运输概述

《铁路法》规定，铁路包括国家铁路、地方铁路、专用铁路和铁路专用线。公民有爱护铁路设施的义务。禁止任何人破坏铁路设施，扰乱铁路运输的正常秩序。

铁路运输主要包括旅客运输和货物运输。在各种运输方式中，铁路运输的重要性是毋庸置疑的，尤其是铁路旅客运输，是最受欢迎的旅游交通运输方式之一。铁路旅客运输的优点是载客多、运能强、价格低、污染少、安全系数高、受季节和气候的影响小。因为铁路旅客运输有上述优点，所以长期以来都受到旅客的青睐。近年来，铁路部门为满足广大旅客的需求，适时开行了假日列车、旅游列车、旅游专列，增开直达特快旅客列车、高速动车组列车，旅客通过铁路出游变得越来越方便。

补充阅读

我国铁路旅客列车，按其设备设施、运行速度和服务项目等的差别，分为动车组列车（高速动车组列车、城际动车组列车、普通动车组列车）、直达特快旅客列车、特快旅客列车、快速旅客列车、普通旅客快车、管内直达快车、普通旅客慢车、临时旅客列车、旅游列车等类型。各类型列车一般都设有硬席座位、软席座位、硬席卧铺、软席卧铺等。

动车组列车是目前时速最快的列车，时速能达到 200 公里以上。其中，高速动车组列车的车次前冠以字母 G，城际动车组列车的车次前冠以字母 C，普通动车组列车的车次前冠以字母 D。

直达特快旅客列车从始发站到终点站，中间不停靠任何车站（或仅停少数站），车次前冠以字母 Z。

特快旅客列车，车次前冠以字母 T。

快速旅客列车，车次前冠以字母 K。

普通旅客快车，车次为 1、2、3、4、5 开头，均为 4 位数，如北京开往上海的 1461 次列车。

管内直达快车车次前冠以字母 N，是指一个铁路局管辖范围内的直达快车。

普通旅客慢车即一般所说的慢车，也称普客，车次一般是以 6、7、8 开头的 4 位数。

临时旅客列车是节假日期间在繁忙区段加开的旅客列车，在车次前冠以字母 L，如 L77。

二、车票和行李

《铁路法》规定，旅客车票、行李票、包裹票和货物运单是合同或合同的组成部分。

1. 车票

（1）车票是铁路旅客运输合同的基本凭证

车票是旅客乘车的凭证，包括客票和附加票两部分。客票部分为软座、硬座。附加票部分为加快票、卧铺票、空调票。

《铁路旅客运输规程》规定，铁路旅客运输合同的基本凭证是车票，该运输合同自售出车票时起成立，至按票面规定运输结束旅客出站时止，为合同履行完毕。

课堂讨论

我们在乘坐火车的时候可能有过这样的经历：花同样的钱购买车票，有的人有座位，有的人无座位，无座位的乘客并不能因其买的是无座位的票就少支付票款。对此，已有很多乘客表示不满。曾有一位乘客因花了与坐票同样的钱购买了一张站票而对铁路部门深表不满。他认为，无座服务成本低，舒适度和安全性差，理应比坐票价格低，而铁路部门却规定站票与坐票价格相同，这违反了公平交易原则。为此，他采取了起诉的方式，将某铁路局告上法院，要求铁路部门返还站票与坐票间的价格差。但法院最终驳回了该名乘客的起诉。

针对上述情况开展讨论，分析法院驳回该名乘客诉讼请求的原因。

（2）关于儿童票的规定

儿童一般不能单独乘火车旅行（除乘火车通学的学生和承运人同意在旅途中监护的外）。随同成人旅行的身高 1.2～1.5 米的儿童，享受半价票；超过 1.5 米的儿童应买全价票。每名成人旅客可免费携带一名身高不足 1.2 米的儿童，超过一名时，超过的人数应买儿童票。

（3）关于学生票的规定

在普通大专院校（含国家教育主管部门批准有学历教育资格的民办大学），军事院校，中、小学和中等专业学校、技工学校就读，没有工资收入的学生、研究生，家庭居住地和学校不在同一城市时，每年可享受家庭至院校（实习地点）之间 4 次单程半价硬座票（以下简称学生票）。动车组列车只发售二等座学生票，学生票为全价票的 75%。新生凭录取通知书、毕业生凭学校书面证明可买一次学生票。

补充阅读

下列情况不能发售学生票：①学校所在地有学生父或母其中一方时；②学生休学、复学、转学、退学时；③学生往返于学校与实习地点时；④学生证未按时办理学校注册的；⑤学生证优惠乘车区间更改但未加盖学校公章的；⑥没有“学生火车票优惠卡”、“学生火车票优惠卡”不能识别或与学生证记载不一致的。

（4）关于退票的规定

开车前可办理退票手续，特殊情况也可在开车后 2 小时内办理，团体旅客必须在开车 48 小时以前办理。旅客开始旅行后不能退票，但如因伤、病不能继续旅行时，经站、车证实，可退还已收票价与已乘区间票价差额。

补充阅读

退票要交纳一定的退票费。自 2011 年 9 月 25 日起，退票费由原来按每张车票面额的 20%计收下调为按 5%计收（四舍五入到元），退票费最低按 2 元计收。2013 年 9 月 1 日，铁路部门调整火车票退票和改签办法，实现火车票全国通退通签，同时实行火车票梯次退票方案：开车前 15 天以上退票的，不收取退票费；票面乘车站开车时间前 48 小时以上的按票价 5%计，24 小时以上、不足 48 小时的按票价 10%计，不足 24 小时的按票价 20%计。上述计算的尾数以 5 角为单位，尾数小于 2.5 角的舍去、2.5 角以上且小于 7.5 角的计为 5 角、7.5 角以上的进为 1 元。

案例分析

何某参加了某旅行社组织的赴桂林的旅游团，合同上注明是空调双卧旅游专列，但何某等人实际上乘坐的是非空调旅游专列。对此，旅行社的解释是由于恰逢“黄金周”，空调车紧张，铁路部门只能提供非空调车，旅行社也没有办法。旅行社还解释说反正天气不热，有没有空调无所谓，让大家将就一下。何某等人对旅行社的做法很不满意，要求旅行社退还空调车与非空调车的票价差额，遭到旅行社的拒绝。旅行社认为违约的是铁路部门，旅行社也是受害者，如果大家坚持要退差额，应找铁路部门，不应找旅行社。

请问：旅行社的解释合理吗？为什么？

【分析】旅游者是与旅行社签订合同，不是与铁路部门签合同，旅行社理应主动退还空调车与非空调车的票价差额，再向铁路部门索赔。

2. 行李

铁路旅客的行李分为个人携带行李和托运行李。《铁路旅客运输规程》第五十二条规定，下列物品不得带入火车内。

1）国家禁止或限制运输的物品。

2）法律、法规、规章中规定的危险品、弹药和承运人不能判明性质的化工产品。

3）动物及妨碍公共卫生（包括有恶臭等异味）的物品。

4）能够损坏或污染车辆的物品。

5）规格或重量超过本规程第五十一条规定的物品。

三、铁路旅客运输承运人的权利与义务

1. 承运人的权利

（1）收费权

承运人有权按规定卖票收费，旅客应购票乘车。对无票乘车或持失效车票乘车的旅客，承运人有权补收票款，并按照规定加收票款。

（2）拒绝载运权

承运人对无票乘车或持失效车票乘车又拒不补交票款的旅客，可以责令其下车。此外，《铁路旅客运输规程》规定，承运人可拒绝运送烈性传染病患者、精神病患者或健康状况危及他人安全的旅客。

（3）安全检查权

《铁路法》规定，承运人有权对旅客携带的物品进行运输安全检查，禁止旅客携带危险品进站上车。

2. 承运人的义务

（1）保证列车安全和正点

《铁路法》第十条规定，铁路运输企业应当保证旅客和货物运输的安全，做到列车正点到达。

（2）保证旅客按车票载明的日期、车次乘车，并到达目的站

《铁路法》第十二条规定，铁路运输企业应当保证旅客按车票载明的日期、车次乘车，并到达目的站。因铁路运输企业的责任造成旅客不能按车票载明的日期、车次乘车的，铁路运输企业应当按照旅客的要求，退还全部票款或者安排改乘到达相同目的站的其他列车。

（3）提高服务质量

《铁路法》第十三条规定，铁路运输企业应当采取有效措施做好旅客运输服务工作，

做到文明礼貌、热情周到，保持车站和车厢内的清洁卫生，提供饮用开水，做好列车上的饮食供应工作。

（4）依法承担赔偿责任

对运送期间发生的旅客身体损害，承运人应予以赔偿。但如果人身伤亡是因不可抗力或因受害人自身的原因造成的，承运人不承担赔偿责任。

对运送期间因承运人的过错造成的旅客随身携带物品损失，承运人应予以赔偿。

四、关于旅游专列的特别规定

旅游专列是指在开行时间和线路上进行特别安排、以运送旅游团队为专门目的的专线列车（不包括常规运营的旅游列车）。

1. 开行条件

开行旅游专列编组不少于 12 辆，载客车辆不少于 10 辆，尽量使用新型空调车。旅游专列的值乘人员应经过培训合格持证上岗，不得临时雇佣或由其他工种人员顶替。旅游专列的旅行速度不得低于同线路图定普通快车的速度。

2. 运输管理

包车人（如几家旅行社或单位同时包用一列车时，应提出一个牵头单位）应在不少于 25 个工作日前向始发站或其上级客运主管部门提出开车要求并填写包车申请表。

旅游专列的运输费用由始发站使用代用票一次收清，其他站、车不得另外收取任何费用。代用票交包车人持有，其余乘车旅客每人发给一张团体旅客证，团体旅客证随代用票使用有效。

旅游专列车发后，车票不办理中途改签、分乘、变径或退票。旅客自己要求中途下车出站时，凭团体旅客证出站，未乘区间车票失效，恢复旅行时应另行购票。旅游专列不得超员运输。旅游专列的旅客在运输中发生伤、病时，由列车长编制客运记录，载明系旅游专列旅客并记录代用票票号，车站按照一般旅客发生伤、病的规定处理。

补充阅读

我国旅客列车的编次以北京为中心，凡驶离北京方向的列车称为下行列车，列车编次为单数，如北京开往南昌的 T167 次列车。驶向北京方向的列车称为上行列车，列车编次为双数，如南昌开往北京的 T168 次列车。有的列车中途改变运行方向，则车次也要随着改变。例如，杭州—兰州的特快列车，从杭州发车是上行，车次为 T112 次，至徐州站后变为下行，车次变为 T113 次。反之，从兰州站发车为 T114 次，到徐州站后变为 T111 次至杭州。列车编次的上、下行和变次规划，便于铁路部门的统一调度指挥，有利于保证安全行车。

第四节　公路旅客运输管理法规

公路旅客运输管理法规主要有《公路法》（1998 年实施，2017 年 11 月 4 日第五次修正）、《中华人民共和国道路交通安全法》（2003 年 10 月 28 日通过，2011 年 4 月 22 日第二次修正，2021 年 4 月 29 日第三次修正，以下简称《道路交通安全法》）、《道路运输条例》（2004 年 7 月 1 日起施行，2016 年 2 月 6 日第二次修订，2019 年 3 月 2 日第三次修订）、《道路旅客运输及客运站管理规定》（2020 年 7 月 2 日通过，自 2020 年 9 月 1 日起施行）等。限于篇幅，下面着重介绍其中与旅游者联系较紧密的公路旅客运输的内容。

一、公路旅客运输概述

公路旅客运输是最普及、覆盖面最广的一种旅客运输形式，也是最重要的旅游交通运输形式。公路旅客运输的优点是方便灵活，不受固定的时刻表的限制。旅游者不仅可以乘汽车去任何通了公路的旅游景点参观游览，还能随时下车，参观自己想参观的地方，基本上可以做到点对点。公路旅客运输的缺点是乘车过久容易使人疲劳，且安全系数相对较低。

1. 公路

《公路法》第六条规定，公路按其在公路路网中的地位分为国道、省道、县道和乡道，并按技术等级分为高速公路、一级公路、二级公路、三级公路和四级公路。

任何单位和个人都有爱护公路、公路用地及公路附属设施的义务，有权检举和控告破坏、损坏公路、公路用地、公路附属设施和影响公路安全的行为。禁止任何单位和个人在公路上非法设卡、收费、罚款和拦截车辆。《道路交通安全法》第六十九条规定，任何单位、个人不得在高速公路上拦截检查行驶的车辆，公安机关的人民警察依法执行紧急公务除外。

补充阅读

国道是国家干线公路的简称。根据地理走向，我国国道分为以下 3 类。

第一类是以首都北京为中心，呈扇面辐射的公路，其编号为 G1××，如北京到沈阳的干线公路编号为 G101。这类国道共有 12 条，编号为 G101～G112。

第二类是我国版图之内南北走向的公路，其编号为 G2××，如鹤岗到大连的干线公路，编号为 G201。这类国道共有 27 条，编号为 G201～G228（无 G226）。

第三类是东西走向的公路，编号为 G3××，如绥芬河到满洲里的公路，编号为 G301。这类国道共有 29 条，编号为 G301～G330（无 G313）。

国家高速公路网编号由字母标识符（汉语拼音“G”）和阿拉伯数字编号组成。首都放射线的编号为 1 位数，以北京市为起点，放射线的止点为终点，编号区间为 G1～G9。纵向路线按路线的纵向由东向西顺序编排，路线编号取奇数，编号区间为 G11～G89。横向路线按路线的横向由北向南顺序编排，路线编号取偶数，编号区间为 G10～G90。

2. 公路旅客运输

根据相关规定，公路运输包括公路旅客运输（客运）和公路货物运输（货运），公路旅客运输又包括班车（加班车）客运、包车客运和旅游客运。

班车客运又可分为直达班车客运和普通班车客运。

3. 旅游客运

旅游客运是公路旅客运输的重要组成部分，随着旅游业的发展，旅游客运更多地走入我们的生活。《道路旅客运输及客运站管理规定》第三条第三款规定，旅游客运是指以运送旅游观光的旅客为目的，在旅游景区内运营或者其线路至少有一端在旅游景区（点）的一种客运方式。因此，构成旅游客运有两个基本条件：一是以运送游客为目的；二是在旅游景区内运营或至少有一端在景区。

旅游客运有定线旅游客运和非定线旅游客运之分。《道路旅客运输及客运站管理规定》第十条规定，旅游客运按照营运方式分为定线旅游客运和非定线旅游客运。定线旅游客运按照班车客运管理，非定线旅游客运按照包车客运管理。

二、客票

1. 实名制管理

《道路旅客运输及客运站管理规定》第三十八条规定，一类、二类客运班线的经营者或者其委托的售票单位、配客站点，应当实行实名售票和实名查验（以下统称实名制管理），免票儿童除外。实行实名制管理的，购票人购票时应当提供有效身份证件原件，并由售票人在客票上记载旅客的身份信息。通过网络、电话等方式实名购票的，购票人应当提供有效的身份证件信息，并在取票时提供有效身份证件原件。

补充阅读

《道路旅客运输及客运站管理规定》第八条规定，班车客运的线路按照经营区域分为四种类型。其中，一类客运班线指的是跨省级行政区域（毗邻县之间除外）的客运班线；二类客运班线指的是在省级行政区域内，跨设区的市级行政区域（毗邻县之间除外）的客运班线。

2. 客票遗失补办

实名制购票的旅客遗失客票的，经核实身份信息后，售票人应当免费为其补办客票。

3. 关于票价的规定

公路旅客运输的运价要符合相关规定。《道路旅客运输及客运站管理规定》第四十二条规定，客运经营者应当遵守有关运价规定，使用规定的票证，不得乱涨价、恶意压价、乱收费。第四十三条规定，客运经营者应当在客运车辆外部的适当位置喷印企业名称或者标识，在车厢内显著位置公示驾驶员姓名和从业资格证号、交通运输服务监督电话、票价和里程表。

三、公路旅客运输承运人的主要义务

《道路旅客运输及客运站管理规定》《道路运输条例》等规定，公路旅客运输承运人的主要义务体现在下列方面。

1. 聘用合格的客车驾驶员

客车驾驶员对保障客运安全起着至关重要的作用。《道路运输条例》第九条规定，从事客运经营的驾驶人员，应当符合下列条件：

1）取得相应的机动车驾驶证；

2）年龄不超过 60 周岁；

3）3 年内无重大以上交通责任事故记录；

4）经设区的市级道路运输管理机构对有关客运法律法规、机动车维修和旅客急救基本知识考试合格。

2. 保证乘客的安全

承运人应当保证旅客的安全，采取必要的措施防止在运输过程中发生侵害旅客人身、财产安全的违法行为。

1）承运人应加强对从业人员的安全、职业道德教育和业务知识、操作规程培训，确保道路运输安全。

2）承运人应采取有效措施，防止驾驶人员连续驾驶时间超过 4 个小时。

3）承运人应当制定有关交通事故、自然灾害及其他突发事件的道路运输应急预案。

4）承运人应当加强对车辆的维护和检测，确保车辆符合国家规定的技术标准；不得使用报废的、擅自改装的和其他不符合国家规定的车辆从事道路运输经营。

5）客运车辆的载客数量不得超过核定的人数。在载客人数已满的情况下，仅允许搭乘不超过核定载客人数 10%的免票儿童。客运车辆不得违反规定载货。

6）承运人应当为旅客投保承运人责任险。

7）当运输过程中发生侵害旅客人身、财产安全的治安违法行为时，客运经营者在自身能力许可的情况下，应当及时向公安机关报告并配合公安机关及时终止治安违法行为。

3. 按规定或约定提供服务

《道路运输条例》第十九条规定，从事包车客运的，应当按照约定的起始地、目的地和线路运输。从事旅游客运的，应当在旅游区域按照旅游线路运输。第二十条规定，客运经营者不得强迫旅客乘车，不得甩客、敲诈旅客；不得擅自更换运输车辆。

4. 提高服务质量

《道路旅客运输及客运站管理规定》第四十四条规定，客运经营者应当为旅客提供良好的乘车环境，确保车辆设备、设施齐全有效，保持车辆清洁、卫生。

四、道路交通事故处理和赔偿

1. 道路交通事故处理

交通事故是指车辆在道路上因过错或意外造成的人身伤亡或者财产损失的事件。

《道路交通安全法》第七十条规定，在道路上发生交通事故，车辆驾驶人应当立即停车，保护现场；造成人身伤亡的，车辆驾驶人应当立即抢救受伤人员，并迅速报告执勤的交通警察或公安机关交通管理部门。因抢救受伤人员变动现场的，应当标明位置。乘车人、过往车辆驾驶人、过往行人应当予以协助。在道路上发生交通事故，未造成人身伤亡，当事人对事实及成因无争议的，可以即行撤离现场，恢复交通，自行协商处理损害赔偿事宜；不即行撤离现场的，应当迅速报告执勤的交通警察或者公安机关交通管理部门。在道路上发生交通事故，仅造成轻微财产损失，并且基本事实清楚的，当事人应当先撤离现场再进行协商处理。

交通警察应当对交通事故现场进行勘验、检查，收集证据；公安机关交通管理部门应当根据交通事故现场勘验、检查、调查情况和有关的检验、鉴定结论，及时制作交通事故认定书，作为处理交通事故的证据。交通事故认定书应当载明交通事故的基本事实、成因和当事人的责任，并送达当事人。

2. 道路交通事故赔偿

《道路交通安全法》第七十六条规定，机动车发生交通事故造成人身伤亡、财产损失的，由保险公司在机动车第三者责任强制保险责任限额范围内予以赔偿；不足的部分，按照下列规定承担赔偿责任：

1）机动车之间发生交通事故的，由有过错的一方承担赔偿责任；双方都有过错的，按照各自过错的比例分担责任。

2）机动车与非机动车驾驶人、行人之间发生交通事故，非机动车驾驶人、行人没有过错的，由机动车一方承担赔偿责任；有证据证明非机动车驾驶人、行人有过错的，根据过错程度适当减轻机动车一方的赔偿责任；机动车一方没有过错的，承担不超过百分之十的赔偿责任。

3）交通事故的损失是由非机动车驾驶人、行人故意碰撞机动车造成的，机动车一方不承担赔偿责任。

案例分析

旅游车司机李某驾车在高速公路上正常行驶。突然，李某发现前方不远处有人跨过了防护栏正横穿公路，李某当即紧急刹车，但由于车速过快，强大的惯性仍然使行人被撞倒，造成行人死亡。

请问：李某需要对行人的死亡承担责任吗？为什么？

【分析】本案例中，行人违反交通规则，擅自进入封闭式高速公路并横穿公路是造成事故的原因，李某没有过错，且已采取了急刹车的措施，但这并不意味着李某不必承担责任。根据相关法律规定，李某仍然要承担责任，但可以减轻应承担的责任。当然，如果有证据证明行人故意造成了这起事故，则李某不必担责。

小　结

本章主要包括旅游交通运输概述、旅游交通运输法规的构成、旅游交通运输法规调整的法律关系、旅游运输合同、承运人与旅游者的义务，介绍了航空旅客运输、铁路旅客运输、公路旅客运输这 3 种主要运输形式的主要法律、法规及其内容。

重点概念

旅游交通运输　旅游交通运输法规　旅游运输合同　国内航空运输

国际航空运输　旅游客运　旅游专列　交通事故

练习题

一、选择题（有一个或多个正确答案）

1．国内航空运输承运人对每名旅客的赔偿责任限额为人民币（　　）万元。

A．20　　B．30　　C．40　　D．50

2．国际航空运输承运人对每名旅客的赔偿责任限额为（　　）。

A．40 万元　　B．40 万计算单位

C．16600 元　　D．16600 计算单位

3．在铁路客运中，成人及身高超过（　　）米的儿童购买全价票。

A．1.2　　B．1.3　　C．1.4　　D．1.5

4．铁路旅客运输合同的基本凭证是（　　）。

A．合同书　　B．车票　　C．购票收据　　D．客运协议

5．国内航空运输对每名旅客随身携带物品的赔偿责任限额为（　　）元。

A．1000　　B．3000　　C．5000　　D．8000

6．满足旅游者（　　）的运输要求是承运人的义务。

A．全部　　B．通常　　C．特别　　D．合理

7．由于天气、突发事件、空中交通管制、安检及旅客等非承运人原因，造成航班在始发地出港延误或取消，承运人应当协助旅客安排餐食和住宿，费用由（　　）。

A．旅客承担　　B．承运人承担　　C．机场承担　　D．航空公司承担

8．公路旅客运输中，驾驶人员连续驾驶时间不能超过（　　）个小时。

A．3　　B．4　　C．5　　D．6

二、是非题

1．铁路旅客运输中，对运送期间发生的旅客身体损害，承运人应予以赔偿。但如果人身伤亡是因不可抗力或者由于受害人自身的原因造成的，承运人不承担赔偿责任。（　　）

2．机动车与非机动车驾驶人、行人之间发生交通事故的，在任何情况下都应由机动车一方承担责任。（　　）

三、简答题

1．旅游交通运输法规由哪几部分构成？

2．旅游运输合同的消灭有哪些类型？

3．承运人与旅游者分别有哪些义务？

4．航空运输中哪些物品不得作为行李运输？

5．国内航空运输承运人的赔偿责任限额是如何规定的？

6．哪些物品不能带入火车？

7．发生道路交通事故后应如何处理？

8．公路旅客运输的承运人应采取哪些措施保证乘客的安全？

四、案例分析题

1．旅游者王某和从事个体客运的李某是同学，有一次在某地游玩的时候，王某碰巧搭上了李某开的客车，王某掏出钱买票，被李某客气地拒绝了。一路上山路崎岖，李

某一时大意，将车子开进了路边的小沟，车子受到损坏，王某也因此小腿骨折，花去医药费和其他费用共计 4000 多元。王某认为自己受伤完全是因为李某的大意造成的，这些费用应由李某承担，李某则认为王某免费乘车，不属于一般意义上的乘客，王某花去的 4000 多元应由他自己承担。

请问：从承运人的义务的角度分析，李某是否应该承担责任？为什么？

2. 据报道，在某机场，有名乘客在飞机落地停稳后，嫌排队下飞机的人多、队伍长，便擅自打开座位附近的安全门，导致逃生气囊滑梯打开。

请问：该乘客会受到什么处罚？

第八章　食品安全管理法规

学习重点

➢ 食品和食品安全的含义

➢ 食品安全保障制度

➢ 食品安全事故处置

饮食是生活的第一需要。在旅游业的食、住、行、游、购、娱 6 要素中，“食”居首位，其重要性毋庸置疑。随着人们生活水平的提高，人们对食品的第一要求则是安全卫生。在旅游领域，食品的安全卫生已成为旅游者权益保护的一个重要方面。作为旅游业的从业人员，有必要了解我国有关食品安全卫生的法律、法规。

为保证食品安全，保障公众身体健康和生命安全，我国于 1995 年 10 月 30 日公布施行了《中华人民共和国食品卫生法》（以下简称《食品卫生法》）。2009 年 2 月 28 日公布《食品安全法》，自 2009 年 6 月 1 日起施行，取代了此前施行的《食品卫生法》。2009 年 7 月 20 日又公布了《中华人民共和国食品安全法实施条例》（2019 年 3 月 26 日国务院第 42 次常务会议修订通过，2019 年 10 月 11 日公布，自 2019 年 12 月 1 日起施行，以下简称《食品安全法实施条例》）。

第一节　食品安全概述

一、食品和食品安全的含义

1. 食品的含义

《食品安全法》规定，食品是指各种供人食用或者饮用的成品和原料以及按照传统既是食品又是中药材的物品，但是不包括以治疗为目的的物品。

与食品相关的另一概念是食品添加剂，《食品安全法》规定，食品添加剂是指为改善食品品质和色、香、味以及为防腐、保鲜和加工工艺的需要而加入食品中的人工合成或者天然物质，包括营养强化剂。

补充阅读

在我国，按照传统既是食品又是中药材的物品有很多，如罗汉果、肉桂、薄荷、茯苓、人参、天麻、灵芝、当归、党参、阿胶、山药、葛根、花椒、甘草、杏仁、桑椹、橘皮、百合、枸杞子、胖大海、莲子、蜂蜜、槐花等。

2. 食品安全的含义

《食品安全法》规定，食品安全是指食品无毒、无害，符合应当有的营养要求，对人体健康不造成任何急性、亚急性或者慢性危害。

食品是人们生活的必需品，但如果处置不当，食品就可能给人带来危害。食品对人的危害有两种情况：一种是食品本身含有毒素，另一种是食品在生长、制造、存储、运输及销售等过程中，被有害物质所污染。这些有毒的或被污染的食品被人食用后，将会造成不良后果甚至是难以挽回的后果。旅游活动离不开吃、住、行，旅游从业人员应当重视食品的安全卫生，切实保障旅游者的饮食健康，维护我国旅游业的声誉。

3. 食品安全的基本要求

食品安全的基本要求包括以下几个方面。

1）食品无毒、无害。这是对食品安全的最基本的要求。

2）符合应当有的营养要求。首先，各种食品都应具备一定的营养成分，如蛋白质、碳水化合物、脂肪、维生素、矿物质和其他可供代谢的有机物；其次，食品所含营养成分的消化吸收率和维护人体正常生理功能的作用必须达到一定的标准。其中，专供婴幼儿的主、辅食品，必须符合国务院卫生行政部门制定的营养、卫生标准。

3）对人体健康不造成任何急性、亚急性或慢性危害。

二、食品安全风险监测和评估

《食品安全法》第二章对食品安全风险监测和评估进行了规定。

1. 食品安全风险监测

（1）监测对象

食品安全风险监测对食源性疾病、食品污染及食品中的有害因素进行监测。

（2）监测机构

卫生行政部门会同同级食品安全监督管理等部门，制定食品安全风险监测计划，实施食品安全风险监测方案。承担食品安全风险监测工作的技术机构应当根据食品安全风险监测计划和监测方案开展监测工作，保证监测数据真实、准确。

（3）监测结果报告

监测结果表明可能存在食品安全隐患的，县级以上人民政府卫生行政部门应当及时将相关信息通报同级食品安全监督管理等部门，并报告本级人民政府和上级人民政府卫生行政部门。食品安全监督管理等部门应当组织开展进一步调查。

2. 食品安全风险评估

（1）评估对象

国家建立食品安全风险评估制度，运用科学方法，根据食品安全风险监测信息、科学数据以及有关信息，对食品、食品添加剂、食品相关产品中生物性、化学性和物理性危害因素进行风险评估。

（2）评估机构

国务院卫生行政部门负责组织食品安全风险评估工作，成立由医学、农业、食品、营养、生物、环境等方面的专家组成的食品安全风险评估专家委员会进行食品安全风险评估。

（3）评估结果

食品安全风险评估结果由国务院卫生行政部门公布。该评估结果是制定、修订食品安全标准和实施食品安全监督管理的科学依据。

三、食品安全标准

食品安全标准的制定、修订建立在对食品进行安全风险评估的基础上。食品安全标准是一种强制执行的标准，它以保障公众身体健康为宗旨，基本要求是科学合理、安全可靠。所有的食品安全标准都应当供公众免费查阅。

食品安全标准有国家标准、地方标准、企业标准之分。

1. 食品安全国家标准

《食品安全法》第二十七条规定，食品安全国家标准由国务院卫生行政部门会同国务院食品安全监督管理部门制定、公布，国务院标准化行政部门提供国家标准编号。

《食品安全法》第二十八条规定，制定食品安全国家标准，应当依据食品安全风险评估结果并充分考虑食用农产品质量安全风险评估结果，参照相关的国际标准和国际食品安全风险评估结果，并将食品安全国家标准草案向社会公布，广泛听取食品生产经营者、消费者、有关部门等方面的意见。

2. 食品安全地方标准

《食品安全法》第二十九条规定，对地方特色食品，没有食品安全国家标准的，省、自治区、直辖市人民政府卫生行政部门可以制定并公布食品安全地方标准，报国务院卫生行政部门备案。食品安全国家标准制定后，该地方标准即行废止。

3. 食品安全企业标准

《食品安全法》第三十条规定，国家鼓励食品生产企业制定严于食品安全国家标准或者地方标准的企业标准，在本企业适用，并报省、自治区、直辖市人民政府卫生行政部门备案。

补充阅读

《食品安全法》第二十六条规定，食品安全标准应当包括下列内容。

1）食品、食品添加剂、食品相关产品中的致病性微生物，农药残留、兽药残留、生物毒素、重金属等污染物质及其他危害人体健康物质的限量规定。

2）食品添加剂的品种、使用范围、用量。

3）专供婴幼儿和其他特定人群的主辅食品的营养成分要求。

4）对与卫生、营养等食品安全要求有关的标签、标志、说明书的要求。

5）食品生产经营过程的卫生要求。

6）与食品安全有关的质量要求。

7）与食品安全有关的食品检验方法与规程。

8）其他需要制定为食品安全标准的内容。

第二节　食品安全保障

一、食品生产经营应满足的安全卫生要求

食品生产经营不仅应当符合食品安全标准，还应达到相应的安全卫生要求。

1. 对生产经营场所的要求

食品生产经营者应具有与生产经营的食品品种、数量相适应的食品原料处理、食品加工、包装、储存等的场所，保持该场所环境整洁，并与有毒、有害场所及其他污染源保持规定的距离。

2. 对设施、设备的要求

食品生产经营者应具有与生产经营的食品品种、数量相适应的生产经营设备或设施，有相应的消毒、更衣、盥洗、采光、照明、通风、防腐、防尘、防蝇、防鼠、防虫、洗涤，以及处理废水、存放垃圾和废弃物的设备或设施。

设施设备布局科学合理，避免待加工食品与直接入口食品、原料与成品交叉污染，避免食品接触有毒物、不洁物。

3. 对管理的要求

食品生产经营者应具有相应的食品安全卫生方面的技术人员和管理人员，制定完善

的保证食品安全卫生的管理制度。

补充阅读

《食品安全法》规定，食品安全卫生管理至少应做到下列几点。

1）餐具、饮具和盛放直接入口食品的容器，使用前应当洗净、消毒，使用后应当洗净，保持清洁。

2）储存、运输和装卸食品的容器、工具和设备应当安全、无害，保持清洁，防止食品污染，并符合保证食品安全所需的温度等特殊要求，不得将食品与有毒、有害物品一同贮存、运输。

3）直接入口的食品应当使用无毒、清洁的包装材料、餐具、饮具和容器。

4）食品生产经营人员应当保持个人卫生，生产经营食品时，应当将手洗净，穿戴清洁的工作衣、帽等；销售无包装的直接入口食品时，应当使用无毒、清洁的容器、售货工具和设备。

5）用水应当符合国家规定的生活饮用水卫生标准。

6）使用的洗涤剂、消毒剂应当对人体安全、无害。

二、禁止生产经营的食品

不符合食品安全标准或食品安全要求的食品将禁止生产和经营。下列食品均在禁止生产经营之列。

1. 原料不合格的食品

原料不合格的食品包括用非食品原料生产的食品、添加了食品添加剂以外的化学物质和其他可能危害人体健康物质的食品，或者用回收食品作为原料生产的食品，用超过保质期的食品原料、食品添加剂生产的食品、食品添加剂等。

2. 有害物超标的食品

有害物超标的食品是指致病性微生物，农药残留、兽药残留、生物毒素、重金属等污染物质及其他危害人体健康的物质含量超过食品安全标准限量的食品、食品添加剂、食品相关产品。

3. 营养成分不符合特定要求的食品

专供婴幼儿和其他特定人群的主辅食品有特定的营养成分要求，达不到相应的要求的此类食品禁止生产。

4. 变质、不洁、掺假的食品

变质、不洁、掺假的食品是指腐败变质、油脂酸败、霉变生虫、污秽不洁、混有异物、掺假掺杂或感官性状异常的食品、食品添加剂。

5. 其他禁止生产的食品

其他禁止生产的食品包括：超范围、超限量使用食品添加剂的食品；病死、毒死或死因不明的禽、畜、兽、水产动物肉类及其制品；未按规定进行检疫或检疫不合格的肉类，或者未经检验或者检验不合格的肉类制品；被包装材料、容器、运输工具等污染的食品、食品添加剂；标注虚假生产日期、保质期或超过保质期的食品、食品添加剂；无标签的预包装食品、食品添加剂；国家为防病等特殊需要明令禁止生产经营的食品等。

三、食品安全保障制度

1. 食品生产经营许可制度

《食品安全法》第三十五条规定，国家对食品生产经营实行许可制度。从事食品生产、食品销售、餐饮服务，应当依法取得许可。但是，销售食用农产品和仅销售预包装食品的，不需要取得许可。

从事食品添加剂生产，也应取得食品添加剂生产许可。食品添加剂应当在技术上确有必要且经过风险评估证明安全可靠，方可列入允许使用的范围。

集中交易市场的开办者、柜台出租者和展销会举办者，应当依法审查入场食品经营者的许可证。在网络交易平台售卖食品同样需要取得许可证。《食品安全法》规定，网络食品交易第三方平台提供者应当对入网食品经营者进行实名登记，明确其食品安全管理责任，并审查其许可证。

2. 食品安全全程追溯制度

食品生产经营者应当建立食品安全追溯体系，采集、留存生产经营信息，保证食品可追溯。

3. 食品生产经营从业者健康管理制度

《食品安全法》第四十五条规定，食品生产经营者应当建立并执行从业人员健康管理制度。患有国务院卫生行政部门规定的有碍食品安全疾病的人员，不得从事接触直接入口食品的工作。从事接触直接入口食品工作的食品生产经营人员应当每年进行健康检查，取得健康证明后方可上岗工作。

4. 食品召回制度

国家建立食品召回制度。

食品生产者发现其生产的食品不符合食品安全标准或有证据证明可能危害人体健康的，应当立即停止生产，召回已经上市销售的食品，通知相关生产经营者和消费者，并记录召回和通知情况。

食品经营者发现其经营的食品出现上述情况，应当立即停止经营，通知相关生产经营者和消费者，并记录停止经营和通知情况。食品生产者认为应当召回的，应当立即召回。

食品生产经营者应当对召回的食品采取无害化处理、销毁等措施，防止其再次流入市场。但是，对因标签、标志或说明书不符合食品安全标准而被召回的食品，食品生产者在采取补救措施且能保证食品安全的情况下可以继续销售；销售时应向消费者明示补救措施。

食品生产经营者未按规定召回食品或停止经营的，县级以上人民政府食品安全监督管理部门可以责令其召回或者停止经营。

5. 食品标志管理制度

根据《食品安全法》的规定，无论是预包装食品、散装食品，还是食品添加剂，都应该有标签、说明书才能销售。

（1）标签、说明书的总体要求

1）不得含有虚假内容。

2）不得涉及疾病预防、治疗功能。

3）应当清楚、明显，生产日期、保质期等事项应当显著标注，容易辨识。

4）生产经营转基因食品应当按照规定显著标示。

5）保健食品的标签、说明书不得涉及疾病预防、治疗功能，内容应当真实，与注册或备案的内容相一致，载明适宜人群、不适宜人群、功效成分或标志性成分及其含量等，并声明“本品不能代替药物”。

（2）预包装食品的标签内容

预包装食品是指预先定量包装或者制作在包装材料、容器中的食品。《食品安全法》第六十七条规定，预包装食品的包装上应当有标签。标签应当标明下列事项。

1）名称、规格、净含量、生产日期。

2）成分或者配料表。

3）生产者的名称、地址、联系方式。

4）保质期。

5）产品标准代号。

6）贮存条件。

7）所使用的食品添加剂在国家标准中的通用名称。

8）生产许可证编号。

9）法律、法规或者食品安全标准规定应当标明的其他事项。

专供婴幼儿和其他特定人群的主辅食品，其标签还应当标明主要营养成分及其含量。

补充阅读

食品添加剂必须有包装，其标签、说明书除了要载明规定要载明的事项，还应载明食品添加剂的使用范围、用量、使用方法，并在标签上载明“食品添加剂”字样。

进口的预包装食品、食品添加剂应当有中文标签；依法应当有说明书的，还应当有中文说明书。标签、说明书除了要载明规定要载明的事项，还应当载明食品的原产地及境内代理商的名称、地址、联系方式。

（3）散装食品的标签内容

《食品安全法》第六十八条规定，食品经营者销售散装食品，应当在散装食品的容器、外包装上标明食品的名称、生产日期或者生产批号、保质期以及生产经营者名称、地址、联系方式等内容。

6. 食品广告管理制度

食品广告的内容应当真实合法，不得含有虚假内容，不得涉及疾病预防、治疗功能。

食品安全监督管理部门、承担食品检验职责的机构、食品行业协会不得以广告或其他形式向消费者推荐食品。消费者组织不得以收取费用或其他牟取利益的方式向消费者推荐食品。

7. 抽样检验制度

《食品安全法》第八十七条规定，县级以上人民政府食品安全监督管理部门应当对食品进行定期或者不定期的抽样检验，并依据有关规定公布检验结果，不得免检。

第三节　食品安全事故处置与食品安全违法处罚

一、食品安全事故处置

《食品安全法》规定，食源性疾病指食品中致病因素进入人体引起的感染性、中毒性等疾病，包括食物中毒。食品安全事故指食源性疾病、食品污染等源于食品，对人体健康有危害或可能有危害的事故。

食品安全事故不仅影响人体健康，还可能危及生命，需要进行科学有效地预防和处置。

1. 防止事故扩大

食品安全事故发生后，事故单位应当立即采取措施，防止事故扩大。

2. 及时汇报

食品安全事故发生后，事故单位和接收病人进行治疗的单位应当及时向事故发生地县级以上人民政府食品安全监督管理、卫生行政部门报告。

医疗机构发现其接收的病人属于食源性疾病病人或疑似病人的，应当按照规定及时将相关信息向所在地县级以上人民政府卫生行政部门报告。

3. 进行调查处理，防止或者减轻社会危害

县级以上人民政府食品安全监督管理部门接到食品安全事故的报告后，应当立即会同同级卫生行政、农业行政等部门进行调查处理，并采取下列措施，防止或者减轻社会危害。

1）开展应急救援工作，组织救治因食品安全事故导致人身伤害的人员。

2）封存可能导致食品安全事故的食品及其原料，并立即进行检验；对确认属于被污染的食品及其原料，责令食品生产经营者依照《食品安全法》第六十三条的规定召回或者停止经营。

3）封存被污染的食品相关产品，并责令进行清洗消毒。

4）做好信息发布工作，依法对食品安全事故及其处理情况进行发布，并对可能产生的危害加以解释、说明。

4. 视情况启动应急预案

发生食品安全事故，需要启动应急预案时，县级以上人民政府应当立即成立事故处置指挥机构，启动应急预案，按应急预案的规定进行处置。

5. 卫生处理和流行病学调查

发生食品安全事故后，县级以上疾病预防控制机构应当对事故现场进行卫生处理，并对与事故有关的因素开展流行病学调查，提交流行病学调查报告。

6. 事故责任调查

发生食品安全事故后，食品安全监督管理部门应当会同有关部门进行事故责任调查，有关单位和个人应当予以配合，按要求提供相关资料和样品，不得拒绝。任何单位和个人不得阻挠、干涉食品安全事故的调查处理。

二、食品安全违法处罚

为保障食品安全，《食品安全法》加大了对相关违法行为的处罚力度，形成符合食品安全特点的处罚措施。

1. 重复违法加重处罚

《食品安全法》第一百三十四条规定：“食品生产经营者在一年内累计三次因违反本法规定受到责令停产停业、吊销许可证以外处罚的，由食品安全监督管理部门责令停产停业，直至吊销许可证。”

从上述规定可以看出，即使食品生产经营者的违法行为轻微，没有达到被责令停产停业、吊销许可证的程度，但如果违法次数多，受处罚次数一年内累计达到三次，同样可能受到责令停产停业、吊销许可证的处罚。

2. 食品安全违法犯罪的从业限制

《食品安全法》第一百三十五条规定，被吊销许可证的食品生产经营者及其法定代表人、直接负责的主管人员和其他直接责任人员自处罚决定作出之日起五年内不得申请食品生产经营许可，或者从事食品生产经营管理工作、担任食品生产经营企业食品安全管理人员。因食品安全犯罪被判处有期徒刑以上刑罚的，终身不得从事食品生产经营管理工作，也不得担任食品生产经营企业食品安全管理人员。

3. 虚假食品广告的连带责任

为加强食品安全，《食品安全法》对虚假食品广告的设计、制作、发布者和虚假宣传者的连带责任进行了规定。《食品安全法》第一百四十条规定，广告经营者、发布者设计、制作、发布虚假食品广告，使消费者的合法权益受到损害的，应当与食品生产经营者承担连带责任。社会团体或其他组织、个人在虚假广告或其他虚假宣传中向消费者推荐食品，使消费者的合法权益受到损害的，应当与食品生产经营者承担连带责任。

4. 民事赔偿优先

《食品安全法》第一百四十七条规定：“违反本法规定，造成人身、财产或其他损害的，依法承担赔偿责任。生产经营者财产不足以同时承担民事赔偿责任和缴纳罚款、罚金时，先承担民事赔偿责任。”

5. 首负责任制

《食品安全法》第一百四十八条第一款规定，消费者因不符合食品安全标准的食品受到损害的，可以向经营者要求赔偿损失，也可以向生产者要求赔偿损失。接到消费者赔偿要求的生产经营者，应当实行首负责任制，先行赔付，不得推诿；属于生产者责任的，经营者赔偿后有权向生产者追偿；属于经营者责任的，生产者赔偿后有权向经营者追偿。

6. 惩罚性赔偿

《食品安全法》第一百四十八条第二款规定，生产不符合食品安全标准的食品或者经营明知是不符合食品安全标准的食品，消费者除要求赔偿损失外，还可以向生产者或者经营者要求支付价款十倍或者损失三倍的赔偿金；增加赔偿的金额不足一千元的，为一千元。但是，食品的标签、说明书存在不影响食品安全且不会对消费者造成误导的瑕疵的除外。

思　考

消费者明知食品有质量问题而购买，能要求十倍的赔偿金吗？

提示：这一问题其实就是通常所说的“知假买假”然后索赔的问题，过去因缺乏统一规定，实践中对此问题的处理经常不一致。《最高人民法院关于审理食品药品纠纷案件适用法律若干问题的规定》第三条规定：“因食品、药品质量问题发生纠纷，购买者向生产者、销售者主张权利，生产者、销售者以购买者明知食品、药品存在质量问题而仍然购买为由进行抗辩的，人民法院不予支持。”也就是说，即使消费者明知食品有质量问题而购买，也不会影响消费者的事后索赔。

小　结

本章主要介绍了《食品安全法》的相关内容，包括食品和食品安全的含义、食品安全风险监测和评估、食品安全标准、食品生产经营应满足的安全卫生要求、禁止生产经营的食品、食品安全保障制度、食品安全事故处置、食品安全违法处罚等。

重点概念

食品　食品添加剂　食品安全　预包装食品　食源性疾病　食品安全事故

练　习　题

一、选择题（有一个或多个正确答案）

1. 凡患有（　　）的，不得从事接触直接入口食品的工作。

A．痢疾　　B．伤寒

C．病毒性肝炎　　D．活动性肺结核

2．预包装食品的包装上应当有标签，标签应当标明（　　）等事项。

A．名称　　B．保质期

C．规格　　D．生产许可证编号

3．下列食品当中，属于禁止生产之列的有（　　）。

A．添加了食品添加剂的食品　　B．未经检疫的肉类

C．无标签的预包装食品　　D．用回收食品作为原料生产的食品

4．下列食品当中，应该被召回的是（　　）。

A．不符合食品安全标准的食品　　B．没有标明成分的食品

C．没有注明保质期的食品　　D．没有包装的食品

5．关于食品免检的说法正确的有（　　）。

A．优质产品可以免检　　B．名牌产品可以免检

C．土特产品可以免检　　D．对任何食品都不得实施免检

6．（　　）不得以广告形式向消费者推荐食品。

A．食品安全监督管理部门　　B．食品企业

C．食品行业协会　　D．食品检验机构

7．明星代言虚假食品广告，使消费者受到损害，将（　　）。

A．不用担责　　B．承担少量责任

C．承担连带责任　　D．承担大部分责任

8．食品安全标准有（　　）之分。

A．国家标准　　B．地方标准

C．行业标准　　D．企业标准

9．从事接触直接入口食品工作的食品生产经营人员应当（　　）进行健康检查，取得健康证明后方可上岗工作。

A．每半年　　B．每年　　C．每两年　　D．每三年

10．经营明知是不符合食品安全标准的食品，消费者除要求赔偿损失外，还可以向生产者或经营者要求支付损失（　　）倍的赔偿金。

A．一　　B．二　　C．三　　D．五

二、是非题

1．销售食用农产品，不需要取得许可。（　　）

2．在国内市场销售的外国食品，可以没有中文标志。（　　）

3．食品安全标准的基本要求是科学合理、安全可靠。（　　）

4．个人在虚假广告中向消费者推荐食品，使消费者的合法权益受到损害的，与食品生产经营者承担连带责任。（　　）

5．在网络交易平台售卖食品不需要取得许可证。（　　）

6．保健食品的标签、说明书不得涉及疾病预防、治疗功能。（　　）

三、简答题

1. 食品安全的基本要求是什么？
2. 食品生产经营应当符合哪些安全卫生要求？
3. 禁止生产经营的食品有哪些？
4. 什么是食品生产经营许可制度？
5. 对食品生产经营从业者有哪些健康管理的规定？
6. 我国对食品标志管理有哪些规定？
7. 我国对食品安全事故的处置有哪些规定？

四、案例分析题

1. 某饭店接待了一个28人的旅游团。旅游者在餐厅用餐后不久，一部分人不同程度地出现恶心、呕吐等不良反应，该团导游立即将此情况告诉饭店经理。饭店经理意识到可能是食物中毒，考虑到送旅游者去大医院治疗会使事情公开化而影响饭店声誉，于是派人就近找来一个私人诊所的医生为大家治病，但旅游者的病情依然不见好转。在导游及旅游者的一再催促下，饭店经理才很不情愿地送旅游者去市内的大医院治疗。经诊断，旅游者的确是食物中毒。医院立即向该市卫生监督机构做了报告。市卫生局依法对食物中毒事件做了处理。

请问：饭店方面在处理旅游者食物中毒方面有什么错误？

2. 旅游者李某在一超市购买了10包已过保质期的香肠，价值共计400元。李某在收银台付款后，直接走到服务台，要求超市支付10包香肠售价10倍的赔偿金计4000元。

请问：依据《食品安全法》的相关规定，李某的要求是否合理？

第九章　旅游者出入境管理法规

学习重点

- 中国公民出入境的主要证件
- 外国人入境、出境管理
- 我国的出入境检查制度

出境旅游和入境旅游是我国旅游业的重要组成部分，对旅游者出入境的管理也是我国旅游法规体系中不可缺少的一环。我国相继制定了一系列规范出入境管理活动的法律、法规，主要有《出境入境管理法》（2012 年 6 月 30 日通过，自 2013 年 7 月 1 日起施行）、《中国公民出国旅游管理办法》、《中华人民共和国护照法》（2006 年 4 月 29 日通过，自 2007 年 1 月 1 日起施行，以下简称《护照法》）、《海关法》（1987 年 1 月 22 日通过，自 1987 年 7 月 1 日起施行，2017 年 11 月 4 日第五次修正，2021 年 4 月 29 日第六次修正）、《中华人民共和国出境入境边防检查条例》（国务院 1995 年 7 月 20 日发布，自 1995 年 9 月 1 日起施行）等。

上述法律、法规不仅维护了国家的利益，还保障了旅游者的合法权益，促进了我国旅游业的发展。作为旅游从业人员应了解和掌握这些法律、法规。

第一节　中国公民出入境管理

一、出境与入境的含义

《出境入境管理法》第八十九条规定，出境，是指由中国内地前往其他国家或者地区，由中国内地前往香港特别行政区、澳门特别行政区，由中国大陆前往台湾地区。入境，是指由其他国家或者地区进入中国内地，由香港特别行政区、澳门特别行政区进入中国内地，由台湾地区进入中国大陆。

二、中国公民出入境的主要证件

1. 护照

护照是主权国家发给本国公民出入境和在国外旅行、居留的证件，主要用来证明护照持有者的国籍、身份和出国目的。中华人民共和国护照是中华人民共和国公民出入国境和在国外证明国籍和身份的证件。

（1）护照的分类

我国的护照分为普通护照、外交护照和公务护照3类。

《护照法》第四条规定："普通护照由公安部出入境管理机构或者公安部委托的县级以上地方人民政府公安机关出入境管理机构以及中华人民共和国驻外使馆、领馆和外交部委托的其他驻外机构签发。

外交护照由外交部签发。

公务护照由外交部，中华人民共和国驻外使馆、领馆或外交部委托的其他驻外机构以及外交部委托的省、自治区、直辖市和设区的市人民政府外事部门签发。"

（2）普通护照的申请

公民申请普通护照，应当提交本人的居民身份证、户口簿、近期免冠照片及申请事由的相关材料，由本人向户籍所在地的县级以上地方人民政府公安机关出入境管理机构申请。公安机关出入境管理机构应当自收到申请材料之日起15日内签发普通护照；对不符合规定不予签发的，应当书面说明理由，并告知申请人享有依法申请行政复议或提起行政诉讼的权利。旅游者申请的护照属于普通护照。

补充阅读

《护照法》第五条规定："公民因前往外国定居、探亲、学习、就业、旅行、从事商务活动等非公务原因出国的，由本人向户籍所在地的县级以上地方人民政府公安机关出入境管理机构申请普通护照。"

《护照法》第八条规定："外交官员、领事官员及其随行配偶、未成年子女和外交信使持用外交护照。

在中华人民共和国驻外使馆、领馆或者联合国、联合国专门机构以及其他政府间国际组织中工作的中国政府派出的职员及其随行配偶、未成年子女持用公务护照。

前两款规定之外的公民出国执行公务的，由其工作单位依照本法第四条第二款、第三款的规定向外交部门提出申请，由外交部门根据需要签发外交护照或者公务护照。"

（3）普通护照的有效期

普通护照的有效期为：护照持有人未满16周岁的5年，16周岁以上的10年。

（4）护照的换发或补发

有下列情形之一的，护照持有人可以按照规定申请换发或补发护照：①护照有效期即将届满的；②护照签证页即将使用完毕的；③护照损毁不能使用的；④护照遗失或被盗的；⑤有正当理由需要换发或补发护照的其他情形。

2. 签证

签证是主权国家政府机关依照本国法律规定为申请入、出或通过本国的外国人颁发的一种许可证明。签证通常附载于护照上（也有另做在纸上的），随着科技的进步，电子签证、生物签证也开始出现。

中国公民出境、入境，需要办理所前往国家的签证或入境许可证件。但是，中国公民个人因私前往对中国公民实施免签、落地签证政策的国家或地区，则无须事先办理签证。出入境边防检查机关查验其有效护照和订妥座位的联程客票无误后即可放行。

3. 旅行证

短期出国的中国公民在国外发生护照遗失、被盗或损毁不能使用等情形，应当向我国驻外使馆、领馆或外交部委托的其他驻外机构申请中华人民共和国旅行证。

4. 出入境通行证

中国公民从事边境贸易、边境旅游服务或参加边境旅游等情形，可以向公安部委托的县级以上地方人民政府公安机关出入境管理机构申请中华人民共和国出入境通行证。

三、中国公民出入境手续

1. 出入境手续

中国公民应当从对外开放的口岸出境入境，特殊情况下，可以从国务院或国务院授权的部门批准的地点出境入境。

中国公民出境入境，应当向出入境边防检查机关交验本人的护照或其他旅行证件等出境入境证件，履行规定的手续，经查验准许之后方可出境入境。

2. 禁止出境的情况

中国公民有下列情形之一的，不准出境。

1）未持有效出境入境证件或者拒绝、逃避接受边防检查的。

2）被判处刑罚尚未执行完毕或者属于刑事案件被告人、犯罪嫌疑人的。

3）有未了结的民事案件，人民法院决定不准出境的。

4）因妨害国（边）境管理受到刑事处罚或者因非法出境、非法居留、非法就业被其他国家或地区遣返，未满不准出境规定年限的。

5）可能危害国家安全和利益，国务院有关主管部门决定不准出境的。

四、出国旅游管理

为了规范旅行社组织中国公民出国旅游的活动，保障出国旅游者和出国旅游经营者的合法权益，我国制定了《中国公民出国旅游管理办法》，对出国旅游进行规范。

1. 出国旅游目的地的批准制度

出国旅游的目的地国家由国务院旅游行政部门会同国务院有关部门提出，报国务院批准后，由国务院旅游行政部门公布。

任何单位和个人不得组织中国公民到国务院旅游行政部门公布的出国旅游目的地国家以外的国家旅游。

2. 出国旅游业务经营权的审批管理

申请经营出国旅游业务的旅行社，应当向省、自治区、直辖市旅游行政部门提出申请。省、自治区、直辖市旅游行政部门应当自受理申请之日起30个工作日内审查完毕，经审查同意的，报国务院旅游行政部门批准；经审查不同意的，应当书面通知申请人并说明理由。

未经国务院旅游行政部门批准取得出国旅游业务经营资格的，任何单位和个人不得擅自经营或以商务、考察、培训等方式变相经营出国旅游业务。

组团社有下列情形之一的，旅游行政部门可以暂停其经营出国旅游业务；情节严重的，旅游行政部门可以取消其出国旅游业务经营资格。

1）入境旅游业绩下降的。

2）因自身原因，在1年内未能正常开展出国旅游业务的。

3）因出国旅游服务质量问题被投诉并经查实的。

4）有逃汇、非法套汇行为的。

5）以旅游名义弄虚作假，骗取护照、签证等出入境证件或送他人出境的。

6）国务院旅游行政部门认定的影响中国公民出国旅游秩序的其他行为。

3.《中国公民出国旅游团队名单表》管理制度

国务院旅游行政部门根据上年度全国入境旅游的业绩、出国旅游目的地的增加情况和出国旅游的发展趋势，在每年的2月底以前确定本年度组织出国旅游的人数安排总量，并下达省、自治区、直辖市旅游行政部门。

省、自治区、直辖市旅游行政部门根据本行政区域内各组团社上年度经营入境旅游的业绩、经营能力、服务质量，按照公平、公正、公开的原则，在每年的3月底以前核定各组团社本年度组织出国旅游的人数安排。

国务院旅游行政部门统一印制《中国公民出国旅游团队名单表》（以下简称《名单表》），在下达本年度出国旅游人数安排时编号发放给省、自治区、直辖市旅游行政部门，由省、自治区、直辖市旅游行政部门核发给组团社。组团社应当按照核定的出国旅游人数安排组织出国旅游团队，填写《名单表》。旅游者及领队首次出境或再次出境，均应当填写在《名单表》中，经审核后的《名单表》不得增添人员。《名单表》一式四联，分为：出境边防检查专用联、入境边防检查专用联、旅游行政部门审验专用联、旅行社自留专用联。

4. 旅游团队的出入境管理

根据规定，组团社应当为旅游者办理前往国签证等出境手续。在旅游团队出境、入境时及旅游团队入境后，应当将《名单表》分别交有关部门查验、留存。

组团社应安排旅游团队从国家开放口岸整团出入境。旅游团队出境前已确定分团入境的，组团社应当事先向出入境边防检查总站或省级公安边防部门备案。旅游团队出境后因不可抗力或其他特殊原因确需分团入境的，领队应当及时通知组团社，组团社应当立即向有关出入境边防检查总站或省级公安边防部门备案。

第二节 外国人入境出境管理

外国人是指不具有中国国籍的人。对外国人的入境出境管理主要体现在签证管理、外国人入境出境手续管理和外国人停留居留管理等 3 个方面。

一、签证管理

外国人入境，应当向我国的驻外使馆、领馆或外交部委托的其他驻外机构申请办理签证。在特定情况下，外国人也可以向中国政府主管机关指定口岸的签证机关申请办理签证。

1. 签证的类型

签证分为外交签证、礼遇签证、公务签证、普通签证。

对因外交、公务事由入境的外国人，签发外交、公务签证；对因身份特殊需要给予礼遇的外国人，签发礼遇签证；对因工作、学习、探亲、旅游、商务活动、人才引进等非外交、公务事由入境的外国人，签发为普通签证。签发普通签证时，根据外国人申请来中国的事由，在签证上标明相应的汉语拼音字母。来中国旅游的外国人，其签证上标明的汉语拼音字母是 L。

2. 签证的办理

外国人申请办理签证，应当向驻外签证机关提交本人的护照或其他国际旅行证件，以及申请事由的相关材料，按照驻外签证机关的要求办理相关手续、接受面谈。

出于人道原因需要紧急入境，应邀入境从事紧急商务、工程抢修或具有其他紧急入境需要并持有有关主管部门同意在口岸申办签证的证明材料的外国人，可以在国务院批准办理口岸签证业务的口岸，向公安部委托的口岸签证机关（以下简称口岸签证机关）申请办理口岸签证。旅行社按照国家有关规定组织入境旅游的，可以向口岸签证机关申请办理团体旅游签证。

口岸签证机关签发的签证一次入境有效，签证注明的停留期限不得超过 30 日。

3. 免办签证的情况

外国人有下列情形之一的，可以免办签证：①根据中国政府与其他国家政府签订的互免签证协议，属于免办签证人员的；②持有效的外国人居留证件的；③持联程客票搭乘国际航行的航空器、船舶、列车从中国过境前往第三国或地区，在中国境内停留不超过24小时且不离开口岸，或者在国务院批准的特定区域内停留不超过规定时限的。

4. 不予签发签证的情况

《出境入境管理法》第二十一条规定，外国人有下列情形之一的，不予签发签证。

1）被处驱逐出境或者被决定遣送出境，未满不准入境规定年限的。

2）患有严重精神障碍、传染性肺结核病或者有可能对公共卫生造成重大危害的其他传染病的。

3）可能危害中国国家安全和利益、破坏社会公共秩序或者从事其他违法犯罪活动的。

4）在申请签证过程中弄虚作假或者不能保障在中国境内期间所需费用的。

5）不能提交签证机关要求提交的相关材料的。

6）签证机关认为不宜签发签证的其他情形。

对不予签发签证的，签证机关可以不说明理由。

二、外国人入境出境手续

1. 外国人入境手续

外国人入境，应当向出入境边防检查机关交验本人的护照或者其他国际旅行证件、签证或者其他入境许可证明，履行规定的手续，经查验准许，方可入境。

外国人有下列情形之一的，不准入境：①未持有效出境入境证件或者拒绝、逃避接受边防检查的；②被处驱逐出境或者被决定遣送出境，未满不准入境规定年限的；③患有严重精神障碍、传染性肺结核病或者有可能对公共卫生造成重大危害的其他传染病的；④可能危害中国国家安全和利益、破坏社会公共秩序或者从事其他违法犯罪活动的；⑤在申请签证过程中弄虚作假或不能保障在中国境内期间所需费用的；⑥入境后可能从事与签证种类不符的活动的；⑦法律、行政法规规定不准入境的其他情形。

对不准入境的，出入境边防检查机关可以不说明理由。

对未被准许入境的外国人，出入境边防检查机关应当责令其返回；对拒不返回的，强制其返回。外国人等待返回期间，不得离开限定的区域。

2. 外国人出境手续

外国人出境，应当向出入境边防检查机关交验本人的护照或其他国际旅行证件等出境入境证件，履行规定的手续，经查验准许，方可出境。

外国人有下列情形之一的，不准出境：①被判处刑罚尚未执行完毕或属于刑事案件被告人、犯罪嫌疑人的，但是按照中国与外国签订的有关协议，移管被判刑人的除外；②有未了结的民事案件，人民法院决定不准出境的；③拖欠劳动者的劳动报酬，经国务院有关部门或省、自治区、直辖市人民政府决定不准出境的；④法律、行政法规规定不准出境的其他情形。

三、外国人停留居留管理

《出境入境管理法》第四章对外国人在我国境内停留居留和住宿作出了规定。

1. 一般规定

年满 16 周岁的外国人在中国境内停留居留，应当随身携带本人的护照或其他国际旅行证件，或者外国人停留居留证件，接受公安机关的查验。外国人在中国境内停留居留，不得从事与停留居留事由不相符的活动，并应当在规定的停留居留期限届满前离境。

2. 外国人停留

1）外国人应按照签证注明的停留期限在中国境内停留，停留期限通常不超过 180 日。

2）需要延长停留期限的，应当在期限届满 7 日前向停留地县级以上地方人民政府公安机关出入境管理机构申请，按照要求提交申请事由的相关材料。经审查不予延长停留期限的，应当按期离境。

3）延长签证停留期限，累计不得超过签证原注明的停留期限。

4）免办签证入境的外国人需要超过免签期限在中国境内停留的，应按规定办理外国人停留证件，该证件的有效期最长为 180 日。

3. 外国人居留

1）外国人办理居留证件，应自入境之日起 30 日内，向拟居留地县级以上地方人民政府公安机关出入境管理机构申请办理。外国人居留证件分为工作类居留证件和非工作类居留证件。外国人在中国境内工作，应当按照规定取得工作许可和工作类居留证件。

2）外国人工作类居留证件的有效期最短为 90 日，最长为 5 年；非工作类居留证件的有效期最短为 180 日，最长为 5 年。

3）外国人申请延长居留期限的，应当在居留证件有效期限届满 30 日前提出申请。经审查不予延长居留期限的，应当按期离境。

4）对中国经济社会发展作出突出贡献或符合其他在中国境内永久居留条件的外国人，经本人申请和公安部批准，取得永久居留资格。

4. 外国人住宿

外国人在我国境内旅馆住宿的，旅馆应当按规定办理住宿登记，并向所在地公安机关报送外国人住宿登记信息。外国人在旅馆以外的其他住所居住或住宿的，应当在入住后 24 小时内由本人或留宿人向居住地的公安机关办理登记。

第三节　我国的出入境检查制度

对出入境人员、物品进行检查是维护国家主权、保护国家利益的具体体现。我国对出入境人员、物品的检查主要包括以下几个方面。

一、海关检查

中华人民共和国海关是国家的进出关境（以下简称进出境）监督管理机关。海关检查主要指海关对进出境的运输工具、货物、行李物品、邮递物品和其他物品执行监督管理、征收关税和其他税费、查缉走私等任务时所进行的检查。

对旅游者而言，海关检查主要是指对个人携带的进出境的行李物品的检查。《海关法》第四十六条规定，个人携带进出境的行李物品、邮寄进出境的物品，应当以自用、合理数量为限，并接受海关监管。

旅游者在进出境时应将个人携带的行李物品向海关如实申报，并接受海关查验。经海关登记准予暂时免税进境或暂时免税出境的物品，应当由本人复带出境或复带进境。

二、边防检查

边防检查是指为维护国家的主权、安全和社会秩序，禁止非法出入境，便利出入境人员和交通运输工具的通行而采取的检查制度。出入境边防检查工作由公安部主管。我国在对外开放的港口、航空港、车站和边境通道等口岸设立出境、入境边防检查站，具体检查的内容包括以下几个方面。

1. 对出入境人员的检查

出境、入境的人员必须按照规定填写出境、入境登记卡，向边防检查站交验本人的有效护照或其他出境、入境证件，经查验核准后，方可出境、入境。

2. 对交通运输工具的检查

出境、入境的交通运输工具离、抵口岸时，必须接受边防检查。对交通运输工具的入境检查，在最先抵达的口岸进行；对交通运输工具的出境检查，在最后离开的口岸进行。在特殊情况下，经主管机关批准，对交通运输工具的入境、出境检查，也可以在特许的地点进行。

3. 对行李物品、货物的检查

边防检查站根据维护国家安全和社会秩序的需要，可以对出境、入境人员携带的行李物品和交通运输工具载运的货物进行重点检查。

三、卫生检疫

为了防止传染病由国外传入或由国内传出，我国实施国境卫生检疫。

《中华人民共和国国境卫生检疫法》（1986 年 12 月 2 日通过，2018 年 4 月 27 日第三次修正，以下简称《国境卫生检疫法》）第二条规定："在中华人民共和国国际通航的港口、机场以及陆地边境和国界江河的口岸（以下简称国境口岸），设立国境卫生检疫机关，依照本法规定实施传染病检疫、监测和卫生监督。"

1. 接受检疫的范围

《国境卫生检疫法》第四条规定，入境、出境的人员、交通工具、运输设备以及可能传播检疫传染病的行李、货物、邮包等物品，都应当接受检疫，经国境卫生检疫机关许可，方准入境或者出境。

2. 接受检疫的地点

入境的交通工具和人员，必须在最先到达的国境口岸的指定地点接受检疫。除引航员外，未经国境卫生检疫机关许可，任何人不准上下交通工具，不准装卸行李、货物、邮包等物品。

出境的交通工具和人员，必须在最后离开的国境口岸接受检疫。

四、动植物检疫

为防止动物传染病，寄生虫病和植物危险性病，虫、杂草及其他有害生物传入、传出国境，保护农、林、牧、渔业生产和人体健康，我国实行动植物检疫制度。

《中华人民共和国进出境动植物检疫法》（1991 年 10 月 30 日通过，1992 年 4 月 1 日起施行，2009 年 8 月 27 日修正）规定，国家动植物检疫机关在对外开放的口岸和进出境动植物检疫业务集中的地点设立的口岸动植物检疫机关，实施进出境动植物检疫。

检疫对象包括：进出境的动植物、动植物产品和其他检疫物；装载动植物、动植物产品和其他检疫物的装载容器、包装物；来自动植物疫区的运输工具等。

国家禁止下列各物进境。

1）动植物病原体（包括菌种、毒种等）、害虫及其他有害生物。

2）动植物疫情流行的国家和地区的有关动植物、动植物产品和其他检疫物。

3）动物尸体。

4）土壤。

小　结

本章主要介绍旅游者出入境管理法规，包括出境与入境的含义、中国公民出入境的主要证件、中国公民出入境手续、出国旅游管理、外国人入境出境管理（包括签证管理、入境出境手续和停留居留管理）、我国的出入境检查制度（包括海关检查、边防检查、卫生检疫、动植物检疫）等。

重点概念

出境　入境　护照　签证　海关检查

练习题

一、选择题（有一个或多个正确答案）

1．下列外国人中，（　　）将不被准许入境。
　　A．患有严重精神障碍的人
　　B．可能从事违法犯罪活动的人
　　C．不能保障在中国境内期间所需费用的人
　　D．拒绝、逃避接受边防检查的人

2．我国的护照分为（　　）。
　　A．普通护照、旅游护照和公务护照
　　B．普通护照、外交护照和公务护照
　　C．旅游护照、外交护照和公务护照
　　D．普通护照、外交护照和旅游护照

3．关于普通护照的有效期，正确的说法有（　　）。
　　A．持有人 18 周岁以上的 10 年　　B．持有人 16 周岁以上的 10 年
　　C．持有人未满 16 周岁的 5 年　　D．持有人未满 18 周岁的 5 年

4．对因商务活动、人才引进等事由入境的外国人，签发的签证为（　　）。
　　A．外交签证　　B．礼遇签证　　C．公务签证　　D．普通签证

5．外国人非工作类居留证件的有效期最短为 180 日，最长为（　　）年。
　　A．3　　B．5　　C．8　　D．10

二、是非题

1．外国人来中国旅游，必须办理旅行证。（　　）

2．领队随团出境，其名字可不列入《中国公民出国旅游团队名单表》中。（　　）

3．旅游团队应当从国家开放口岸整团出入境。（　　）

4. 我国公民出国旅游都要事先办好签证。（ ）
5. 对不准入境的，出入境边防检查机关可以不说明理由。（ ）
6. 个人携带进出境的行李物品应当以自用、合理数量为限。（ ）

三、简答题

1. 我国对外国人在我国住宿有何规定？
2. 中国公民如何申请普通护照？
3. 我国对出入境人员、物品的检查主要包括哪些方面？
4. 我国对旅行社组织的中国公民出国旅游活动有何规定？
5. 中国公民出入境的主要证件有哪些？
6. 中国公民在什么情形下将不被允许出境？

四、案例分析题

外国旅游者汤姆来到黄山旅游。在黄山市某宾馆办入住手续时，汤姆向宾馆方面表示护照被盗，宾馆工作人员遂没有办理登记就让其入住。入住当晚，汤姆与另一住店客人发生口角并将其打成重伤。汤姆决定立即回国，以摆脱麻烦。据悉，汤姆所住宾馆并没有向当地公安机关报送其住宿登记信息。

请问：

1）汤姆能被允许出境吗？

2）宾馆在办理汤姆的入住手续上存在什么问题？将面临什么样的处罚？

第十章　旅游资源管理法规

学习重点

- 风景名胜区的保护与管理
- 自然保护区的保护与管理
- 文物的保护
- 非物质文化遗产的保护
- 历史文化名城、名镇、名村的保护
- 旅游景区质量等级评定

第一节　旅游资源管理法规概述

一、旅游资源的概念与类型

1. 旅游资源的概念

旅游资源是自然界和人类社会中能对旅游者产生吸引力，可以被旅游业开发利用并产生经济效益、社会效益和生态环境效益的各种事物和因素。由此可见，构成旅游资源的基本条件如下。

1）能激发人们的旅游动机，对旅游者产生吸引力。

2）能被开发利用。吸引旅游者的事物不一定能被开发利用，不能被旅游业开发利用的事物就不是旅游资源。随着社会生产力水平的不断提高，可被开发利用的事物越来越多，旅游资源的范围不断扩大。

3）能产生经济效益、社会效益和生态环境效益。

2. 旅游资源的类型

旅游资源可分成两大类：自然旅游资源和人文旅游资源。自然旅游资源是亿万年来自然地理环境的演变中依照自然发展规律天然形成的具有旅游吸引力的事物和因素，包括地质、地貌、海洋、河流、湖泊、冰川、气候、气象、动物、植物等，总体上可分为地文景观、水域风光、生物景观和气候气象四大类型；人文旅游资源则是在人类历史发展和社会进程中由人类社会行为促使形成的具有人类社会文化属性的旅游资源，包括历史遗迹、建筑、陵墓、城镇、村落、园林、民俗风情等。

二、旅游资源保护原则与保护机构

旅游资源是旅游业赖以生存和发展的基础，也是旅游产品和旅游活动的基本要素。旅游资源保护坚持严格保护、开发服从保护的原则。

国务院旅游行政管理部门负责全国旅游资源的普查、分类、定级、公告及相关保护工作，各地旅游行政管理部门负责本地区的旅游资源的普查、分类、定级、公告及相关保护工作。各级旅游行政管理部门应与同级人民政府的环保、建设、土地、林业、文化、水利等部门密切合作，承担推进本地区旅游资源保护工作的责任。

任何社会团体和个人都有权利和义务依法从事旅游资源保护工作。旅行社、旅游景区、导游人员应担负起教育旅游者在旅游活动中保护旅游资源的职责。

三、旅游资源管理法规的概念与体系

旅游资源管理法规是指关于旅游资源的开发、利用、保护和管理的各种法律规范的总称。在旅游业的发展过程中，将各类旅游资源的开发、利用和保护纳入法制化轨道，有利于保证旅游资源的可持续利用，有利于普及旅游资源保护知识，提高公民的保护意识。

我国从 20 世纪 70 年代末开始，逐渐形成了旅游资源管理的法规体系，为我国旅游业的良性发展奠定了基础。当前我国关于旅游资源管理方面的法律、法规主要有《旅游法》、《文物保护法》、《中华人民共和国非物质文化遗产法》（以下简称《非物质文化遗产法》）、《风景名胜区条例》、《自然保护区条例》等。此外，还有一些地方性法规和规章。《环境保护法》《森林法》《中华人民共和国草原法》、《中华人民共和国野生动物保护法》等法律中也有关于旅游资源保护和管理的条款。

四、《旅游法》对景区管理的相关规定

景区是指为旅游者提供游览服务、有明确的管理界限的场所或区域，包括风景名胜区、文博院馆、旅游度假区、自然保护区、主题公园、森林公园、地质公园、游乐园、动物园、植物园等。景区是旅游资源的重要组成部分，构成了旅游资源的核心吸引力。对景区管理的规定主要体现在《旅游法》当中。

1. 景区开放的条件

景区开放应当具备下列条件，并听取旅游主管部门的意见。

1）有必要的旅游配套服务和辅助设施。

2）有必要的安全设施及制度，经过安全风险评估，满足安全条件。

3）有必要的环境保护设施和生态保护措施。

4）法律、行政法规规定的其他条件。

2. 对景区门票的规定

1）景区应当在醒目位置公示门票价格。

2）利用公共资源建设的景区，其门票实行政府定价或政府指导价。公益性的城市公园、博物馆、纪念馆等，除重点文物保护单位和珍贵文物收藏单位外，应当逐步免费开放。

3）严格控制价格上涨。拟提高价格的，应当举行听证会，征求旅游者、经营者和有关方面的意见，论证其必要性、可行性。景区提高门票价格应当提前6个月公布。

4）将不同景区的门票或同一景区内不同游览场所的门票合并出售的，合并后的价格不得高于各单项门票的价格之和，且旅游者有权选择购买其中的单项票。景区内的核心游览项目因故暂停向旅游者开放或停止提供服务的，应当公示并相应减少收费。

3. 景区另行收费项目的规定

景区应当在醒目位置公示另行收费项目的价格。利用公共资源建设的景区，其内部游览场所、交通工具等另行收费项目，实行政府定价或政府指导价，严格控制价格上涨。景区不得通过增加另行收费项目等方式变相涨价。另行收费项目已收回投资成本的，应当相应降低价格或取消收费。

4. 关于景区接待量的规定

景区应当公布经过景区主管部门核定的最大承载量，接待旅游者的数量不得超过最大承载量。旅游者数量可能达到最大承载量时，景区应当提前公告并同时向当地人民政府报告，景区和当地人民政府应当及时采取疏导、分流等措施。

第二节　风景名胜区的保护与管理

1985年6月，国务院发布实施了《风景名胜区管理暂行条例》，该暂行条例对加强风景名胜区的保护、合理利用风景名胜资源发挥了积极的作用。但是，随着我国改革的深化和社会主义市场经济的发展，该暂行条例已经不能适应风景名胜区管理工作的需要。为了加强对风景名胜区的管理，有效保护和合理利用风景名胜资源，2006年9月，国务院公布了《风景名胜区条例》，该条例自2006年12月1日起施行，2016年2月6日修订。该条例主要规定了风景名胜区的设立、规划、保护、利用与管理等内容。

一、风景名胜区的概念与级别划分

1. 风景名胜区的概念

根据《风景名胜区条例》的规定，风景名胜区是指具有观赏、文化或者科学价值，自然景观、人文景观比较集中，环境优美，可供人们游览或者进行科学、文化活动的区域。

从以上定义可见，风景名胜区具有以下 3 个特点：①具有观赏、文化或者科学价值；②自然景观、人文景观比较集中；③可供人们游览或者进行科学、文化活动。

2. 风景名胜区的级别划分

风景名胜区划分为两级，即国家级风景名胜区和省级风景名胜区。自然景观和人文景观能够反映重要自然变化过程和重大历史文化发展过程，基本处于自然状态或保持历史原貌，具有国家代表性的，可以申请设立国家级风景名胜区；具有区域代表性的，可以申请设立省级风景名胜区。

补充阅读

1985 年发布实施的《风景名胜区管理暂行条例》将我国的风景名胜区划分为 3 级：①市、县级风景名胜区；②省级风景名胜区；③国家重点风景名胜区。《风景名胜区条例》对此作出了重大调整，将风景名胜区划分为国家级风景名胜区和省级风景名胜区两级。

二、风景名胜区的管理原则与管理监督机构

1. 风景名胜区的管理原则

风景名胜资源是珍贵的自然文化遗产，国家对风景名胜区实行科学规划、统一管理、严格保护、永续利用的原则。

2. 风景名胜区的管理监督机构

国务院建设主管部门负责全国风景名胜区的监督管理工作。国务院其他有关部门按照国务院规定的职责分工，负责风景名胜区的有关监督管理工作。

三、风景名胜区的设立

1. 申请设立风景名胜区的条件

申请设立风景名胜区，应具备下列条件。

1）有利于保护和合理利用风景名胜资源。

2）新设立的风景名胜区与自然保护区不得重合或交叉。

3）提交有关材料：①风景名胜资源的基本状况；②拟设立风景名胜区的范围以及核心景区的范围；③拟设立风景名胜区的性质和保护目标；④拟设立风景名胜区的游览条件；⑤与拟设立风景名胜区内的土地、森林等自然资源和房屋等财产的所有权人、使用权人协商的内容和结果。

2. 风景名胜区的审批

设立国家级风景名胜区，由省、自治区、直辖市人民政府提出申请，国务院建设主管部门会同国务院环境保护主管部门、林业主管部门、文物主管部门等有关部门组织论证，提出审查意见，报国务院批准公布。

设立省级风景名胜区，由县级人民政府提出申请，省、自治区人民政府建设主管部门或直辖市人民政府风景名胜区主管部门，会同其他有关部门组织论证，提出审查意见，报省、自治区、直辖市人民政府批准公布。

自 1982 年起至 2017 年 3 月，国务院共公布了 9 批、244 处国家级风景名胜区。

四、风景名胜区的规划

风景名胜区批准设立后，应当编制规划。拥有经过批准的规划，是在风景名胜区内进行各类建设活动的前提。国家级风景名胜区规划由省、自治区人民政府建设主管部门或者直辖市人民政府风景名胜区主管部门组织编制。省级风景名胜区规划由县级人民政府组织编制。

风景名胜区规划分为总体规划和详细规划。总体规划的编制，应当坚持保护优先、开发服从保护的原则，突出风景名胜资源的自然特性、文化内涵和地方特色。总体规划的规划期一般为 20 年，应当自风景名胜区设立之日起 2 年内编制完成。风景名胜区详细规划应当确定基础设施、旅游设施、文化设施等建设项目的选址、布局与规模，并符合风景名胜区总体规划。

五、风景名胜区的保护

风景名胜资源是大自然造化之精华，是人类祖先留下的珍贵的历史文化遗产。对风景名胜旅游资源应当严格保护，不得破坏或随意改变，以利于风景名胜区的可持续利用。加强对风景名胜区的保护，一方面有赖于法律、法规的强制性规定，另一方面要求风景名胜区管理机构建立、健全风景名胜资源保护的各项管理制度，同时加强对区内的居民和旅游者的教育，使他们自觉保护风景名胜区的景物、水体、林草植被、野生动物和各项设施。

对风景名胜区的保护措施主要如下。

1. 风景名胜区内常规建设活动不应破坏景观和环境

风景名胜区内的建设项目应当符合风景名胜区规划，并与景观相协调，不得破坏景观、污染环境、妨碍游览。禁止违反风景名胜区规划，在风景名胜区内设立各类开发区和在核心景区内建设宾馆、招待所、培训中心、疗养院，以及与风景名胜资源保护无关的其他建筑物；已经建设的，应当按照风景名胜区规划，逐步迁出。

违反风景名胜区规划在核心景区内建设宾馆、招待所、培训中心、疗养院，以及与风景名胜资源保护无关的其他建筑物的，由风景名胜区管理机构责令停止违法行为、恢复原状或限期拆除，没收违法所得，并处50万元以上100万元以下的罚款。

案例分析

某国家级风景名胜区在旅游旺季的时候，旅游者众多，而山上住宿设施有限，很多旅游者不得不打消了在山上住宿的念头。某单位得知这一情况后，决定申请在山上建一宾馆，认为这样既可满足旅游者的住宿需求，又能获得经济收益。

请问：这家单位的申请会被批准吗？为什么？

【分析】该单位的申请能不能被批准，要看该宾馆的建设是否符合景区建设规划。如果不符合规划，则该申请不可能被批准。

2. 严格禁止有损风景名胜区的活动

《风景名胜区条例》第二十六条规定，在风景名胜区内禁止进行下列活动：①开山、采石、开矿、开荒、修坟立碑等破坏景观、植被和地形、地貌的活动；②修建存储爆炸性、易燃性、放射性、毒害性、腐蚀性物品的设施；③在景物或者设施上刻划、涂污；④乱扔垃圾。

在风景名胜区内进行开山、采石、开矿等破坏景观、植被、地形地貌的活动，或者修建储存爆炸性、易燃性、放射性、毒害性、腐蚀性物品的设施的，由风景名胜区管理机构责令停止违法行为、恢复原状或限期拆除，没收违法所得，并处50万元以上100万元以下的罚款。

在景物、设施上刻划、涂污或在风景名胜区内乱扔垃圾的，由风景名胜区管理机构责令恢复原状或者采取其他补救措施，处50元的罚款；刻划、涂污或者以其他方式故意损坏国家保护的文物、名胜古迹的，按照《治安管理处罚法》的有关规定予以处罚；构成犯罪的，依法追究刑事责任。

补充阅读

近年来，因影视拍摄导致自然保护区、风景名胜区、文物保护单位生态破坏与环境污染的问题日益突出，引起社会广泛关注。比较典型的事件有《无极》剧组破坏云南香格里拉碧沽天池，《大旗英雄传》剧组随意喷涂浙江丽水明代摩崖石刻，《神雕侠侣》剧组破坏九寨沟森林公园神仙池钙化堤、珍珠滩植被等。

2007年2月7日，国家环境保护总局、建设部、文化部、国家文物局联合发出《关于加强涉及自然保护区、风景名胜区、文物保护单位等环境敏感区影视拍摄和大型实景演艺活动管理的通知》，该通知要求："在自然保护区核心区和缓冲区、风景名胜区核心景区内，禁止进行影视拍摄和大型实景演艺活动。在自然保护区实验区、风景名胜区核心景区以外范围、各级文物保护单位保护范围内，严格限制影视拍摄和大型实景演艺活动。因特殊情况，确需在上述限制类区域内搭建和设置布景棚、拍摄营地、舞台等临时性构筑物的，影视制作和演出举办单位，必须严格按照有关法律法规的规定，履行报批手续。”“涉及自然保护区实验区、风景名胜区核心景区以外范围、文物保护单位保护范围内的影视拍摄和大型实景演艺活动经批准后方可实施。影视制作和演出举办单位在实施过程中，必须认真落实各项保护措施和要求，拍摄和演出活动结束后，应当及时拆除临时搭建和设置的布景棚、营地、舞台等构筑物，对生态环境进行恢复，并由所在地主管部门负责组织验收。”

3. 对风景名胜区内的其他建设活动要严格审批

在风景名胜区内从事上述禁止范围以外的建设活动，应当经风景名胜区管理机构审核后，依照有关法律、法规的规定办理审批手续。在国家级风景名胜区内修建缆车、索道等重大建设工程，项目的选址方案应当报省、自治区人民政府建设主管部门和直辖市人民政府风景名胜区主管部门核准。

在风景名胜区内进行下列活动，应当经风景名胜区管理机构审核后，依照有关法律、法规的规定报有关主管部门批准：①设置、张贴商业广告；②举办大型游乐等活动；③改变水资源、水环境自然状态的活动；④其他影响生态和景观的活动。

在风景名胜区内从事禁止范围以外的建设活动，未经风景名胜区管理机构审核的，由风景名胜区管理机构责令停止建设、限期拆除，对个人处 2 万元以上 5 万元以下的罚款，对单位处 20 万元以上 50 万元以下的罚款。

未经风景名胜区管理机构审核，在风景名胜区内设置、张贴商业广告，举办大型游乐等活动，改变水资源、水环境自然状态和进行其他影响生态和景观活动的，由风景名胜区管理机构责令停止违法行为、限期恢复原状或者采取其他补救措施，没收违法所得，并处 5 万元以上 10 万元以下的罚款；情节严重的，并处 10 万元以上 20 万元以下的罚款。

4. 建立对风景名胜区的监控措施

国家建立风景名胜区管理信息系统，对风景名胜区规划实施和资源保护情况进行动态监测。国务院建设主管部门应当对国家级风景名胜区的规划实施情况、资源保护状况进行监督检查和评估。

六、风景名胜区管理机构的职责

风景名胜区管理机构具体负责风景名胜区的保护、利用和统一管理工作，责任重大。其主要职责如下。

1. 开展健康、有益的游览观光和文化娱乐活动

风景名胜区管理机构应当根据风景名胜区的特点，保护民族民间传统文化，开展健康、有益的游览观光和文化娱乐活动，普及历史文化和科学知识。

2. 改善游览条件

风景名胜区管理机构应当根据风景名胜区规划，合理利用风景名胜资源，不断改善交通、服务设施和游览条件。例如，在风景名胜区内设置风景名胜区标志和路标、安全警示等标牌。

思 考

《风景名胜区条例》第三十三条第一款规定：“风景名胜区管理机构应当根据风景名胜区规划，合理利用风景名胜资源，改善交通、服务设施和游览条件。”1985年发布的《风景名胜区管理暂行条例》第十一条规定：“风景名胜区应当根据规划，积极开发风景名胜资源，改善交通、服务设施和游览条件，按照规划确定的游览接待容量，有计划地组织游览活动，不得无限制地超量接纳游览者。”

试比较两条规定有何差异，这种差异体现了什么？

3. 保障游览安全

风景名胜区管理机构应当建立健全安全保障制度，加强安全管理，保障游览安全，禁止超过允许容量接纳旅游者和在没有安全保障的区域开展游览活动。

4. 加强对区内经营者的管理

风景名胜区管理机构应加强对区内经营者的管理，依照有关法律、法规和风景名胜区规划，采用招标等公平竞争的方式确定风景名胜区内的交通、服务等项目的经营者，并与经营者签订合同，依法确定各自的权利与义务。

5. 加强对收入的管理

进入风景名胜区的门票，由风景名胜区管理机构负责出售。门票价格依照有关价格的法律、法规的规定执行。在风景名胜区内经营交通、服务等项目的企业，应缴纳风景名胜资源有偿使用费。风景名胜区的门票收入和风景名胜资源有偿使用费实行收支两条线管理，且应当专门用于风景名胜资源的保护和管理，以及风景名胜区内财产的所有权人、使用权人损失的补偿。

思 考

2005年，许多景区调整了门票价格，多数是涨价。2005年4月，湖南张家界武陵源的景区门票价格由158元提高至245元，增幅为55%；2005年6月，黄山在旺季的门票价格由130元提高至200元，增幅为54%；2005年7月，华山门票价格由

70 元提高至 100 元，增幅为 43%；2005 年 8 月，九寨沟景区门票价格由 145 元提高至 220 元，增幅为 52%……

提示：《旅游法》和《风景名胜区条例》的相关规定对景区的门票价格制定有什么影响？

6. 风景名胜区管理机构应加强对自身的约束

风景名胜区管理机构不得从事以营利为目的的经营活动，不得将规划、管理和监督等行政管理职能委托给企业或个人行使。风景名胜区管理机构的工作人员，不得在风景名胜区内的企业兼职。

第三节　自然保护区的保护与管理

1956 年，我国在广东省肇庆市建立了第一个自然保护区——鼎湖山国家级自然保护区。此后，我国陆续建立了一批不同类型、不同级别的自然保护区。1994 年 10 月 9 日，国务院颁布了《自然保护区条例》，该条例于 1994 年 12 月 1 日起实施（2011 年第一次修订，2017 年第二次修订），标志着我国对自然保护区的建设和管理走上了法制化的道路。

一、自然保护区的概念与等级

1. 自然保护区的概念

自然保护区是指对有代表性的自然生态系统、珍稀濒危野生动植物物种的天然集中分布区、有特殊意义的自然遗迹等保护对象所在的陆地、陆地水体或者海域，依法划出一定面积予以特殊保护和管理的区域。

补充阅读

我国自然保护区的类型很多（共划分为 9 种类型），不同类型的自然保护区所保护的主要对象均为环境的基本要素，包括森林、草原、海洋、地质遗迹、古生物遗迹、野生动物、野生植物。其中，野生动植物还有陆生与水生之分。

2. 自然保护区的等级

自然保护区分为国家级自然保护区和地方级自然保护区。

在国内外有典型意义、在科学上有重大国际影响或有特殊科学研究价值的自然保护区，列为国家级自然保护区。

除列为国家级自然保护区的外，其他具有典型意义或重要科学研究价值的自然保护区列为地方级自然保护区。

二、自然保护区的建立

1. 自然保护区建立的条件

《自然保护区条例》第十条规定，凡具有下列条件之一的，应当建立自然保护区。

1）典型的自然地理区域、有代表性的自然生态系统区域以及已经遭受破坏但经保护能够恢复的同类自然生态系统区域。

2）珍稀、濒危野生动植物物种的天然集中分布区域。

3）具有特殊保护价值的海域、海岸、岛屿、湿地、内陆水域、森林、草原和荒漠。

4）具有重大科学文化价值的地质构造、著名溶洞、化石分布区、冰川、火山、温泉等自然遗迹。

5）经国务院或省、自治区、直辖市人民政府批准，需要予以特殊保护的其他自然区域。

2. 自然保护区建立的程序

国家级自然保护区的建立，由自然保护区所在的省、自治区、直辖市人民政府或国务院有关自然保护区行政主管部门提出申请，经国家级自然保护区评审委员会评审后，由国务院环境保护行政主管部门进行协调并提出审批建议，报国务院批准。

地方级自然保护区的建立，由自然保护区所在的县、自治县、市、自治州人民政府或者省、自治区、直辖市人民政府有关自然保护区行政主管部门提出申请，经地方级自然保护区评审委员会评审后，由省、自治区、直辖市人民政府环境保护行政主管部门进行协调并提出审批建议，报省、自治区、直辖市人民政府批准，并报国务院环境保护行政主管部门和国务院有关自然保护区行政主管部门备案。

跨两个以上行政区域的自然保护区的建立，由有关行政区域的人民政府协商一致后提出申请，并按照规定的程序审批。建立海上自然保护区，须经国务院批准。

三、自然保护区的管理体制、管理机构及其职责

1. 自然保护区的管理体制

国家对自然保护区实行综合管理与分部门管理相结合的管理体制。国务院环境保护行政主管部门负责全国自然保护区的综合管理。国务院林业、农业、地质矿产、水利、海洋等有关行政主管部门在各自的职责范围内，主管有关的自然保护区。县级以上地方人民政府负责自然保护区管理的部门的设置和职责，由省、自治区、直辖市人民政府根据当地具体情况确定。

综合管理部门的职责包括对自然保护区的设立申请进行协调并提出审批建议，拟订自然保护区发展规划，制定自然保护区管理的技术规范和标准，对各种类型自然保护区

的管理进行监督检查，对自然保护区的污染设施依法监督其限期治理，对违法行为实施行政处罚等。

补充阅读

20 世纪 90 年代以前，我国自然保护区立法不健全，自然保护区按行业和类型由有关部门管理，缺乏统一监督和综合管理，影响了我国自然保护区的建设。针对存在的问题，1994 年发布的《自然保护区条例》规范了自然保护区的管理体制，明确规定实行国务院环境保护行政主管部门综合管理和有关行政主管部门分部门管理相结合的管理体制。这种管理体制符合我国自然保护区建设与管理的实际需要，既有利于加强综合管理，又有利于发挥各有关部门的积极性，因而被地方立法普遍采用。

2. 自然保护区的管理机构

国家级自然保护区，由其所在地的省、自治区、直辖市人民政府有关自然保护区行政主管部门或国务院有关自然保护区行政主管部门管理。地方级自然保护区，由其所在地的县级以上地方人民政府有关自然保护区行政主管部门管理。

有关自然保护区行政主管部门应当在自然保护区内设立专门的管理机构，配备专业技术人员，负责自然保护区的具体管理工作。

3. 自然保护区管理机构的主要职责

自然保护区管理机构的主要职责包括以下几个方面。

1）贯彻执行国家有关自然保护的法律、法规和方针、政策。

2）制定自然保护区的各项管理制度，统一管理自然保护区。

3）调查自然资源并建立档案，组织环境监测，保护自然保护区内的自然环境和自然资源。

4）组织或协助有关部门开展自然保护区的科学研究工作。

5）进行自然保护的宣传教育。

6）在不影响保护自然保护区的自然环境和自然资源的前提下，组织开展参观、旅游等活动。

四、自然保护区管理

1. 自然保护区范围和界线的划定

自然保护区的范围和界线由批准建立自然保护区的人民政府确定，并标明区界，予以公告。任何单位和个人不得擅自移动自然保护区的界标。

确定自然保护区的范围和界线，应当兼顾保护对象的完整性和适度性，以及当地经济建设和居民生产、生活的需要。

2. 自然保护区的分区

自然保护区可以分为核心区、缓冲区和实验区。自然保护区的内部未分区的，依照核心区和缓冲区的规定管理。原批准建立自然保护区的人民政府认为必要时，可以在自然保护区的外围划定一定面积的外围保护地带。

（1）核心区

自然保护区内保存完好的天然状态的生态系统及珍稀、濒危动植物的集中分布地，应当划为核心区。核心区禁止任何单位和个人进入，因科学研究的需要，必须进入核心区从事科学研究观测、调查活动的，应当事先向自然保护区管理机构提交申请和活动计划，并经省级以上人民政府有关自然保护区行政主管部门批准；其中，进入国家级自然保护区核心区的，应当经省、自治区、直辖市人民政府有关自然保护区行政主管部门批准。

（2）缓冲区

核心区外围可以划定一定面积的缓冲区。禁止在自然保护区的缓冲区开展旅游和生产经营活动。因教学科研的目的，需要进入自然保护区的缓冲区从事非破坏性的科学研究、教学实习和标本采集活动的，应当事先向自然保护区管理机构提交申请和活动计划，经自然保护区管理机构批准，事后应当将其活动成果的副本提交自然保护区管理机构。

（3）实验区

缓冲区外围划为实验区，可以进入从事科学试验、教学实习、参观考察、旅游，以及驯化、繁殖珍稀、濒危野生动植物等活动。

3. 禁止在自然保护区开展的活动

除法律、行政法规另有规定的以外，禁止在自然保护区内进行砍伐、放牧、狩猎、捕捞、采药、开垦、烧荒、开矿、采石、挖沙等活动。在自然保护区的核心区和缓冲区内，不得建设任何生产设施。在自然保护区的实验区内，不得建设污染环境、破坏资源或景观的生产设施；建设其他项目，其污染物排放不得超过国家和地方规定的污染物排放标准。

在自然保护区组织参观、旅游活动的，必须按照批准的方案进行，并加强管理。严禁开设与自然保护区保护方向不一致的参观、旅游项目。

第四节 文物的保护

1961 年，国务院曾颁布《文物保护管理暂行条例》。1982 年 11 月 19 日，全国人民代表大会常务委员会公布了《文物保护法》。现行的《文物保护法》于 2017 年 11 月 4 日第五次修正，分为 8 章 80 条。

一、文物的概念及其保护范围

文物是历史上遗留下来的由人类创造或与人类活动有关的一切有价值的物质遗产的总称。

《文物保护法》所保护的文物应具备两个条件：①必须在我国境内；②必须是具有历史、艺术、科学价值的文物。具体种类包括以下几个方面。

1）具有历史、艺术、科学价值的古文化遗址、古墓葬、古建筑、石窟寺和石刻、壁画。

补充阅读

古文化遗址主要包括古代的城堡、宫殿、村落、居室、作坊、寺庙、矿穴、采石坑、窖穴、仓库、水渠、水井、壕沟、栅栏、围墙等。古墓葬即古人埋葬尸体的坟墓，将死者的尸体按特定方式安置在特定的场所叫“葬”，放置尸体的特定设施叫“墓”，中国考古学常将二者合称为“墓葬”。古建筑是指保存至今的古代各时期的房屋、桥梁、水坝、隧道等建筑物。我国古建筑有7000年以上有实物可考的历史，3000年前已经形成了独特的以木构架为主、以封闭的院落为基本群体布局方式的风格。

2）与重大历史事件、革命运动或著名人物有关的，以及具有重要纪念意义、教育意义或者史料价值的近代现代重要史迹、实物、代表性建筑。

3）历史上各时代珍贵的艺术品、工艺美术品。

4）历史上各时代重要的文献资料以及具有历史、艺术、科学价值的手稿和图书资料等。

5）反映历史上各时代、各民族社会制度、社会生产、社会生活的代表性实物。

此外，具有科学价值的古脊椎动物化石和古人类化石同文物一样受国家保护。

二、文物的分类与分级

1. 文物的分类

文物的分类方式有很多，主要如下。

1）按照文物产生的时间，可分为古代文物和近现代文物。

2）按照文物的性质，可分为历史文物和革命文物。

3）按照文物的来源，可分为出土文物和传世文物。

4）按照文物的保存方法，可分为馆藏文物和散存文物。

5）按照文物是否可移动，可分为不可移动文物和可移动文物。不可移动文物如古文化遗址、古墓葬、古建筑、石窟寺、石刻、壁画、近代现代重要史迹和代表性建筑等。可移动文物如历史上各时代重要实物、艺术品、文献、手稿、图书资料、代表性实物等。

2. 文物的分级

（1）不可移动文物的分级

根据不可移动文物的历史、艺术、科学价值，可以将其分为3级。

1）全国重点文物保护单位。全国重点文物保护单位是指具有重大历史、艺术、科学价值的文物保护单位，由国务院文物行政部门确定，报国务院核定公布。

补充阅读

从1961年3月到2019年10月，国务院已公布8批全国重点文物保护单位，总数达5058处。

2）省级文物保护单位。由省、自治区、直辖市人民政府核定公布，并报国务院备案。

3）市、县级文物保护单位。由设区的市、自治州和县级人民政府核定公布，并报省、自治区、直辖市人民政府备案。

尚未核定公布为文物保护单位的不可移动文物，由县级人民政府文物行政部门予以登记并公布。

（2）可移动文物的分级

可移动文物分为珍贵文物和一般文物。珍贵文物分为一级文物、二级文物和三级文物。

三、文物的保护与管理

1. 文物保护的方针

文物保护工作贯彻保护为主、抢救第一、合理利用、加强管理的方针。

2. 文物管理机构

国务院文物行政部门主管全国文物保护工作。地方各级人民政府负责本行政区域内的文物保护工作。

3. 文物的所有权

所有权是物权的一种，是指所有人对物的占有、使用、收益和处分，并排除他人干涉的权利。我国文物的所有权分为国家所有、集体所有和私人所有3种形式。

（1）国家所有

下列文物属于国家所有：①我国境内地下、内水和领海中遗存的一切文物；②古文化遗址、古墓葬、石窟寺；③国家指定保护的纪念建筑物、古建筑、石刻、壁画、近代现代代表性建筑等不可移动文物，除国家另有规定的以外，属于国家所有。国有不可移动文物的所有权不因其所依附的土地所有权或使用权的改变而改变。

下列可移动文物也属于国家所有：①中国境内出土的文物，国家另有规定的除外；②国有文物收藏单位，以及其他国家机关、部队和国有企业、事业组织等收藏、保管的文物；③国家征集、购买的文物；④公民、法人和其他组织捐赠给国家的文物；⑤法律规定属于国家所有的其他文物。属于国家所有的可移动文物的所有权不因其保管、收藏单位的终止或变更而改变。

（2）集体所有和私人所有

属于集体所有和私人所有的纪念建筑物、古建筑和祖传文物以及依法取得的其他文物，其所有权受法律保护。

四、不可移动文物的保护与管理

1. 划定保护范围

各级文物保护单位，分别由省、自治区、直辖市人民政府和市、县级人民政府划定必要的保护范围，作出标志说明，并设置机构或安排专人负责管理。

2. 对建设工程的限制

在文物保护单位的保护范围内，不得进行爆破、钻探、挖掘等作业或其他建设工程。确有必要进行上述作业的，应经过一定的批准程序，并保证文物保护单位的安全。

根据保护文物的实际需要，可以在文物保护单位的周围划出一定的建设控制地带，并予以公布。在建设控制地带内进行建设工程，应经过一定的批准程序，并且不得破坏文物保护单位的历史风貌。

在文物保护单位的保护范围和建设控制地带内，不得建设污染文物保护单位及其环境的设施，不得进行可能影响文物保护单位安全及其环境的活动。

建设工程选址，应当尽可能避开不可移动文物；因特殊情况不能避开的，对文物保护单位应当尽可能实施原址保护；无法实施原址保护，必须迁移异地保护或拆除的，须经过一定的批准程序。全国重点文物保护单位不得拆除；需要迁移的，须由省、自治区、直辖市人民政府报国务院批准。

补充阅读

对文物保护单位迁移异地保护的典型例子是重庆云阳张飞庙的整体迁移。由于三峡工程蓄水，库区水位节节升高，具有1700多年历史的云阳张飞庙原址将沉入江中。为将文物的损失降至最低，张飞庙的整体搬迁工作从2002年10月就开始了。新址离原址有32千米，被认为是三峡工程淹没区文物搬迁级别最高、搬迁距离最远的一个文物工程。拆迁工作严格按照“原材料、原结构、原风貌”的“三原”要求进行。为使文物整体搬迁时不受损坏，拆迁之前，工作人员对每个构件都一一分类编号，经精心包装后用汽车以每小时10千米的速度小心运走。拆前有警察护卫，运输有公安护送，复建中更有民警、保安保护。在张飞庙拆迁过程中，考古工作者还进入拆后的旧张飞庙展开地下考古发掘，用三个半月的时间在张飞庙旧址发现文物200多件。

3. 不可移动文物的修缮

国有不可移动文物由使用人负责修缮、保养；非国有不可移动文物由所有人负责修缮、保养。修缮、迁移、重建工作应由取得文物保护工程资质证书的单位承担。对不可移动文物的修缮、保养、迁移，不应改变文物原状。

不可移动文物已经全部毁坏的，应当实施遗址保护，不得在原址重建。因特殊情况需要原址重建的，须经一定的批准程序。

4. 不可移动文物的流通

国有不可移动文物不得转让、抵押。非国有不可移动文物转让、抵押或改变用途的，应当报文物行政部门备案。非国有不可移动文物不得转让、抵押给外国人。

建立博物馆、保管所或辟为参观游览场所的国有文物保护单位，不得作为企业资产经营。

5. 不可移动文物的使用

使用不可移动文物，必须遵守不改变文物原状的原则，不得损毁、改建、添建或拆除不可移动文物。

五、文物的考古发掘

1. 考古发掘工作必须履行报批手续

一切考古发掘工作，必须履行报批手续，任何单位或个人都不得私自发掘地下埋藏的文物。非经国务院文物行政部门报国务院特别许可，任何外国人或外国团体不得在我国境内进行考古调查、勘探、发掘。

从事考古发掘的单位，应当经国务院文物行政部门批准。

2. 大型基建工程应事先进行文物勘探

进行大型基本建设工程，建设单位应当事先报请文物行政部门组织从事考古发掘的单位，在工程范围内可能埋藏了文物的地方进行考古调查、勘探。

3. 工程建设中发现文物后的处理

1）在工程建设或农业生产中，任何单位或个人发现文物，应当保护现场，立即报告当地文物行政部门。

2）文物行政部门接到报告后，如无特殊情况，应当在 24 小时内赶赴现场，并在 7 日内提出处理意见。文物行政部门可以报请当地人民政府通知公安机关协助保护现场。

3）发现重要文物的，应当立即上报国务院文物行政部门，国务院文物行政部门应当在接到报告后 15 日内提出处理意见。

4. 考古发掘的文物的保管

考古发掘的文物，应当登记造册，移交给由文物行政部门指定的国有博物馆、图书馆或其他国有收藏文物的单位收藏。经批准，从事考古发掘的单位可以保留少量出土文物作为科研标本。

六、馆藏文物与民间收藏文物的管理

1. 馆藏文物的管理

馆藏文物是指博物馆、图书馆和其他文物收藏单位收藏的文物。

（1）文物收藏单位取得文物的方式

文物收藏单位取得文物的方式有：①购买；②接受捐赠；③依法交换；④法律、行政法规规定的其他方式。国有文物收藏单位还可以通过文物行政部门指定保管或调拨的方式取得文物。

（2）馆藏文物的保管

文物收藏单位应区分文物等级，设置藏品档案，建立严格的管理制度，并报文物行政部门备案。修复馆藏文物，不得改变馆藏文物的原状。复制、拍摄、拓印馆藏文物，不得对馆藏文物造成损害。禁止国有文物收藏单位将馆藏文物赠与、出租或出售给其他单位、个人。

（3）馆藏文物的借用

国有文物收藏单位之间因举办展览、科学研究等需借用馆藏文物的，应当报主管的文物行政部门备案。非国有文物收藏单位和其他单位举办展览需借用国有馆藏文物的，应当报主管的文物行政部门批准。文物收藏单位之间借用文物的最长期限不得超过3年。文物行政部门和国有文物收藏单位的工作人员不得借用国有文物。

2. 民间收藏文物的管理

（1）文物的取得

文物收藏单位以外的公民、法人和其他组织可以收藏通过下列方式取得的文物：①依法继承或接受赠与；②从文物商店购买；③从经营文物拍卖的拍卖企业购买；④公民个人合法所有的文物相互交换或依法转让；⑤国家规定的其他合法方式。

（2）文物的流通

文物收藏单位以外的公民、法人和其他组织合法收藏的文物可以依法流通。国家禁止出境的文物，不得转让、出租、质押给外国人。

思 考

民间收藏的文物有哪些合法的流通渠道？

提示：《文物保护法》对民间收藏文物的流通渠道没有具体规定，但是通过对民间收藏文物的取得方式进行分析，民间收藏文物的合法流通渠道应该包括：①赠与他人；②与他人交换；③卖给文物商店；④通过合法的文物拍卖企业拍卖文物；⑤捐赠或卖给国有文物收藏单位。

（3）文物的商业经营活动

根据《文物保护法》的规定，文物的商业经营活动应通过文物商店、文物拍卖企业进行，其他单位或个人不得从事文物的商业经营活动。

1）文物商店。文物商店应当经省、自治区、直辖市人民政府文物行政部门批准设立，其销售的文物应经文物行政部门审核。文物商店不得从事文物拍卖经营活动，不得设立经营文物拍卖的拍卖企业。

2）文物拍卖企业。拍卖企业经营文物拍卖前应取得省、自治区、直辖市人民政府文物行政部门颁发的文物拍卖许可证，并且不得从事文物购销经营活动，不得设立文物商店。文物拍卖企业拍卖的文物，在拍卖前应经文物行政部门审核和备案。文物行政部门在审核拟拍卖的文物时，可以指定国有文物收藏单位优先购买其中的珍贵文物。

七、文物的出境管理

文物出境，应当经国务院文物行政部门指定的文物进出境审核机构审核。经审核允许出境的文物，可取得文物出境许可证，从指定的口岸出境。任何单位或个人运送、邮寄、携带文物出境，应当向海关申报，海关凭文物出境许可证放行。

非经特别批准，国有文物、非国有文物中的珍贵文物和国家规定禁止出境的其他文物，一律不得出境。一级文物中的孤品和易损品，禁止出境展览。

第五节　非物质文化遗产的保护

非物质文化遗产是指各族人民世代相传并视为其文化遗产组成部分的各种传统文化表现形式，以及与传统文化表现形式相关的实物和场所。

我国是历史悠久的文明古国。在长期的历史发展过程中，中华民族创造了丰富多彩的文化遗产，其中就包括主要通过“口传心授”的方式传承下来的以非物质形态存在的非物质文化遗产，如传统表演艺术、民俗活动、礼仪、节庆、传统手工艺技能等。非物质文化遗产是我国优秀传统文化的重要组成部分，充分展现了中华民族的创造力和智慧。在旅游业日益发达的今天，许多非物质文化遗产成为吸引旅游者旅游的重要因素。

2011 年 2 月 25 日，我国颁布了《非物质文化遗产法》，自 2011 年 6 月 1 日起施行，这标志着我国的非物质文化遗产保护进入有法可依的时代。

一、非物质文化遗产的组成

非物质文化遗产由六大部分组成。

1）传统口头文学及作为其载体的语言。

2）传统美术、书法、音乐、舞蹈、戏剧、曲艺和杂技。

3）传统技艺、医药和历法。

4）传统礼仪、节庆等民俗。

5）传统体育和游艺。

6）其他非物质文化遗产。

同时，与上述传统文化表现形式相关的实物和场所也属于非物质文化遗产的组成部分。有些实物和场所本身也是文物，受《文物保护法》的保护。

二、非物质文化遗产的保护机构

国务院文化主管部门负责全国非物质文化遗产的保护、保存工作；县级以上地方人民政府文化主管部门负责本行政区域内非物质文化遗产的保护、保存工作；县级以上人民政府其他有关部门在各自职责范围内，负责有关非物质文化遗产的保护、保存工作。

此外，国家鼓励和支持公民、法人和其他组织参与非物质文化遗产保护工作。对在非物质文化遗产保护工作中作出显著贡献的组织和个人，按照国家有关规定予以表彰、奖励。

三、非物质文化遗产的保护措施

非物质文化遗产的保护，应当注重其真实性、整体性和传承性。国家对非物质文化遗产采取认定、记录、建档等措施予以保存，对体现中华民族优秀传统文化，具有历史、文学、艺术、科学价值的非物质文化遗产采取传承、传播等措施予以保护。

1. 建立非物质文化遗产代表性项目名录

我国的非物质文化遗产代表性项目名录分为国家级非物质文化遗产代表性项目名录和地方非物质文化遗产代表性项目名录两类。

《非物质文化遗产法》第十八条规定，国务院建立国家级非物质文化遗产代表性项目名录，将体现中华民族优秀传统文化，具有重大历史、文学、艺术、科学价值的非物质文化遗产项目列入名录予以保护。省、自治区、直辖市人民政府建立地方非物质文化遗产代表性项目名录，将本行政区域内体现中华民族优秀传统文化，具有历史、文学、艺术、科学价值的非物质文化遗产项目列入名录予以保护。

补充阅读

据统计，国务院公布了5批共1557项国家级非物质文化遗产代表性项目名录。涉及民间文学，传统音乐，传统舞蹈，传统戏剧，曲艺，传统体育、游艺与杂技，传统美术，传统技艺，传统医药，民俗等十大门类。

2. 认定代表性传承人

文化主管部门对批准公布的非物质文化遗产代表性项目，可以认定代表性传承人，并可提供相应的场所和经费，支持非物质文化遗产代表性项目的代表性传承人开展传承、传播活动。代表性传承人应当符合下列条件。

1）熟练掌握其传承的非物质文化遗产。

2）在特定领域内具有代表性，并在一定区域内具有较大影响。

3）积极开展传承活动。

非物质文化遗产代表性项目的代表性传承人无正当理由不履行规定的传承义务，文化主管部门可以取消其代表性传承人资格，重新认定该项目的代表性传承人。

3. 区域性整体保护

对非物质文化遗产代表性项目集中、特色鲜明、形式和内涵保持完整的特定区域，当地文化主管部门可以制定专项保护规划，报经本级人民政府批准后，实行区域性整体保护。

4. 非物质文化遗产的研究、宣传和展示

县级以上人民政府应当结合实际情况，采取有效措施，组织文化主管部门和其他有关部门宣传、展示非物质文化遗产代表性项目。

国家鼓励开展与非物质文化遗产有关的科学技术研究和非物质文化遗产保护、保存方法研究；鼓励开展非物质文化遗产的记录和非物质文化遗产代表性项目的整理、出版等活动；鼓励和支持公民、法人和其他组织依法设立非物质文化遗产展示场所和传承场所，展示和传承非物质文化遗产代表性项目。

四、非物质文化遗产的使用

国家鼓励和支持在有效保护的基础上，合理利用非物质文化遗产代表性项目开发具有地方、民族特色和市场潜力的文化产品和文化服务。单位合理利用非物质文化遗产代表性项目的，依法享受国家规定的税收优惠。

使用非物质文化遗产，应当尊重其形式和内涵。禁止以歪曲、贬损等方式使用非物质文化遗产。

第六节　历史文化名城、名镇、名村的保护

历史文化名城、名镇、名村是我国历史文化遗产的重要组成部分。为了加强历史文化名城、名镇、名村的保护与管理，继承中华民族优秀历史文化遗产，2008 年 4 月 22 日，国务院颁布了《历史文化名城名镇名村保护条例》（自 2008 年 7 月 1 日起施行，2017 年 10 月 7 日修订）。结合《历史文化名城名镇名村保护条例》和《文物保护法》，我国对历史文化名城、名镇、名村的相关保护规定主要包括以下几个方面。

一、保护原则与保护机构

历史文化名城、名镇、名村的保护应当遵循科学规划、严格保护的原则，保持和延续其传统格局和历史风貌，维护历史文化遗产的真实性和完整性，继承和弘扬中华民族优秀传统文化。

国务院建设主管部门会同国务院文物主管部门负责全国历史文化名城、名镇、名村的保护和监督管理工作。地方各级人民政府负责本行政区域历史文化名城、名镇、名村的保护和监督管理工作。

二、申报与批准

1. 申报条件

申报历史文化名城、名镇、名村的城市、镇、村庄须具备下列条件。

1）保存文物特别丰富。

2）历史建筑集中成片。

3）保留着传统格局和历史风貌。

4）历史上曾经作为政治、经济、文化、交通中心或者军事要地，或者发生过重要历史事件，或者其传统产业、历史上建设的重大工程对本地区的发展产生过重要影响，或者能够集中反映本地区建筑的文化特色、民族特色。

申报历史文化名城的，在所申报的历史文化名城保护范围内还应当有 2 个以上的历史文化街区。

补充阅读

历史建筑是指经城市、县人民政府确定公布的具有一定保护价值，能够反映历史风貌和地方特色，未公布为文物保护单位，也未登记为不可移动文物的建筑物、构筑物。

历史文化街区是指经省、自治区、直辖市人民政府核定公布的保存文物特别丰富、历史建筑集中成片、能够较完整和真实地体现传统格局和历史风貌，并具有一定规模的区域。

2. 申报和批准程序

申报历史文化名城，由省、自治区、直辖市人民政府提出申请，经国务院建设主管部门会同国务院文物主管部门组织有关部门、专家进行论证，提出审查意见，报国务院批准公布。

申报历史文化名镇、名村，由所在地县级人民政府提出申请，经省、自治区、直辖市人民政府确定的保护主管部门会同同级文物主管部门组织有关部门、专家进行论证，提出审查意见，报省、自治区、直辖市人民政府批准公布。国务院建设主管部门会同国务院文物主管部门可以在已批准公布的历史文化名镇、名村中，选择具有重大历史、艺术、科学价值的镇、村，经专家论证，确定为中国历史文化名镇、名村。

三、保护措施

1. 制定保护规划

历史文化名城、名镇、名村批准公布后，当地人民政府应组织编制历史文化名城、名镇、名村保护规划。保护规划应当自历史文化名城、名镇、名村批准公布之日起 1 年内编制完成。保护规划由省、自治区、直辖市人民政府审批，报国务院建设主管部门和国务院文物主管部门备案。

2. 整体保护

历史文化名城、名镇、名村应当整体保护，保持传统格局、历史风貌和空间尺度，并且不得改变与其相互依存的自然景观和环境。当地政府应当根据当地经济社会发展水平，按照保护规划，控制历史文化名城、名镇、名村的人口数量，改善历史文化名城、名镇、名村的基础设施、公共服务设施和居住环境。

开展可能影响历史文化名城、名镇、名村的传统格局、历史风貌等的生产建设活动时，应当制定保护方案，经规划主管部门和文物主管部门批准，并依法办理相关手续。但下列活动属于禁止之列。

1）开山、采石、开矿等破坏传统格局和历史风貌的活动。

2）占用保护规划确定保留的园林绿地、河湖水系、道路等。

3）修建生产、储存爆炸性、易燃性、放射性、毒害性、腐蚀性物品的工厂、仓库等。

4）在历史建筑上刻划、涂污。

3. 对核心保护范围的保护要求

对核心保护范围内的建筑物、构筑物，应区分不同情况，实行分类保护。核心保护范围内的历史建筑，应当保持原有的高度、体量、外观形象及色彩等。在历史文化街区、名镇、名村核心保护范围内，不得进行新建、扩建活动，只可以新建、扩建必要的基础设施和公共服务设施，并履行严格的审批程序和专家论证程序。审批事项应公示，征求公众意见。

4. 强化对历史建筑的保护

当地人民政府应当对历史建筑设置保护标志，建立档案。历史建筑的所有权人负责历史建筑的维护和修缮，县级以上地方人民政府可以给予补助。历史建筑有损毁危险，所有权人不具备维护和修缮能力的，当地人民政府应当采取措施进行保护。任何单位或个人不得损坏或擅自迁移、拆除历史建筑。

建设工程选址，应当尽可能避开历史建筑；因特殊情况不能避开的，应当尽可能实施原址保护。因公共利益需要进行建设活动，对历史建筑无法实施原址保护、必须迁移异地保护或拆除的，应严格履行批准程序。历史建筑原址保护、迁移、拆除所需费用，由建设单位列入建设工程预算。

对历史建筑进行外部修缮装饰、添加设施以及改变历史建筑的结构或使用性质的，也应经规划部门和文物部门批准。

补充阅读

中国历史文化名城在历史上曾发挥过重要作用，大多数是全国性或区域性的政治、经济、文化中心，拥有大量人文古迹和风景名胜，是我国旅游资源的精华所在，现在多数成为我国著名的旅游城市和旅游集散地。闻名中外的七大古都（北京、西安、洛阳、开封、南京、杭州、安阳）就是其中的典型代表。截至 2021 年 11 月，我国共评定了 138 座国家级历史文化名城。其中，1982 年经国务院批准的首批国家历史文化名城有 24 座，包括北京、承德、大同、南京、苏州、扬州、杭州、绍兴、泉州、景德镇、曲阜、洛阳、开封、江陵（今荆洲）、长沙、广州、桂林、成都、遵义、昆明、大理、拉萨、西安、延安；1986 年经国务院批准的第二批国家历史文化名城有 38 座，包括上海、天津、沈阳、武汉、南昌、重庆、保定、平遥、呼和浩特、镇江、常熟、徐州、淮安、宁波、歙县、寿县、亳州、福州、漳州、济南、安阳、南阳、商丘、襄樊（今襄阳）、潮州、阆中、宜宾、自贡、镇远、丽江、日喀则、韩城、榆林、武威、张掖、敦煌、银川、喀什；1994 年经国务院批准的第三批国家历史文化名城有 37 座，包括正定、邯郸、新绛、代县、祁县、哈尔滨、吉林、集安、衢州、临海、长汀、赣州、青岛、聊城、邹城、临淄、郑州、浚县、随州、钟祥、岳阳、肇庆、佛山、梅州、雷州、柳州、琼山、乐山、都江堰、泸州、建水、巍山、江孜、咸阳、汉中、天水、同仁；2001—2021 年增补的国家历史文化名城有 40 座，包括山海关区、凤凰县、濮阳市、安庆市、泰安市、海口市、金华市、绩溪县、吐鲁番市、特克斯县、无锡市、南通市、北海市、宜兴市、嘉兴市、太原市、中山市、蓬莱市、会理县、库车县、伊宁市、泰州市、会泽县、烟台市、青州市、湖州市、齐齐哈尔市、常州市、瑞金市、惠州市、温州市、高邮市、永州市、长春市、龙泉市、蔚县、辽阳、通海县、黟县、桐城。

历史文化名镇、名村是我国文化遗产的重要组成部分。自 2003 年以来至 2019 年 1 月，住房和城乡建设部、国家文物局联合公布了 7 批共 799 个中国历史文化名镇名村，其中名镇 312 个，名村 487 个。这些历史文化名镇名村反映了我国不同地域、不同民族、不同经济社会发展阶段聚落形成和演变的历史过程，是展示我国传统建筑风貌、优秀建筑艺术和民俗风情的真实载体。著名村镇如江苏省昆山市周庄镇、浙江省嘉兴市嘉善县西塘镇、福建省龙岩市上杭县古田镇、安徽省黄山市黟县西递镇西递村和宏村镇宏村、福建省漳州南靖县书洋镇田螺坑村、江西省抚州市乐安县牛田镇流坑村等。

第七节 旅游景区质量等级评定

我国有为数众多的旅游景区，对旅游景区进行质量等级评定是景区管理的一项重要措施之一。景区质量等级评定的主要依据是《旅游景区质量等级管理办法》（国家旅游局发布，自 2012 年 5 月 1 日起施行）和国家标准《旅游区（点）质量等级的划分与评定》（GB/T 17775—2003）（自 2005 年 1 月 1 日起实施，2005 年修订）。

一、旅游景区质量等级及标志

旅游景区质量等级划分为 5 级，从高到低依次为 AAAAA、AAAA、AAA、AA、A 级（分别简称为 5A、4A、3A、2A、A 级）旅游景区。

旅游景区质量等级的标牌、证书由全国旅游景区质量等级评定委员会统一制作，由相应评定机构颁发。

旅游景区在对外宣传资料中应正确标明其等级。旅游景区质量等级标牌，须置于旅游景区主要入口显著位置。

补充阅读

1999 年颁布实施的国家标准《旅游区（点）质量等级的划分与评定》将旅游景区质量等级划分为 4 级，从高到低依次为 AAAA、AAA、AA、A 级旅游景区。2003 版的《旅游区（点）质量等级的划分与评定》对此作出重大修改。新增的 AAAAA 级主要从细节上以及景区的文化性和特色性等方面做了更高要求。

二、旅游景区质量等级的评定

1. 评定原则

《旅游景区质量等级管理办法》第四条规定，旅游景区质量等级管理工作，遵循自愿申报、分级评定、动态管理、以人为本、持续发展的原则。

2. 参评条件

凡在中华人民共和国境内正式开业1年以上的旅游景区，均可申请质量等级。但要注意，旅游景区质量等级评定是指对具有独立管理和服务机构的旅游景区进行评定，对园中园、景中景等内部旅游点不进行单独评定。

3. 评定机构

国务院旅游行政主管部门组织设立全国旅游景区质量等级评定委员会，负责全国旅游景区质量等级评定工作的组织和实施，授权并督导省级及以下旅游景区质量等级评定机构开展评定工作。

各省、自治区、直辖市人民政府旅游行政主管部门组织设立本地区旅游景区质量等级评定委员会，按照全国旅游景区质量等级评定委员会授权，负责本行政区域内旅游景区质量等级评定工作的组织和实施。

3A 级及以下等级旅游景区由全国旅游景区质量等级评定委员会授权各省级旅游景区质量等级评定委员会负责评定，省级旅游景区评定委员会可向条件成熟的地市级旅游景区评定委员会再行授权。

4A 级旅游景区由省级旅游景区质量等级评定委员会推荐，全国旅游景区质量等级评定委员会组织评定。

5A级旅游景区从4A级旅游景区中产生。被公告为4A级3年以上的旅游景区可申报5A级旅游景区。5A级旅游景区由省级旅游景区质量等级评定委员会推荐，全国旅游景区质量等级评定委员会组织评定。

4. 考核的主要内容

根据《旅游区（点）质量等级的划分与评定》的相关内容，旅游景区质量等级的评定主要考核景区在旅游交通、游览、旅游安全、卫生、邮电服务、旅游购物、经营管理、资源和环境的保护、旅游资源吸引力、市场吸引力、年接待量、旅游者抽样调查满意率等方面的情况。

补充阅读

旅游景区质量等级的评定条件中有许多是硬性的规定，下面以接待人数和旅游者抽样调查满意率来说明：5A级旅游景区年接待海内外旅游者要达到60万人次以上，其中海外旅游者5万人次以上，旅游者抽样调查满意率很高；4A级旅游景区年接待海内外旅游者要达到50万人次以上，其中海外旅游者3万人次以上，旅游者抽样调查满意率高；3A级旅游景区年接待海内外旅游者要达到30万人次以上，旅游者抽样调查满意率较高；2A级旅游景区年接待海内外旅游者要达到10万人次以上，旅游者抽样调查满意率较高；A 级旅游景区年接待海内外旅游者要达到 3 万人次以上，旅游者抽样调查基本满意。

2007 年 8 月，故宫博物院、天坛公园、黄山市黄山风景区、大连老虎滩海洋公园等 66 家景区被批准为国家首批 5A 级旅游景区。截至 2021 年 6 月，我国 5A 级旅游景区数量达到 306 家。

5. 监督检查

各级旅游景区质量等级评定机构对所评旅游景区要进行监督检查和复核。监督检查采取重点抽查、定期明查和不定期暗访，以及社会调查、听取旅游者意见反馈等方式进行。

对旅游者好评率较低、社会反响较差、发生重大安全事故、被旅游者进行重大投诉经调查情况属实及未按时报送数据信息或填报虚假信息的景区，视情节给予相应处理，处理方式包括签发警告通知书、通报批评、降低或取消等级等。景区须认真整改，并在规定期限内将整改情况上报相应的等级评定机构。凡被降低、取消质量等级的旅游景区，自降低或取消等级之日起 1 年内不得重新申请等级。

小　结

本章主要介绍旅游资源管理法规的相关内容，包括旅游资源管理法规概述，风景名胜区的保护与管理，自然保护区的保护与管理，文物的保护，非物质文化遗产的保护，历史文化名城、名镇、名村的保护，旅游景区质量等级评定等。

重点概念

旅游资源　旅游资源管理法规　景区　风景名胜区　自然保护区　文物　馆藏文物　非物质文化遗产

练习题

一、选择题（有一个或多个正确答案）

1. 景区提高门票价格应当提前（　　）个月公布。

A．1　　B．2　　C．6　　D．12

2．在景物、设施上刻划、涂污或在风景名胜区内乱扔垃圾的，最低可处（　　）元罚款。

A．20　　B．30　　C．40　　D．50

3．根据不可移动文物的历史、艺术、科学价值，可以将其分为（　　）级。

A．2　　B．3　　C．4　　D．5

4．公民可以通过（　　）合法取得文物。

A．挖掘古墓　　B．公民个人合法所有的文物相互交换

C．接受赠与　　D．打捞古代沉船

5．我国旅游景区等级最高的是（　　）级。

A．6A　　B．5A　　C．4A　　D．3A

6．应当逐步免费开放的有（　　）。

A．公益性的城市公园　　B．重点文物保护单位

C．博物馆　　D．珍贵文物收藏单位

7．将不同景区的门票或者同一景区内不同游览场所的门票合并出售的，合并后的价格（　　）各单项门票的价格之和。

A．可以高于　　B．不得高于　　C．应该等于　　D．应该小于

8．自然保护区内可以进入从事教学实习、旅游等活动的区域有（　　）。

A 核心区　　B．缓冲区　　C．实验区　　D．外围保护地带

9．下列选项中属于非物质文化遗产的有（　　）。

A．传统戏剧　　B．传统礼仪　　C．传统体育　　D．传统节庆

10．国家对所有的非物质文化遗产都采取（　　）等措施予以保存。

A．认定　　B．记录　　C．建档　　D．传承

二、是非题

1．风景名胜区都是自然景观比较集中的区域。　　（　　）

2．任何单位或个人运送、邮寄、携带文物出境，都应当向海关申报；海关凭文物出境许可证放行。　　（　　）

3．我国的风景名胜区划分为 3 级：市、县级风景名胜区，省级风景名胜区，国家重点风景名胜区。　　（　　）

4．自然保护区分为国家级自然保护区和地方级自然保护区。　　（　　）

5．全国重点文物保护单位不得拆除。　　（　　）

三、简答题

1．景区开放应当具备哪些条件？

2．对景区门票有哪些管理规定？

3．对风景名胜区的保护措施主要有哪些？
4．自然保护区内禁止开展哪些活动？
5．如何对文物进行分级？
6．在进行工程建设时发现了文物该怎么办？
7．旅游景区参评质量等级的条件是什么？

四、案例分析题

某电影剧组在某著名国家级风景名胜区拍摄影片。因情节需要，剧组在景区修建了两条临时道路，并搭建了一个临时建筑物，走时还留下了一地垃圾。据说，电影剧组是在征得景区所在地的县政府相关领导同意的前提下进场拍摄电影的。

请问：根据《风景名胜区条例》的规定，剧组会被处罚吗？若会，该如何处罚？

第十一章 旅游安全法规

学习重点

- 旅游经营者的安全责任
- 旅游目的地安全风险提示制度
- 旅游突发事件处置

旅游是一种综合性的审美实践，在旅游过程中求得身心愉悦是旅游者的共同愿望。正因如此，旅游安全对旅游者来说显得尤为重要。可以说，安全是旅游的前提，也是旅游业发展的前提。无论是旅游者还是旅游业从业人员，都应了解旅游安全法规，最大限度地保障旅游活动的安全。目前，涉及旅游安全的主要法规有《旅游法》《旅游安全管理办法》（国家旅游局 2016 年 9 月 27 日公布，自 2016 年 12 月 1 日起施行）。

第一节 旅游安全管理概述

一、旅游安全的概念与特点

1. 旅游安全的概念与分类

旅游安全是指旅游活动中的一切安全现象的总称。它既包括旅游过程各环节的安全，也包括旅游活动中所涉及的人、设备、环境等相关主体的安全。根据旅游活动涉及的六大要素，旅游安全可以分为饮食安全、住宿安全、交通安全、游览安全、购物安全、娱乐安全六大类。

2. 旅游安全的特点

旅游安全与旅游活动密切相关，因此，旅游安全也体现出一些与旅游有关的特点，具体如下。

1）脆弱性。旅游安全的脆弱性来自下面一些因素：①旅游活动具有流动性、异地性、暂时性的特点，旅游者多数情况下处于一个完全陌生的环境中，容易出现安全问题；②旅游者的愿望是在旅游过程中得到精神愉悦，这容易使旅游者放松安全防范；③旅游活动往往持续时间长、地域广，且又涉及食、住、行、游、购、娱等多种需求，这些都可能增加不安全因素；④旅游的异地性特点还容易导致旅游者出现消费攀比、道德约束弱化等问题，这些也可能构成旅游安全的隐患。

2）影响巨大。安全问题对任何一个行业、任何一个人都非常重要，旅游安全更是如此。这主要是因为旅游者在旅游中追求的是精神享受，而任何一个安全事故的出现都会使旅游者的美好愿望落空。旅游又是一项涉及面广、影响巨大却又十分脆弱的活动，一旦出现旅游安全事故，其影响力往往会加倍放大，严重的会影响旅游业的正常发展，甚至影响国家的形象和声誉。

3）集中性。旅游安全问题有很多种类，在旅游的各个环节都有可能发生安全问题，但总的来说，旅游安全问题呈现较明显的集中性特点。例如，旅游安全问题多集中在旅途与住宿环节，多因犯罪、疾病、交通事故而产生。

4）突发性。旅游活动中的许多安全问题都是在极短的时间内、在当事人毫无防范的情况下发生的，因此，旅游安全问题在多数情况下具有突发性特点。

二、旅游安全管理机构

1. 旅游安全管理机构

《旅游法》第七十六条规定，县级以上人民政府统一负责旅游安全工作。县级以上人民政府有关部门依照法律、法规履行旅游安全监管职责。《旅游安全管理办法》第三条规定，各级旅游主管部门应当在同级人民政府的领导和上级旅游主管部门及有关部门的指导下，在职责范围内，依法对旅游安全工作进行指导、防范、监管、培训、统计分析和应急处理。

2. 旅游主管部门的安全管理职责

（1）旅游安全日常管理

《旅游安全管理办法》第二十二条规定，旅游主管部门应当加强下列旅游安全日常管理工作。

1）督促旅游经营者贯彻执行安全和应急管理的有关法律、法规，并引导其实施相关国家标准、行业标准或地方标准，提高其安全经营和突发事件应对能力；

2）指导旅游经营者组织开展从业人员的安全及应急管理培训，并通过新闻媒体等多种渠道，组织开展旅游安全及应急知识的宣传普及活动；

3）统计分析本行政区域内发生旅游安全事故的情况；

4）法律、法规规定的其他旅游安全管理工作。

旅游主管部门应当加强对星级饭店和A级景区旅游安全和应急管理工作的指导。

（2）制定旅游突发事件应急预案和组织应急演练

《旅游安全管理办法》第二十三条规定，地方各级旅游主管部门应当根据有关法律、法规的规定，制定、修订本地区或本部门旅游突发事件应急预案，并报上一级旅游主管部门备案，必要时组织应急演练。

（3）帮助景区开展安全管理

《旅游安全管理办法》第二十四条规定，地方各级旅游主管部门应当在当地人民政府的领导下，依法对景区符合安全开放条件进行指导，核定或者配合相关景区主管部门核定景区最大承载量，引导景区采取门票预约等方式控制景区流量；在旅游者数量可能达到最大承载量时，配合当地人民政府采取疏导、分流等措施。

三、旅游经营者的安全责任

《旅游安全管理办法》第四条规定，旅游经营者应当承担旅游安全的主体责任，加强安全管理，建立、健全安全管理制度，关注安全风险预警和提示，妥善应对旅游突发事件。

1. 旅游经营者的安全生产条件

旅游经营者是指旅行社、景区及为旅游者提供交通、住宿、餐饮、购物、娱乐等服务的经营者。《旅游安全管理办法》第六条规定，旅游经营者应当遵守下列要求。

1）服务场所、服务项目和设施设备符合有关安全法律、法规和强制性标准的要求。

2）配备必要的安全和救援人员、设施设备。

3）建立安全管理制度和责任体系。

4）保证安全工作的资金投入。

2. 旅游经营者的安全生产义务

《旅游安全管理办法》对旅游经营者在经营中应承担的安全生产义务做了规定，主要归纳如下。

1）定期检查本单位安全措施的落实情况，及时排除安全隐患，对可能发生的旅游突发事件及采取安全防范措施的情况，应及时向所在地人民政府或人民政府有关部门报告。

2）经营高风险旅游项目或向老年人、未成年人、残疾人提供旅游服务的，应当根据需要采取相应的安全保护措施。

3）对从业人员进行安全生产教育和培训，建立培训档案，未经安全生产教育和培训合格的旅游从业人员，不得上岗作业。

4）主动询问与旅游活动相关的个人健康信息，要求旅游者按照安全规程使用旅游设施和接受服务，要求旅游者积极配合旅游经营者采取的安全防范措施。

5）合理安排旅游行程，向合格的供应商订购产品和服务。

6）旅行社组织出境旅游，应当制作安全信息卡，交由旅游者随身携带。

7）制定旅游突发事件应急预案，与所在地县级以上地方人民政府及其相关部门的应急预案相衔接，并定期组织演练。

补充阅读

安全信息卡应当包括旅游者姓名、出境证件号码和国籍，以及紧急情况下的联系人、联系方式等信息，使用中文和目的地官方语言（或英文）填写。旅行社还应当告知旅游者自行填写血型、过敏药物和重大疾病等信息。

第二节 安全风险提示制度和旅游突发事件处置

一、旅游目的地安全风险提示制度

《旅游法》第七十七条规定，国家建立旅游目的地安全风险提示制度。《旅游安全管理办法》对旅游目的地安全风险提示的级别划分和实施程序等进行了规定。

1. 风险提示级别的划分

《旅游安全管理办法》第十六条规定，根据可能对旅游者造成的危害程度、紧急程度和发展态势，风险提示级别分为一级（特别严重）、二级（严重）、三级（较重）和四级（一般），分别用红色、橙色、黄色和蓝色标示。风险提示级别的划分标准，由国家旅游主管部门会同外交、卫生、公安、国土、交通、气象、地震和海洋等有关部门制定或者确定。

2. 风险提示信息发布

（1）风险提示信息的内容

《旅游安全管理办法》第十七条规定，风险提示信息，应当包括风险类别、提示级别、可能影响的区域、起始时间、注意事项、应采取的措施和发布机关等内容。一级、二级风险的结束时间能够与风险提示信息内容同时发布的，应当同时发布；无法同时发布的，待风险消失后通过原渠道补充发布。三级、四级风险提示可以不发布风险结束时间，待风险消失后自然结束。

（2）风险提示的发布权限

国家旅游主管部门负责发布境外旅游目的地国家（地区），以及风险区域范围覆盖全国或跨省级行政区域的风险提示。发布一级风险提示的，需经国务院批准；发布境外旅游目的地国家（地区）风险提示的，需经外交部门同意。

地方各级旅游主管部门负责发布上述规定之外涉及本辖区的风险提示，并应当及时转发上级旅游主管部门发布的风险提示。

（3）风险提示的发布渠道

《旅游安全管理办法》第二十一条规定，风险提示信息应当通过官方网站、手机短信及公众易查阅的媒体渠道对外发布。一级、二级风险提示应同时通报有关媒体。

3. 发布风险提示后的应对

（1）旅游经营者的应对

《旅游安全管理办法》第十八条规定，风险提示发布后，旅行社应当根据风险级别采取下列措施。

1）四级风险的，加强对旅游者的提示。

2）三级风险的，采取必要的安全防范措施。

3）二级风险的，停止组团或带团前往风险区域；已在风险区域的，调整或中止行程。

4）一级风险的，停止组团或者带团前往风险区域，组织已在风险区域的旅游者撤离。

其他旅游经营者应当根据风险提示的级别，加强对旅游者的风险提示，采取相应的安全防范措施，妥善安置旅游者，并根据政府或有关部门的要求，暂停或关闭易受风险危害的旅游项目或场所。

（2）旅游者的应对

《旅游安全管理办法》第十九条规定，风险提示发布后，旅游者应当关注相关风险，加强个人安全防范，并配合国家应对风险暂时限制旅游活动的措施，以及有关部门、机构或者旅游经营者采取的安全防范和应急处置措施。

二、旅游突发事件处置

1. 旅游突发事件的含义

《旅游安全管理办法》第三十九条规定，旅游突发事件，是指突然发生，造成或者可能造成旅游者人身伤亡、财产损失，需要采取应急处置措施予以应对的自然灾害、事故灾难、公共卫生事件和社会安全事件。

2. 旅游突发事件的级别

《旅游安全管理办法》对旅游突发事件的级别做了规定。根据旅游突发事件的性质、危害程度、可控性以及造成或者可能造成的影响，旅游突发事件一般分为特别重大旅游突发事件、重大旅游突发事件、较大旅游突发事件和一般旅游突发事件 4 级。

补充阅读

《旅游安全管理办法》对特别重大旅游突发事件、重大旅游突发事件、较大旅游突发事件和一般旅游突发事件做了界定。

（1）特别重大旅游突发事件

特别重大旅游突发事件，是指下列情形。

1）造成或者可能造成人员死亡（含失踪）30人以上或者重伤100人以上。

2）旅游者500人以上滞留超过24小时，并对当地生产生活秩序造成严重影响。

3）其他在境内外产生特别重大影响，并对旅游者人身、财产安全造成特别重大威胁的事件。

（2）重大旅游突发事件

重大旅游突发事件，是指下列情形。

1）造成或可能造成人员死亡（含失踪）10人以上、30人以下或者重伤50人以上、100人以下。

2）旅游者200人以上滞留超过24小时，对当地生产生活秩序造成较严重影响。

3）其他在境内外产生重大影响，并对旅游者人身、财产安全造成重大威胁的事件。

（3）较大旅游突发事件

较大旅游突发事件，是指下列情形。

1）造成或者可能造成人员死亡（含失踪）3人以上10人以下或者重伤10人以上、50人以下。

2）旅游者50人以上、200人以下滞留超过24小时，并对当地生产生活秩序造成较大影响。

3）其他在境内外产生较大影响，并对旅游者人身、财产安全造成较大威胁的事件。

（4）一般旅游突发事件

一般旅游突发事件，是指下列情形。

1）造成或者可能造成人员死亡（含失踪）3人以下或者重伤10人以下。

2）旅游者50人以下滞留超过24小时，并对当地生产生活秩序造成一定影响。

3）其他在境内外产生一定影响，并对旅游者人身、财产安全造成一定威胁的事件。

3. 旅游突发事件处置

（1）旅游经营者的职责

旅游突发事件发生后，旅游经营者应立即向旅游主管部门、安全生产监督管理部门和负有安全生产监督管理职责的其他相关部门报告。同时，旅游经营者及其现场人员应当采取合理、必要的措施救助受害旅游者，控制事态发展，防止损害扩大。

旅游经营者应当参加所在地人民政府组织的应急救援和善后处置工作。旅游突发事件发生在境外的，旅行社及其领队应当在中国驻当地使领馆或政府派出机构的指导下，全力做好突发事件应对处置工作。

思　考

一旅游车在行驶途中与一大货车相撞，造成多名旅游者受伤。此时，车上导游应该怎么做?

提示：根据旅游突发事件的处置要求，导游可这样处理：①报告旅行社，并报告执勤的交通警察或公安交通管理部门；②保护现场；③抢救受伤人员，因抢救受伤人员变动现场的，应当标明位置；④做好其他旅游者的安抚工作，力争按计划继续进行游览参观活动；⑤请医院对受伤旅游者开出医疗诊断证明书，请公安交通管理部门开具交通事故认定书，以便向保险公司索赔；⑥交通事故处理结束后，应写出书面报告，内容包括发生事故的原因和经过、抢救经过、治疗情况、事故责任和对责任者的处理、旅游者的情绪及旅游者对事故处理的反应等。

（2）旅游主管部门的职责

《旅游安全管理办法》规定，各级旅游主管部门在旅游突发事件发生后也应立即履行各自职责。

1）采取处置措施。旅游突发事件发生后，发生地县级以上旅游主管部门应当根据同级人民政府的要求和有关规定，启动旅游突发事件应急预案，并采取相应处置措施。

2）建立旅游突发事件报告制度。旅游主管部门在接到旅游经营者的报告后，应当向同级人民政府和上级旅游主管部门报告。

3）信息通报。旅游突发事件发生后，发生地县级以上旅游主管部门应当及时将有关信息通报相关行业主管部门。

4）总结。旅游突发事件处置结束后，发生地县级以上旅游主管部门应当及时查明突发事件的发生经过和原因，总结突发事件应急处置工作的经验教训，制定改进措施，提交总结报告。

小　结

本章主要介绍了旅游安全管理法规的一些基本知识，包括旅游安全的概念和特点、旅游安全管理机构、旅游经营者的安全责任、旅游目的地安全风险提示制度、旅游突发事件处置等。

重点概念

旅游安全　旅游经营者　旅游突发事件　特别重大旅游突发事件

重大旅游突发事件　较大旅游突发事件　一般旅游突发事件

练　习　题

一、选择题（有一个或多个正确答案）

1．旅游经营者（　　），应当根据需要采取相应的安全保护措施。

A．经营高风险旅游项目　　B．向老年人提供旅游服务

C．向未成年人提供旅游服务　　D．向残疾人提供旅游服务

2．旅行社（　　），应当制作安全信息卡，交由旅游者随身携带。

A．组织出境旅游　　B．组织国内旅游

C．组织入境旅游　　D．接待国内游客

3．旅游目的地安全风险提示级别分为（　　）级。

A．3　　B．4　　C．5　　D．6

4．旅游目的地安全风险提示级别为一级的，用（　　）标示。

A．蓝色　　B．黄色　　C．橙色　　D．红色

5．发布（　　）风险提示需经国务院批准。

A．一级　　B．二级　　C．三级　　D.四级

6．旅游突发事件分为（　　）个级别。

A．3　　B．4　　C．5　　D．6

7．旅游经营者应当承担旅游安全的（　　）责任。

A．连带　　B．全部　　C．主体　　D．主要

8．当遇到（　　）时，旅行社应停止带团前往风险区域。

A．一级风险　　B．二级风险　　C．三级风险　　D．四级风险

9．可能导致旅游突发事件的因素有（　　）。

A．自然灾害　　B．公共卫生事件

C．事故灾难　　D．社会安全事件

二、是非题

1．发生一级风险的，旅行社应停止组团或带团前往风险区域，组织已在风险区域的旅游者撤离。（　　）

2．旅游目的地安全风险提示信息只能通过官方网站发布。（　　）

三、简答题

1．旅游安全有什么特点？

2．旅游经营者应具备什么样的安全生产条件？

3．旅游经营者有哪些安全生产义务？

4．风险提示发布后，旅行社应当根据风险级别分别采取哪些措施？

四、案例分析题

某日，导游小王带领旅游者入住一饭店。凌晨2时，小王被一阵浓烟呛醒，并隐约发现窗外不远处有火光，直觉告诉他，饭店发生了火灾。

请问：这时，小王该怎样做？

第十二章　旅游保险法规

学习重点

- 保险和保险合同
- 旅游保险合同
- 旅行社责任保险

尽管安全是旅游的前提，但旅游难免伴随着风险。近年来，随着我国旅游业的快速发展，旅游人数的大量增加，旅游各环节中的自然灾害、意外事故、法律责任等风险日益突出。旅游保险虽然不能从根本上消除风险，但能有效地分散危险、消化损失并在一定程度上预防风险事故的发生。因此，旅游保险越来越受到人们的重视。目前，涉及旅游保险的法律、法规主要有《保险法》（1995 年 6 月 30 日通过，2015 年 4 月 24 日第三次修正）和《旅行社责任保险管理办法》（国家旅游局、中国保险监督管理委员会 2010 年 11 月 25 日公布，自 2011 年 2 月 1 日起施行）。

第一节　保险与保险合同

一、保险的概念

保险是指以集中起来的保险费建立保险基金，用于对被保险人因保险事故造成的经济损失进行补偿，或者对被保险人的人身伤亡或疾病等给予保险金的行为。

补充阅读

关于保险，至今还没有为学者所普遍认同的定义。《保险法》第二条给保险的定义是："本法所称保险，是指投保人根据合同约定，向保险人支付保险费，保险人对于合同约定的可能发生的事故因其发生所造成的财产损失承担赔偿保险金责任，或者当被保险人死亡、伤残、疾病或者达到合同约定的年龄、期限等条件时承担给付保险金责任的商业保险行为。"

保险的基本构成要件如下：①风险的存在，没有风险，保险也就失去了存在的价值；②损失的补偿，投保人之所以投保，目的是使保险事故（保险合同中约定的保险责任范围内的事件）所造成的损失能得到补偿；③存在众多投保人，保险是分散风险、消化损失的一种有效方式，其基本特点是投保人以较少的保险费支出可能换取较大的保险金赔付。这在客观上要求有众多人员投保，形成一种互助共济关系。

二、保险的分类

根据不同的标准，保险主要可分为以下类型。

1. 强制保险与自愿保险

按投保是否出于自愿，可将保险分为强制保险和自愿保险。强制保险又称法定保险，是指依据法律、法规的规定而强制实施的保险。例如，后面要讲到的旅行社责任保险就属于强制保险。自愿保险是指基于投保人自己的意思而订立的保险合同。对这类保险，投保人有投保的权利，也有不投保的自由，保险公司和其他人不得强迫投保人投保。生活中，这一类保险占多数。

课堂讨论

《保险法》第十一条规定：“订立保险合同，应当协商一致，遵循公平原则确定各方的权利和义务。

除法律、行政法规规定必须保险的外，保险合同自愿订立。”

如何理解这条规定？在日常生活中，还有哪些保险是强制保险？

2. 财产保险与人身保险

根据保险标的，可将保险分为财产保险和人身保险。财产保险是以财产及其有关利益为保险标的的保险，其标的一般是有形的、静态的财产，也包括运动中的财产（运输中的货物、行驶中的车辆等），以及无形的权利和责任。财产保险包括财产损失保险、责任保险、信用保险、保证保险等。人身保险是以人的寿命和身体为保险标的的保险，如人寿保险、健康保险、意外伤害保险等。

3. 原保险与再保险

根据承担责任的次序，可将保险分为原保险和再保险。原保险又称为第一次保险，是指保险人对被保险人承担直接责任的原始保险；再保险是指保险人将其承担的保险业务，以分保形式部分转移给其他保险人。再保险是保险公司避免危险过于集中、分散赔偿责任的有效手段。《保险法》第一百零五条规定：“保险公司应当按照国务院保险监督管理机构的规定办理再保险，并审慎选择再保险接受人。”

课堂讨论

保险公司进行再保险有何意义？

三、保险合同

保险从成立到理赔的过程，实际上就是投保人与保险人订立和履行保险合同的过程。保险合同是投保人与保险人约定保险权利、义务关系的协议。这种权利、义务关系是指依照保险合同，投保人向保险人支付保险费，保险人则在约定的保险事故发生或约定的保险事件出现或期限届满时，履行赔偿或给付保险金的义务。

1. 保险合同的当事人和关系人

保险合同的当事人是指订立保险合同并享有和承担保险合同所确定的权利、义务的人，包括投保人和保险人。保险合同的关系人是指在保险事故或保险合同约定的条件满足时，对保险人享有保险金给付请求权的人，包括被保险人和受益人。

（1）投保人和被保险人

投保人是指与保险人订立保险合同，并按照合同约定负有支付保险费义务的人。投保人既可以是自然人，也可以是法人，必须具有完全民事行为能力。

被保险人是指其财产或人身受保险合同保障，享有保险金请求权的人。被保险人可以是投保人，也可以是投保人以外的第三人。

人身保险的投保人在保险合同订立时，对被保险人应当具有保险利益。财产保险的被保险人在保险事故发生时，对保险标的应当具有保险利益。

补充阅读

保险利益是指投保人或被保险人对保险标的具有的法律上承认的利益。例如，甲买了一辆轿车，这辆轿车对他有保险利益，其正在居住的房子对他也有保险利益，他可以就自己的房子和轿车投保。

（2）保险人

保险人即承保人，是指与投保人订立保险合同，并按照合同约定承担赔偿或给付保险金责任的保险公司。

（3）受益人

受益人是指人身保险合同中由被保险人或投保人指定的享有保险金请求权的人。投保人、被保险人可以为受益人。财产保险合同中不存在受益人。

被保险人或投保人可以指定一人或数人为受益人。投保人指定受益人时须经被保险人同意。

2. 保险合同的条款

《保险法》规定，保险合同应当包括下列事项：①保险人名称和住所；②投保人、被保险人的姓名或者名称、住所，以及人身保险的受益人的姓名或者名称、住所；③保险标的；④保险责任和责任免除；⑤保险期间和保险责任开始时间；⑥保险金额；⑦保险费以及支付办法；⑧保险金赔偿或者给付办法；⑨违约责任和争议处理；⑩订立合同的年、月、日。此外，投保人和保险人还可以就与保险有关的其他事项作出约定。

补充阅读

保险标的是指作为保险对象的财产及其有关利益或人的寿命和身体。

保险金额是指保险人承担赔偿或给付保险金责任的最高限额。

3. 保险合同的订立与效力

保险合同的订立，要经过投保和承保两个阶段。投保人提出保险要求，经保险人同意承保，并就合同的条款达成协议，保险合同即成立。

课堂讨论

合同的订立要经过要约和承诺两个阶段，那么，在订立保险合同时哪一阶段属于要约？哪一阶段属于承诺？

保险合同可因法律规定或当事人约定的原因而发生全部无效或部分无效。引起保险合同无效的原因有两大类。一类是《民法典》规定的合同无效的原因，如合同内容违法、恶意串通等。另一类是《保险法》规定的原因，主要包括：①保险金额超过保险价值的，超过部分无效；②人身保险的投保人在保险合同订立时，对被保险人无保险利益，财产保险的被保险人在保险事故发生时，对保险标的无保险利益；③未经被保险人同意的以死亡为给付保险金条件的保险（法律另有规定的除外）；④保险人未对投保人作出说明的免责条款等。

4. 保险合同的履行

（1）投保人的义务

投保人有下列义务：①缴纳保险费，保险合同有的要求一次付清，有的允许分期支付；②发生保险事故时及时通知保险人；③维护保险标的的安全；④危险程度增加的通知义务；⑤采取必要措施防止或减少损失的义务。

补充阅读

《保险法》规定，投保人、被保险人未按照约定履行其对保险标的安全应尽的责任的，保险人有权要求增加保险费或解除合同。

《保险法》第五十二条规定："在合同有效期内，保险标的的危险程度显著增加的，被保险人应当按照合同约定及时通知保险人，保险人可以按照合同约定增加保险费或者解除合同。保险人解除合同的，应当将已收取的保险费，按照合同约定扣除自保险责任开始之日起至合同解除之日止应收的部分后，退还投保人。

被保险人未履行前款规定的通知义务的，因保险标的的危险程度显著增加而发生的保险事故，保险人不承担赔偿保险金的责任。"

（2）保险人的义务

保险人的主要义务有：①支付保险金；②对在办理业务过程中了解到的对方的情况有保密的义务。

第二节　旅游保险概述

一、旅游保险的概念与特点

1．旅游保险的概念

旅游保险是指旅游者或旅游企业向保险人支付保险费，保险人对在旅游活动中发生的保险事故所造成的经济损失进行补偿，或对被保险人在旅游活动中的人身伤亡或疾病等给予保险金的保险项目。旅游保险是保险业务中的一个组成部分，它与普通保险最大的不同是与旅游活动密切相关，是保险业在旅游业中的体现。

补充阅读

旅游保险并不是一个独立的险种，它是旅游活动中各种保险项目的总称。例如，旅行社责任保险、旅游人身伤害险、旅游意外保险、旅游救助保险等都是旅游保险的组成部分。

2．旅游保险的特点

旅游保险的特点包括以下几个方面。

1）强制保险和自愿保险相结合。旅游保险多数情况下属于自愿保险，保险公司和其他人不得强制旅游者或企业订立保险合同。但是，旅游保险中也存在强制保险，如旅行社从事旅游业务经营活动，必须投保旅行社责任保险。

2）有偿性。旅游者或旅游企业投保旅游保险，必须向保险人支付保险费，否则不能投保。

3）互助性。保险属于互助合作行为，通过多数人投保以补偿少数人的损失。旅游保险也是如此，少数人获得的保险赔付是以大量的旅游者或旅游企业缴纳的保险费为基础的。

4）短期性。旅游保险的保险期间一般是旅游活动的期间，因此，相对而言，旅游保险具有短期性特点。例如，游览中的保险只是从旅游者检票进入开始到游览完毕为止，时间很短。

二、旅游保险的分类

根据不同的标准，旅游保险可分为多种类型，具体如下。

1. 旅游人身保险和旅游财产保险

以保险对象为标准，旅游保险可分为旅游人身保险和旅游财产保险。以旅游者人身作为保险对象的保险称为旅游人身保险；以旅游者携带的财产为保险对象的保险称为旅游财产保险。

2. 强制保险和自愿保险

强制保险和自愿保险是以旅游保险成立的方式为标准来划分的。凡是国家强制规定予以保险的为强制保险，它对投保人、保险人均具有强制性；旅游当事人出于自己的意愿订立的保险为自愿保险。

3. 旅游意外事故保险和旅游责任保险

旅游意外事故保险和旅游责任保险是以保险责任为标准来划分的。保险人承担自然灾害和意外事故带来损害的保险为旅游意外事故保险；保险人承担旅游服务部门服务责任的保险为旅游责任保险。

此外，根据旅游者在旅游中的活动项目和范围，可将旅游保险分为游览观光旅游保险、旅客铁路旅行保险、旅客航空旅行保险等。

三、旅游保险合同

1. 旅游保险合同的概念

旅游保险合同是在旅游保险中投保人与保险人约定保险权利与义务关系的协议。它与其他保险合同不同的地方主要体现在：①合同约定的赔偿范围发生在旅游期间；②合同中必有一方当事人是旅游者或旅游企业；③保险标的往往具有综合性，如旅游意外保险合同中保险标的既包括旅游者财产，又包括旅游者人身。

2. 旅游保险合同的形式

旅游保险合同一般要求是书面合同。在实践中，该类合同主要以 3 种形式出现：①由双方当事人共同签署的合同；②由投保人提交投保申请书，由保险公司签发保险单；③运输部门出售的客票有的也是一种保险合同形式，有的旅游点出售的门票也兼作旅游保险凭证。

3. 旅游保险合同的变更和终止

旅游保险合同的变更，无论是主体变更（变更保险人、被保险人、受益人）还是内容变更，都应经双方协商同意。但也有例外情况，如被保险人是不记名的可随意变更的。

思　考

生活中哪些旅游保险合同的被保险人是可随意变更的？

提示：某些旅游点出售的门票含有保险，如果门票是不记名的，当某人转让门票时，被保险人就改变了；同理，如果车票中含有保险，且车票是不记名的，转让车票时，同样改变了被保险人。

旅游保险合同的终止与一般合同的终止基本相同。不同之处在于：①旅游保险合同可因被保险人放弃旅游而终止；②被保险人的退票行为也可能导致旅游保险合同终止。

4. 旅游保险事故

旅游保险事故是指在旅游过程中发生的，在旅游保险合同约定的保险责任范围内的事故。构成旅游保险事故必须具备 3 个基本条件：①发生在旅游过程中；②已造成旅游者人身伤亡或财产损失且达到一定程度；③能引起保险人的赔偿责任。

旅游保险事故主要分成自然事故和意外事故两大类。自然事故如地震、海啸、火山爆发、暴风雨等，人力不能避免也无法控制。意外事故如交通事故、坠落事故、溺水事故等。一般情况下，下列 3 种事故不属于意外事故，保险公司不负赔偿责任：①旅游者故意造成的事故，如自杀、酗酒、跳车、斗殴和犯罪行为等；②旅游者的生理现象引起的事故，如疾病、分娩、晕车等；③其他原因引起的事故，如药物中毒、麻醉、战争或其他军事行动引起的事故。

5. 索赔与理赔

索赔是指投保人或被保险人在保险标的因保险事故而遭受损失后，依保险合同有关条款的规定，请求保险人给予经济补偿或给付保险金的行为。理赔是指保险人应索赔人的请求，根据保险合同的规定审核保险责任并处理保险赔偿的行为。

索赔与理赔并不是每一个旅游保险的必经阶段。只有在满足下列条件时才可能出现索赔与理赔问题：①旅游保险合同已合法成立；②被保险人在旅游过程中发生了旅游保险事故；③有符合条件的索赔人（可以是投保人，也可以是受益人或被保险人的法定继承人）；④索赔申请在有效期限内提出。

保险人应在与被保险人或受益人达成有关赔偿或给付保险金额的协议后，及时履行赔偿或给付保险金义务。当赔偿或给付数额迟迟不能确定时，保险人应根据已有证明和资料可以确定的最低数额先予支付，再支付相应的差额。

补充阅读

与旅游业的快速发展相比，我国旅游保险的发展还存在一些问题，主要表现为：①旅游者和旅游经营者的风险意识普遍不足，旅游保险投保率不高；②旅游保险机制不健全，市场竞争不规范；③旅游保险产品不丰富，服务水平有待提高等。

为扭转这一状况，2006 年 6 月 18 日，中国保险监督管理委员会和国家旅游局共同下发《关于进一步做好旅游保险工作的意见》。该意见第四部分涉及完善旅游保险产品体系，主要内容如下。

1）着力完善旅行社责任保险。要通过试点，重点研究解决旅行社责任保险在责任范围、赔偿限额、纠纷调解、救援服务、理赔程序和无过错责任等方面的实际需要，逐步建立科学合理的旅行社责任划分办法，切实增强责任险转嫁风险的能力。要努力建立与旅行社管理风险相匹配的保险费率体系，促进旅行社提高风险管理水平，有效化解旅行社经营风险。

2）改进旅游意外伤害保险。要针对旅游者的实际需求，改进旅游意外保险产品，提高产品品质。要积极拓宽旅游意外伤害保险的销售渠道，允许和鼓励旅行社在征得旅游者同意的前提下，通过合法手续为旅游者办理人身意外伤害险。

3）大力发展新兴旅游保险和特种旅游保险。及时跟踪旅游市场发展的新动向，对自驾车、自由行、自助游等新兴旅游业态，要在其开发推广过程中，加强旅游与保险的合作，提前做好新兴旅游市场的风险管控工作。要深入研究老年旅游、滑雪、探险、漂流等特种旅游类型的风险特点，积极开发相关的特种保险产品，为旅游业提供全面的风险保障。

4）积极推进旅游各环节保险。要依托各级政府和各行业主管部门，督促宾馆、餐馆、景点、车船、索道和游乐场所等旅游经营主体投保相关责任险，建立系统化的旅游保险链，分担旅游各环节中的风险；保险公司要有针对性地开发系列化的责任保险产品，供各旅游经营主体选择投保；旅行社要将是否投保责任险作为采购服务项目的条件之一。

第三节　旅行社责任保险

一、旅行社责任保险的概念

根据《旅行社责任保险管理办法》第二条的规定，旅行社责任保险是指以旅行社因其组织的旅游活动对旅游者和受其委派并为旅游者提供服务的导游或者领队人员依法应当承担的赔偿责任为保险标的的保险。

旅行社责任保险是现阶段我国旅游保险中的一个主要险种，对维护旅游者和旅行社的合法权益具有重要作用。

二、旅行社责任保险的特征

1. 旅行社责任保险属于强制保险

《旅行社责任保险管理办法》第二条规定，在中华人民共和国境内依法设立的旅行社，应当依照《旅行社条例》和本办法的规定，投保旅行社责任保险。《旅行社条例》第三十八条规定，旅行社应当投保旅行社责任险。也就是说，旅行社责任保险是旅行社必须投保的，没有商量的余地。

2. 旅行社责任保险的投保人和被保险人都是旅行社

旅行社责任保险的设立目的是降低旅行社的经营风险，更好地保障旅游者的合法权益。因此，旅行社责任保险的投保人是旅行社，被保险人也是旅行社。旅行社投保旅行社责任保险，可以依法自主投保，也可以由组织统一投保。保险合同成立后，旅行社应按照约定交付保险费，保险公司也应当及时向旅行社签发保险单或其他保险凭证。

3. 旅行社责任保险的保障范围是旅行社应当承担的责任

在旅行社责任保险当中，保险公司只对旅行社在从事旅游业务经营活动中应由旅行社承担的责任负责。保险公司不是对所有的旅行社应承担的责任负责，而是只对保险合同中约定的赔付范围内的责任负责。

三、旅行社责任保险合同

旅行社投保旅行社责任保险，应当与保险公司依法订立书面旅行社责任保险合同。在订立保险合同时，旅行社与保险公司双方应当依照《保险法》的有关规定履行告知和说明义务。

1. 保险责任范围

旅行社责任保险的保险责任包括两个部分：一是旅行社在组织旅游活动中依法对旅

游者的人身伤亡、财产损失承担的赔偿责任；二是依法对受旅行社委派并为旅游者提供服务的导游或领队人员的人身伤亡承担的赔偿责任。具体包括下列情形。

1）因旅行社疏忽或过失应当承担赔偿责任的。

2）因发生意外事故旅行社应当承担赔偿责任的。

3）国家旅游局会同中国保监会规定的其他情形。

2. 保险期限

旅行社责任保险的保险期间为 1 年，即旅行社投保旅行社责任保险后，在 1 年的保险期限内，如果发生投保范围内的赔偿责任，保险公司就应赔偿。旅行社应当在保险合同期满前及时续保。

3. 保险金额

保险金额简称保额，是保险人承担赔偿或给付保险金责任的最高限额。旅行社责任保险的保险金额可以根据旅行社业务经营范围、经营规模、风险管控能力、当地经济社会发展水平和旅行社自身需要，由旅行社与保险公司协商确定，但每人人身伤亡责任限额不得低于 20 万元人民币。旅行社应赔偿的金额超过这一限额的，超过部分由旅行社自行承担。

4. 保险费

旅行社责任保险的保险费由旅行社承担，其费率应当遵循市场化原则，并与旅行社经营风险相匹配。

5. 保险合同的变更和解除

保险合同成立后，除符合《保险法》规定的情形外，保险公司不得解除保险合同。旅行社要解除保险合同的，应当同时订立新的保险合同，并书面通知所在地县级以上旅游行政管理部门，但因旅行社业务经营许可证被依法吊销或注销而解除合同的除外。保险合同解除后，保险公司应当收回保险单，并书面通知旅行社所在地县级以上旅游行政管理部门。

旅行社的名称、法定代表人或业务经营范围等重要事项变更时，应当及时通知保险公司，必要时应当依法办理保险合同变更手续。

四、旅行社责任保险的赔偿

1. 旅行社的索赔

保险事故发生后，旅行社应当向保险公司提供其所能提供的与确认保险事故的性质、原因、损失程度等有关的证明和资料，要求保险公司赔偿保险金。保险公司按照保险合同的约定，认为有关的证明和资料不完整的，应当及时一次性通知旅行社补充提供。

2. 保险公司核定

保险公司收到赔偿保险金的请求和相关证明、资料后，应当及时作出核定。情形复杂的，应当在 30 日内作出核定，但合同另有约定的除外。保险公司应当将核定结果通知旅行社，以及受害的旅游者、导游、领队人员。

3. 保险公司赔偿

对属于保险责任的，保险公司在与旅行社达成赔偿保险金的协议后的 10 日内，履行赔偿保险金义务。

旅行社对旅游者、导游或领队人员应负的赔偿责任确定的，根据旅行社的请求，保险公司应当直接向受害的旅游者、导游或领队人员赔偿保险金。旅行社怠于请求的，受害的旅游者、导游或者领队人员有权就其应获赔偿部分直接向保险公司请求赔偿保险金。

因抢救受伤人员需要保险公司先行赔偿保险金用于支付抢救费用的，保险公司在接到旅行社或者受害的旅游者、导游、领队人员通知后，经核对属于保险责任的，可以在责任限额内先向医疗机构支付必要的费用。

4. 保险公司的代位求偿权利

保险事故是由第三者损害而造成的，保险公司自直接赔偿保险金或者先行支付抢救费用之日起，在赔偿、支付金额范围内，可代位行使对第三者请求赔偿的权利。旅行社以及受害的旅游者、导游或者领队人员有义务向保险公司提供必要的文件和所知道的有关情况。

小 结

本章主要介绍了旅游保险法规的一些内容，包括保险的概念与分类、保险合同、旅游保险的概念与特点、旅游保险的分类、旅游保险合同、旅行社责任保险的概念与特征、旅行社责任保险合同、旅行社责任保险的赔偿等。

重点概念

保险　强制保险　保险合同　投保人　保险人　受益人　旅游保险
旅游保险事故　旅行社责任保险　保险金额

练　习　题

一、选择题（有一个或多个正确答案）

1．在保险合同中，（　　）可以成为受益人。

A．投保人　B．保险人　C．第三人　D．被保险人

2．（　　）是保险合同必备的条款。

A．保险标的　B．保险金额　C．保险期间　D．投保人简历

3．旅行社责任保险的被保险人是（　　）。

A．旅游者　B．保险公司　C．旅行社　D．旅行社员工

4．旅行社责任保险的保险期限为（　　）。

A．整个旅游期间　B．1 年　C．2 年　D．5 年

二、是非题

1．旅行社责任保险中，每人人身伤亡的责任限额不得低于 20 万元人民币。（　　）

2．旅行社责任保险是指以旅行社因其组织的旅游活动对旅游者依法应当承担的赔偿责任为保险标的的保险。（　　）

三、简答题

1．保险的基本构成要件是什么？

2．保险可分为哪些类型？

3．旅游保险有哪些特点？

4．旅游保险的索赔应满足哪些条件？

5．旅行社责任保险有哪些特征？

6．旅行社责任保险的保险责任范围是什么？

四、案例分析题

某旅行社在保险公司办理了为期 1 年的旅行社责任保险。在推出旅游产品时，该旅行社将保险费支出列入产品价格，但在产品促销时，又主动为旅游者打折，实际上扣除了列出的保险费，并美其名曰：为旅游者着想，赠送保险。当一名旅游者询问，既然旅行社购买了保险，旅游者本人还需不需要购买保险时，旅行社工作人员明白地告诉他“不需要”。

请问：该旅行社的做法存在哪些错误？

第十三章　旅游纠纷解决法规

学习重点

- 旅游纠纷调解的优点和原则
- 旅游纠纷仲裁的特点和法律效力
- 旅游纠纷诉讼的特征和程序
- 旅游投诉的特征和管辖

在旅游活动中难免会发生纠纷，寻求有效的解决旅游纠纷的方式和途径，对维护旅游者和旅游经营者的合法权益、促进旅游业的健康发展有重要的意义。

第一节　旅游纠纷概述

一、旅游纠纷的概念

旅游纠纷是指旅游者与旅游经营者、旅游辅助服务者之间因旅游发生的合同纠纷或侵权纠纷。其中，旅游经营者是指以自己的名义经营旅游业务，向公众提供旅游服务的人；旅游辅助服务者是指与旅游经营者存在合同关系，协助旅游经营者履行旅游合同义务，实际提供交通、游览、住宿、餐饮、娱乐等旅游服务的人。

二、旅游纠纷的类型

旅游纠纷复杂多样，我们可从以下几个方面对其进行分类。

1）按纠纷的争议内容来划分，旅游纠纷可分为导游业务纠纷、旅游交通纠纷、旅游住宿纠纷、旅游饮食纠纷、旅游购物纠纷、游览观光纠纷等。

2）按旅行社的业务经营范围来划分，旅游纠纷可分为入境旅游纠纷、国内旅游纠纷和出境旅游纠纷。

3）按旅游法规的调整对象来划分，旅游纠纷可分为旅游游览行为纠纷、旅游经营行为纠纷和旅游管理行为纠纷。

4）按是否存在合同来划分，旅游纠纷可分为旅游合同纠纷和非旅游合同纠纷。

三、解决旅游纠纷的方式

目前，解决旅游纠纷的方式主要有协商、调解、投诉、仲裁和诉讼。这 5 种方式各有特点，旅游者可根据实际情况选择最合适的方式。旅游者在选择时既要考虑纠纷的切实解决需要，又要考虑解决纠纷的成本。毫无疑问，在这 5 种方式中，协商是最简便、成本最低的方式，多数旅游纠纷其实是在双方协商中缓解或解决的。

四、解决旅游纠纷的法律适用

解决旅游纠纷可能涉及的法律、法规很多，如《民法典》、《中华人民共和国民事诉讼法》(1991 年 4 月 9 日通过，2021 年 12 月 24 日第四次修正，以下简称《民事诉讼法》)、《中华人民共和国仲裁法》(1994 年 8 月 31 日通过，2017 年 9 月 1 日第二次修正，以下简称《仲裁法》)、《消费者权益保护法》、《旅行社条例》、《导游人员管理条例》、《旅游投诉处理办法》(国家旅游局 2010 年 1 月 4 日通过，2010 年 5 月 5 日公布，自 2010 年 7 月 1 日起施行)、《最高人民法院关于审理旅游纠纷案件适用法律若干问题的规定》(2010 年 9 月 13 日通过，自 2010 年 11 月 1 日起施行，2020 年 12 月 23 日修正）等。本章选取其中与解决旅游纠纷有密切联系的部分加以介绍。

第二节 旅游纠纷的调解与仲裁

一、旅游纠纷的调解

1. 旅游纠纷调解的概念

旅游纠纷调解是指旅游纠纷当事人在第三方主持和协调下，就旅游纠纷进行协商，从而解决旅游纠纷所进行的活动。调解的主持者可以是人民调解委员会、消费者协会、仲裁机构，可以是行政机关，也可以是双方当事人所信赖的公民个人。

调解与协商有许多共同点，如都是在自愿基础上进行的，都需要双方当事人达成协议。调解是在第三方主持下进行的，而协商无须第三方介入，这是调解与协商最大的不同点。

2. 旅游纠纷调解的优点

以调解方式解决旅游纠纷有以下优点。

1）程序灵活简单，能提高纠纷解决的效率。

2）成本低廉，可最大限度地避免损失。

3）有利于当事人权利、义务的实现。因为调解的结果是基于当事人的意愿作出的，因而更易于被双方接受，在履行调解协议时相对而言也较为顺利。

4）有利于促进双方当事人的团结。调解是在双方信任的第三方主持下进行的，气氛较为宽松，双方可以在较为友好的氛围中达成互谅、互让的协议，这有利于当事人的团结。

3. 旅游纠纷调解的原则

以调解方式解决旅游纠纷应遵循下列原则。

1）当事人自愿原则。包括两层含义：一是在程序上是否以调解方式解决旅游纠纷应尊重当事人的意愿；二是在实体上是否达成调解协议、是否同意调解协议的内容，也应尊重当事人的意愿。

2）合法原则。包括两层含义：一是程序上要合法，不应强迫或变相强迫当事人进行调解，调解不成，不应久拖不决，而应谋求别的解决纠纷的途径；二是实体上要合法，调解的结果不能违反国家法律、行政法规的强制性规定，也不能损害国家利益、社会公共利益和第三方的利益。

3）查明事实、分清是非原则。调解不是无原则地调和，而是在事实清楚、责任明确的前提下，引导双方各自作出适当让步来谋求纠纷的解决，不能片面地维护某一方的利益。

4. 旅游纠纷调解的方式

根据旅游纠纷调解主持人的身份，旅游纠纷调解可分为民间调解、仲裁调解和法院调解 3 种。

（1）民间调解

民间调解是指由当事人双方临时选任的不具备专门调解职能的单位或个人进行的调解。

（2）仲裁调解

仲裁调解是指在仲裁庭主持下进行的调解。《仲裁法》规定，仲裁庭在作出裁决前，可以先行调解。当事人自愿调解的，仲裁庭应当调解。调解不成的，应当及时作出裁决。

（3）法院调解

法院调解又称诉讼中调解，是指在民事诉讼中双方当事人在法院审判人员的主持和协调下进行的调解。法院调解在诉讼的各阶段、各审级中均可进行。调解可由当事人提出申请，也可由法院依职权主动提出建议，在征得当事人同意后开始调解。调解未达成协议或当事人一方拒绝签收调解书的，调解书不发生法律效力，人民法院应当及时判决。

5. 旅游纠纷调解的效力

经调解达成的调解协议是当事人意思表示一致的结果，它与一般的协议一样，当事人应当履行。当事人反悔的，可以向法院起诉，法院应按照有关规定认定调解协议的性质和效力。凡调解协议的内容是双方当事人自愿达成的，不违反国家法律、行政法规的强制性规定，不损害国家、集体、第三人及社会公共利益，不具有无效、可撤销或变更法定事由的，应当确认调解协议的法律效力。

但是，如果调解是在诉讼当中在法院审判人员主持下进行的，当事人签收的调解书与生效判决就具有同等的法律效力，当事人不得以同一事实和理由再行起诉，对调解书也不得上诉。如果调解是在仲裁庭主持下进行的，仲裁调解书与裁决书就具有同等的法律效力。当事人应当履行调解书规定的义务，一方当事人不履行的，另一方当事人可以向人民法院申请执行。

二、旅游纠纷的仲裁

1. 旅游纠纷仲裁的概念

旅游纠纷仲裁是指旅游纠纷当事人在自愿的基础上达成协议，将纠纷提交选定的仲裁委员会，由仲裁委员会作出对纠纷双方都有约束力的裁决的一种解决纠纷的制度或方式。不是一切纠纷都可提交仲裁。《仲裁法》规定，平等主体的公民、法人和其他组织之间发生的合同纠纷和其他财产权益纠纷，可以仲裁。下列纠纷不能仲裁：①婚姻、收养、监护、扶养、继承纠纷；②依法应当由行政机关处理的行政争议。由此可见，绝大多数旅游纠纷可提交仲裁。

2. 旅游纠纷仲裁的特点

作为一种民间性的裁判制度，仲裁是一种替代诉讼的重要的解决纠纷的方式。旅游纠纷仲裁与其他旅游纠纷解决方式相比，主要有以下特点。

1）自愿性。仲裁以当事人的自愿为前提，即一项纠纷是否提交仲裁，交予谁仲裁，仲裁庭如何组成，由谁组成，仲裁的审理方式、开庭形式等都是在当事人自愿的基础上由双方协商确定的。

2）专业性。旅游纠纷往往涉及法律、经济及旅游专业知识，而仲裁委员会一般都备有分专业的、由专家组成的仲裁员名册供当事人选择，能充分满足旅游仲裁的专业性需求。

3）灵活性。仲裁中的诸多具体程序可由当事人选择，因此，仲裁程序更加灵活，更具弹性。

4）保密性。仲裁以不公开进行为原则，有关的仲裁法律和仲裁规则也同时规定了仲裁员的保密义务，可以满足希望保密的当事人的要求。

5）快捷性。仲裁实行一裁终局制，裁决一经作出即发生法律效力。仲裁庭仲裁纠纷时，其中一部分事实已经清楚，可以就该部分先行裁决，这样可使旅游纠纷能迅速得到解决。

3. 旅游仲裁协议

当事人采用仲裁方式解决纠纷，应当在双方自愿前提下，达成仲裁协议。没有仲裁协议，一方申请仲裁的，仲裁委员会将不予受理。

旅游仲裁协议必须以书面形式订立，有 3 种主要表现形式：①仲裁条款，指当事人在签合同时就订立的将可能的纠纷提交仲裁的条款；②仲裁协议书，指当事人在纠纷发生前或发生后订立的，同意将纠纷提交仲裁的一种独立的协议；③其他书面文件表现的仲裁协议，当事人之间往来的信函、电报、传真、电子邮件等材料包含了同意将纠纷提交仲裁的内容，也可构成仲裁协议。

4. 旅游仲裁的法律效力

旅游仲裁裁决书自作出之日起发生法律效力，当事人应当履行裁决。一方当事人不履行的，另一方当事人可以向人民法院申请执行。如果仲裁裁决不存在可撤销的事由，受申请的人民法院应当执行。

第三节　旅游纠纷的诉讼

在解决旅游纠纷的各种方式中，诉讼方式是程序最复杂的一种。虽然它不是纠纷解决的必经方式，但在其他方式都无效而又必须解决纠纷的情况下，诉讼就是不得不采用的最终方式。当事人也可不经其他方式而直接采取诉讼方式解决旅游纠纷。

一、旅游纠纷诉讼的概念

旅游纠纷诉讼是指法院在当事人和其他诉讼参与人的参加下，以审理、判决、执行等方式解决旅游纠纷的活动及由这些活动产生的各种诉讼关系的总和。

二、旅游纠纷诉讼的特征

我国并没有专门的规范旅游纠纷诉讼的法律，由于旅游纠纷属于民事纠纷，所以，旅游纠纷诉讼可参照《民事诉讼法》的相关规定。同样，旅游纠纷诉讼的特征也可参照民事诉讼的特征。与调解、仲裁等解决民事纠纷的方式相比，民事诉讼有以下 3 个突出特征。

1. 公权性

民事诉讼是以司法途径解决平等主体之间纠纷的方式，法院代表国家行使审判权来解决民事争议，因此，民事诉讼具有公权性特点。

2. 强制性

调解、仲裁均建立在当事人自愿的基础上，只要一方不愿意，调解、仲裁就将无从进行。在民事诉讼中，原告起诉符合《民事诉讼法》规定的条件，无论被告是否愿意，诉讼都将发生。法院的裁判有直接的强制执行力，当事人若不履行生效裁判确定的义务，法院可依法强制执行。

3. 程序性

民事诉讼有严格的程序，无论是法院、当事人，还是其他诉讼参与人，都应按照《民事诉讼法》设定的程序实施诉讼行为。调解和仲裁在程序方面较为灵活。

三、旅游纠纷诉讼的管辖

管辖是指各级法院之间和同级法院之间受理第一审案件的分工和权限。我国的法院有4级，分别是基层人民法院、中级人民法院、高级人民法院和最高人民法院。对于一项纠纷，当事人该向哪一个法院起诉，哪一个法院有权受理，是首先要解决的。《民事诉讼法》对案件的管辖有许多具体规定，就旅游纠纷诉讼而言，主要有以下几点。

1）每一级法院都可受理第一审旅游纠纷案件。一般的旅游纠纷案件由基层人民法院管辖，性质重大、案情复杂、影响范围大、涉及金额大的旅游纠纷案件由级别较高的法院管辖。

2）旅游纠纷诉讼的管辖法院一般实行“原告就被告”的原则，即以被告所在地确定管辖的法院。被告是公民，被告所在地即为被告住所地（户籍所在地），被告住所地与经常居住地（公民离开住所连续居住满1年的地方）不一致的，被告所在地为被告经常居住地。被告是法人或其他组织，被告所在地为法人或其他组织的主要办事机构所在地或主要营业地，没有办事机构的，被告所在地为其注册地。

3）特殊的旅游纠纷案件管辖：①因旅游合同纠纷提起的诉讼，由被告住所地或者合同履行地人民法院管辖；②因铁路、公路、水上、航空运输和联合运输合同纠纷提起的旅游诉讼，由运输始发地、目的地或者被告住所地人民法院管辖；③因侵权行为提起的旅游纠纷诉讼，由侵权行为地或者被告住所地人民法院管辖；④因铁路、公路、水上和航空事故请求损害赔偿提起的旅游诉讼，由事故发生地或者车辆、船舶最先到达地、航空器最先降落地或者被告住所地人民法院管辖。

4）两个以上人民法院都有管辖权的旅游纠纷诉讼，原告可以向其中一个人民法院起诉；原告向两个以上有管辖权的人民法院起诉的，由最先立案的人民法院管辖。

四、旅游纠纷诉讼的证据

证据是能够证明案件真实情况的各种事实，也是人民法院认定有争议的案件事实的根据。当事人的要求能否得到满足关键在于证据。旅游纠纷诉讼的证据主要有书证、物证、视听资料、证人证言、当事人的陈述、电子数据、鉴定意见、勘验笔录8种。

上述证据当中，凡是直接来源于案件事实，未经复制、转述的证据都是原始证据，如目睹纠纷过程的证人证言、物证的原物、合同书的原件、勘验笔录等；凡是间接来源于案件事实，经过复制、转述的证据都是传来证据，如物证的复制品、文件的影印件、非亲自感受案件事实的证人所作的证言等。一般来说，原始证据比传来证据可靠；同是传来证据，距原始证据越近的越可靠。

五、旅游纠纷诉讼的程序

1. 起诉

起诉必须符合下列条件：①原告是与本案有直接利害关系的公民、法人和其他组织；②有明确的被告；③有具体的诉讼请求和事实、理由；④属于人民法院受案范围和受诉人民法院管辖。

起诉以书面起诉为原则，口头起诉为例外。起诉状应当记明下列事项：①原告的姓名、性别、年龄、民族、职业、工作单位、住所、联系方式，法人或者其他组织的名称、住所和法定代表人或者主要负责人的姓名、职务、联系方式；②被告的姓名、性别、工作单位、住所等信息，法人或者其他组织的名称、住所等信息；③诉讼请求和所根据的事实与理由；④证据和证据来源，证人姓名和住所。

2. 人民法院对起诉的审查与受理

人民法院收到起诉状或口头起诉，经审查认为符合起诉条件的，应当在 7 日内立案，并通知当事人；认为不符合起诉条件的，应当在 7 日内作出裁定书，不予受理；原告对裁定不服的，可以提起上诉。

3. 开庭审理

开庭审理按下列程序进行。

1）开庭前的准备工作。人民法院审理民事案件，应当在开庭 3 日前通知当事人和其他诉讼参与人。公开审理的，应当公告当事人姓名、案由和开庭的时间、地点。

2）法庭调查。法庭调查的任务是审查核实各种诉讼证据。

3）法庭辩论。作为定案的所有证据，都必须经过法庭的辩论和质证。

4）评议和宣判。法院对公开审理或不公开审理的案件，一律公开宣告判决。判决书应当写明：案由、诉讼请求、争议的事实和理由；判决认定的事实和理由、适用的法律和理由；判决结果和诉讼费用的负担；上诉期间和上诉的法院。

4. 二审程序

我国实行两审终审制，当事人不服一审法院作出的裁判，可以向上一级法院提起上诉，经上一级法院审理并作出裁判后，诉讼便告终结。对旅游纠纷案件来说，当事人不服地方人民法院第一审判决的，有权在判决书送达之日起 15 日内向上一级人民法院提起上诉，二审法院的判决为终审判决。如果双方当事人在 15 日内均未上诉，判决就将发生法律效力，因此，二审程序不是必经程序。

5. 审判监督程序

审判监督程序即再审程序，是纠正生效裁判错误的法定程序，因此也不是必经程序。

人民法院随时可提起再审程序，当事人申请再审，应当在判决、裁定发生法律效力后6个月内提出。

6. 旅游纠纷诉讼的审理期限

审理期限是指某一案件从人民法院立案受理到作出裁判的法定期间。人民法院审理旅游纠纷案件，应当在立案之日起6个月内审结。有特殊情况需要延长的，由本院院长批准，可以延长6个月；还需要延长的，报请上级人民法院批准。人民法院审理对判决的上诉案件，应当在第二审立案之日起3个月内审结。有特殊情况需要延长的，由本院院长批准。

第四节　旅 游 投 诉

旅游投诉是解决旅游纠纷的方式之一。旅游投诉是投诉的一种，是具有旅游特色的解决旅游纠纷的方式。

为了维护旅游者和旅游经营者的合法权益，依法公正处理旅游投诉，国家旅游局依据我国有关法律、法规，结合我国旅游业的实际情况，于2010年5月5日公布了《旅游投诉处理办法》，自2010年7月1日起施行。

一、旅游投诉的概念与特征

旅游投诉是指旅游者认为旅游经营者损害其合法权益，请求旅游行政管理部门、旅游质量监督管理机构或者旅游执法机构（以下统称“旅游投诉处理机构”），对双方发生的民事争议进行处理的行为。

旅游投诉有下列特征。

1）投诉所涉及的是旅游纠纷。

2）投诉人是旅游者。

3）被投诉人是旅游经营者。

4）旅游投诉处理机构是旅游行政管理部门、旅游质量监督管理机构或旅游执法机构。

二、旅游投诉的管辖

1. 旅游投诉管辖的概念

旅游投诉管辖是指各级旅游投诉处理机构之间和同级旅游投诉处理机构之间受理旅游投诉案件的分工和权限。

2. 明确旅游投诉管辖权的意义

明确旅游投诉的管辖权有着重要的意义。

1）明确各旅游投诉处理机构的责任，防止因管辖不明而互相推诿或争夺管辖权的情况发生，有利于旅游投诉处理机构迅速、及时地发现并制裁违法行为。

2）有利于投诉人找准投诉机关，进行及时有效的投诉。

3）有利于合理配置各旅游投诉处理机构的资源，充分发挥各旅游投诉处理机构的作用。

3. 旅游投诉的管辖

（1）一般管辖

在一般情况下，旅游投诉由旅游合同签订地或被投诉人所在地县级以上地方旅游投诉处理机构管辖。

（2）特殊管辖

1）需要立即制止、纠正被投诉人的损害行为的，应当由损害行为发生地旅游投诉处理机构管辖。

2）上级旅游投诉处理机构有权处理下级旅游投诉处理机构管辖的投诉案件。

3）当发生管辖争议时，旅游投诉处理机构可以协商确定管辖，或者报请共同的上级旅游投诉处理机构指定管辖。

三、旅游投诉的受理

1. 旅游投诉应符合的条件

不是任何旅游投诉都能被受理，根据《旅游投诉处理办法》的规定，旅游投诉处理机构受理的旅游投诉应当符合下列条件。

1）投诉人与投诉事项有直接利害关系。

2）有明确的被投诉人，具体的投诉请求、事实和理由。

3）属于《旅游投诉处理办法》中所列的旅游投诉范围。

2. 旅游投诉的范围

投诉人可以就下列事项向旅游投诉处理机构投诉。

1）认为旅游经营者违反合同约定的。

2）因旅游经营者的责任致使投诉人人身、财产受到损害的。

3）因不可抗力、意外事故致使旅游合同不能履行或不能完全履行，投诉人与被投诉人发生争议的。

4）其他损害旅游者合法权益的。

属于下列情形的旅游投诉，旅游投诉处理机构将不予受理。

1）人民法院、仲裁机构、其他行政管理部门或者社会调解机构已经受理或处理的。

2）旅游投诉处理机构已经作出处理，且没有新情况、新理由的。

3）不属于旅游投诉处理机构职责范围或者管辖范围的。

4）超过旅游合同结束之日 90 天的。

5）不符合《旅游投诉处理办法》规定的旅游投诉条件的。

3. 旅游投诉的受理程序

（1）投诉者提出投诉请求

旅游者向旅游投诉处理机构请求保护合法权益的投诉时效为 90 天，从旅游合同履行完毕之后开始计算。也就是说，投诉者提出旅游投诉请求应在旅游结束后 90 天内提出，超过 90 天的，旅游投诉处理机构将不予受理。

旅游投诉以书面投诉为原则，以口头投诉为例外。旅游投诉可以是单人进行的投诉，也可以是多人进行的共同投诉；可以由旅游者本人进行投诉，也可以委托代理人进行投诉。

1）书面投诉。投诉者提出旅游投诉请求时，一般应向旅游投诉处理机构递交书面投诉书（投诉信）。投诉书一式两份，应载明下列事项：①投诉人的姓名、性别、国籍、通迅地址、邮政编码、联系电话及投诉日期；②被投诉人的名称、所在地；③投诉的要求、理由及相关的事实根据。

2）口头投诉。投诉事项比较简单的，投诉人可以口头投诉，由旅游投诉处理机构进行记录或登记，并告知被投诉人；对于不符合受理条件的投诉，旅游投诉处理机构可以口头告知投诉人不予受理及其理由，并进行记录或登记。

3）委托代理投诉。投诉人委托代理人进行投诉的，应当向旅游投诉处理机构提交授权委托书，并载明委托权限。

4）共同投诉。共同投诉是指投诉人 4 人以上，以同一事由投诉同一被投诉人的旅游投诉。对于共同投诉，投诉人可以推选 1～3 名代表进行投诉。代表人参加旅游投诉处理机构处理投诉过程的行为，对全体投诉人发生效力，但代表人变更、放弃投诉请求或者进行和解，应当经全体投诉人同意。

（2）审查

旅游投诉处理机构接到投诉，应当在 5 个工作日内作出以下处理。

1）予以受理。投诉符合《旅游投诉处理办法》的，旅游投诉处理机构应予以受理。

2）不予受理。投诉不符合《旅游投诉处理办法》的，旅游投诉处理机构应当向投诉人送达《旅游投诉不予受理通知书》，告知不予受理的理由。

3）转移受理。旅游投诉处理机构对旅游者的投诉无管辖权的，应当以《旅游投诉转办通知书》或者《旅游投诉转办函》，将投诉材料转交有管辖权的旅游投诉处理机构或者其他有关行政管理部门，并书面告知投诉人。

四、旅游投诉的处理

旅游投诉处理机构在受理旅游者投诉后，应当在查明事实的基础上，依法对投诉进行处理。旅游投诉处理程序包括以下几个方面。

1. 立案

旅游投诉处理机构处理旅游投诉，应当立案办理，填写《旅游投诉立案表》，并附有关投诉材料。对于事实清楚、应当即时制止或纠正被投诉人损害行为的，可以不填写《旅游投诉立案表》。

2. 通知被投诉人作出答复

旅游投诉处理机构应在受理投诉之日起 5 个工作日内，将《旅游投诉受理通知书》和投诉书副本送达被投诉人，要求被投诉人在规定的期限内答复。对于事实清楚、应当即时制止或纠正被投诉人损害行为的，可以不向被投诉人送达《旅游投诉受理通知书》，但应当对处理情况进行记录存档。

3. 被投诉人书面答复

被投诉人应当在接到通知之日起 10 日内作出书面答复，提出答辩的事实、理由和证据。

4. 审查和取证

旅游投诉处理机构应当对双方当事人提出的事实、理由及证据进行审查。旅游投诉处理机构认为有必要收集新的证据，可以根据有关法律、法规的规定，自行收集或者召集有关当事人进行调查。旅游投诉处理机构需要委托其他旅游投诉处理机构协助调查、取证的，应当出具《旅游投诉调查取证委托书》，受委托的旅游投诉处理机构应当予以协助。

对专门性事项需要鉴定或检测的，可以由当事人双方约定的鉴定或检测部门鉴定。没有约定的，当事人一方可以自行向法定鉴定或检测机构申请鉴定或检测。鉴定、检测费用按双方约定承担。没有约定的，由鉴定、检测申请方先行承担；达成调解协议后，按调解协议承担。鉴定、检测的时间不计入投诉处理时间。

5. 调解

旅游投诉处理机构受理投诉后，应当积极安排当事双方进行调解，提出调解方案，促成双方达成调解协议。调解应在查明事实的基础上，遵循自愿、合法的原则进行。

6. 和解

在投诉处理过程中，投诉人与被投诉人可以自行和解，但应当将和解结果告知旅游投诉处理机构。旅游投诉处理机构在核实后应当予以记录并由双方当事人、投诉处理人员签名或盖章。

7. 作出处理决定

旅游投诉处理机构应当在受理旅游投诉之日起 60 日内作出处理决定。处理决定分以下两种情况。

（1）双方达成调解协议

对于当事人双方达成调解协议的，旅游投诉处理机构应当制作《旅游投诉调解书》，载明投诉请求、查明的事实、处理过程和调解结果，由当事人双方签字并加盖旅游投诉处理机构印章。

（2）双方未达成调解协议

对于当事人双方未能达成调解协议的，旅游投诉处理机构应当向双方当事人出具《旅游投诉终止调解书》。投诉人可以按照法律、法规的规定，向仲裁机构申请仲裁或者向人民法院提起诉讼。

对于当事人双方未达成调解协议，且符合下列条件的，旅游投诉处理机构应当做出划拨旅行社质量保证金赔偿的决定，或向旅游行政管理部门提出划拨旅行社质量保证金的建议：

1）旅行社因解散、破产或者其他原因造成旅游者预交旅游费用损失的；

2）因旅行社中止履行旅游合同义务、造成旅游者滞留，而实际发生了交通、食宿或返程等必要及合理费用的。

8. 行政处罚或移送司法机关

旅游投诉处理机构在处理旅游投诉中，发现被投诉人或其从业人员有违法或犯罪行为的，应当按照法律、法规和规章的规定，作出行政处罚、向有关行政管理部门提出行政处罚建议或移送司法机关。

小结

本章主要介绍了旅游纠纷解决法规，包括旅游纠纷的概念和类型、解决旅游纠纷的方式、解决旅游纠纷的法律适用、旅游纠纷的调解、旅游纠纷的仲裁、旅游纠纷诉讼的概念和特征、旅游纠纷诉讼的管辖、旅游纠纷诉讼的证据和程序、旅游投诉的概念与特征、旅游投诉的管辖、旅游投诉的受理和处理等。

重点概念

旅游纠纷　旅游纠纷调解　旅游纠纷仲裁　旅游纠纷诉讼　管辖　证据

审理期限　旅游投诉

练　习　题

一、选择题（有一个或多个正确答案）

1. 解决旅游纠纷的途径主要有（　　）。

   A. 协商　　B. 调解　　C. 诉讼　　D. 回避

2. 旅游纠纷的诉讼实行（　　）。

   A. 一审终审　　B. 二审终审　　C. 三审终审　　D. 四审终审

3. （　　）属于旅游纠纷诉讼的证据。

   A. 被害人陈述　　B. 证人证言　　C. 旅游合同　　D. 勘验笔录

4. （　　）是最简便、成本最低的解决旅游纠纷的方式。

   A.仲裁　　B. 投诉　　C. 协商　　D. 调解

5. 一般情况下，旅游投诉由（　　）县级以上地方旅游投诉处理机构管辖。

   A. 纠纷发生地　　B. 旅游合同签订地

   C. 被投诉人所在地　　D. 投诉人所在地

6. （　　）旅游投诉，旅游投诉处理机构将不予受理。

   A. 人民法院已受理的

   B. 社会调解机构已处理的

   C. 不符合旅游投诉条件的

   D. 不属于旅游投诉处理机构职责范围的

7. 旅游者向旅游投诉处理机构请求保护合法权益的投诉时效为（　　）天。

   A. 30　　B. 60　　C. 90　　D. 120

8. 仲裁实行的是（　　）。

   A. 一裁终局制　　B. 二裁终局制　　C. 三裁终局制　　D. 多裁终局制

二、是非题

1. 调解和仲裁一样，都必须建立在自愿的基础上。（　　）
2. 旅游纠纷诉讼都由被告所在地法院管辖。（　　）
3. 仲裁协议必须在纠纷发生前达成才有效。（　　）
4. 当事人申请再审，应当在判决、裁定发生法律效力后6个月内提出。（　　）

三、简答题

1. 解决旅游纠纷的方式有哪些？如果你是当事人，倾向于使用哪一种方式解决纠纷？为什么？

2．旅游纠纷调解应坚持哪些原则？

3．旅游纠纷仲裁有什么特点？

4．旅游纠纷诉讼有什么特征？

5．如何确定旅游纠纷诉讼的管辖法院？

6．如何确定旅游投诉管辖？

7．投诉人可以就哪些事项向旅游投诉处理机构投诉？

四、案例分析题

陈某与某旅行社签订了东南亚 6 日游的合同，约定总费用为 4880 元。旅行社提出陈某先预交 3500 元，用于办理护照、签证和订购机票等的支出。陈某交款后，旅行社开具了 3500 元的定金收据，约定余款在取机票时付清，届时再统一开发票。几天后，陈某所在单位通知他出国学习一个月，去东南亚旅游已经不可能。陈某向旅行社提出解除旅游合同、退还所交费用的要求，但旅行社认为陈某所交费用为“定金”，且是陈某违约，所以定金不退。双方因此发生争执。

请问：

1）陈某与旅行社间的争执是否属于旅游纠纷？为什么？

2）陈某要解决这一争执可通过哪些途径？

3）陈某的 3500 元可以退吗？为什么？

练习题参考答案

第一章

一、选择题（有一个或多个正确答案）

1. B 2. C 3. BC 4. CD 5. B 6. D

二、是非题

1. × 2. × 3. √

三、简答题

略

四、案例分析题

参考答案：这几位旅游者侵犯了导游小张的人身自由权。《宪法》规定，禁止非法拘禁和以其他方法非法剥夺或者限制公民的人身自由，禁止非法搜查公民的身体。这几位旅游者无权对小张进行搜身，小张应该理直气壮地拒绝旅游者提出的搜查要求。在涉及人格尊严和人身安全的问题上，导游不应迁就和退让。若旅游者纠缠不放，导游可以报警。

第二章

一、选择题（有一个或多个正确答案）

1. ABC 2. ABCD 3. ACD 4. ABCD 5. AB 6. C 7. ABCD
8. A 9. D 10. C 11. D

二、是非题

1. × 2. √ 3. √

三、简答题

略

四、案例分析题

参考答案：

1. ① 因为此案已被司法机关受理，已不由旅游行政管理部门或旅游质监执法机构处理，故不适用《旅行社服务质量赔偿标准》来赔偿。

② 《旅行社服务质量赔偿标准》规定，擅自缩短游览时间、遗漏旅游景点、减少旅游服务项目的，旅行社应赔偿未完成约定旅游服务项目等合理费用，并支付同额违约金。因此，旅行社应退还马某未游览的景点的门票、导游服务费并赔偿同额违约金。

③ 根据马某和旅行社所签的合同，旅行社应组织旅游者实际游览香山寺和白居易

墓园，而不是对这两个景点进行“远眺”，所以，该合同的履行是不完全的，根据《民法典》的规定，马某有权要求旅行社继续履行合同。

2．20+120+35 = 175（万元）。

3．天降大雪导致长城景区关闭属于不可抗力。但旅行社不能免除责任，因为是旅行社的原因导致第三天才游长城，所以属于旅行社迟延履行。根据规定，因旅行社迟延履行而发生不可抗力的，不能免除其责任。

第 三 章

一、选择题（有一个或多个正确答案）

1．B 2．ABD 3．D 4．B 5．A 6．B 7．AB 8．ABCD

二、是非题

1．√ 2．× 3．× 4．√

三、简答题

略

四、案例分析题

参考答案：这种情况实际上属于导游变更接待计划。在旅游途中，导游要改变接待计划须满足下列条件：①遇有可能危及旅游者人身安全的紧急情形；②须征得多数旅游者的同意；③须向旅行社通报。本案例中，旅游团并没有遇到有可能危及旅游者人身安全的紧急情形，因此，导游无权以多数旅游者同意为由变更接待计划。

第 四 章

一、选择题（有一个或多个正确答案）

1．ABC 2．BCD 3．ABD 4．ABCD 5．BC 6．A 7．B 8．D 9．C 10．ABC

二、是非题

1．× 2．× 3．√ 4．√

三、简答题

略

四、案例分析题

参考答案：

1．吴某随身携带的重要物品应自行保管好，而他却麻痹大意，将手包随手放在座位上，这是造成手包遗失的主要原因。饭店提供的餐饮服务中不含有保管顾客物品的义务，吴某也没有把手包交给饭店保管，而且饭店已在醒目处做了保管好随身物品的警示说明，饭店对手包的遗失可以不承担责任。

2．李某通过网站购买了鞋子，虽然没有质量问题，但仍可要求退货。《消费者权益保护法》规定，消费者通过网络、电视、电话、邮购等方式购买商品，除了一些特定商品外，消费者都可以在收到商品之日起 7 日内退货，且无须说明理由，但应保持退货商品的完好。在双方无约定的情况下，退回商品的运费由消费者承担。因此，李某退货应做到下面几点：①收到商品之日起 7 日内退货；②保持退货商品的完好；③承担退货的运费。

3.《消费者权益保护法》规定，经营者提供商品或服务有欺诈行为的，应当按照消费者的要求增加赔偿其受到的损失，增加赔偿的金额为消费者购买商品的价款或接受服务的费用的 3 倍；增加赔偿的金额不足 500 元的，为 500 元。

本案例中，超市的行为明显构成价格欺诈，王某本可获得苹果价款 3 倍的赔偿，但因赔偿的金额不足 500 元，因此王某实际可以获得 500 元的赔偿。

4. 该旅游在线平台的行为很可能会侵犯消费者的自主选择权。《电子商务法》第十八条规定，电子商务经营者根据消费者的兴趣爱好、消费习惯等特征向其提供商品或者服务的搜索结果的，应当同时向该消费者提供不针对其个人特征的选项。因此，在本案例中，该旅游在线平台应同时向游客提供不针对其个人特征的旅游产品选项供游客选择，尊重和保护消费者的自主选择权。

第 五 章

一、选择题（有一个或多个正确答案）

1. ABCD　2. BC　3. ABC　4. ABD　5. B　6. ABCD　7. ABCD　8. BC

二、是非题

1. ×　2. √　3. ×

三、简答题

略

四、案例分析题

参考答案：

1. 1）本案例中，旅行社与公司之间的合同关系在 9 月 15 日下午才成立。合同的签订要经过要约和承诺两个阶段。在 9 月 15 日旅游质监部门协调之前，两个单位之间就订立合同的协商还不存在真正的承诺。根据规定，承诺的内容必须与要约的内容一致，但是，双方在付款方式这个关键的问题上一直未能达成一致，因此，不可能构成实质承诺，合同在此阶段是没有成立的。9 月 15 日，旅游质监部门协调之后，双方才就付款金额和付款方式达成一致，合同在此时才成立。

2）本案例中公司多支付的 4500 元没有理由要求旅行社返还。因为合同是在旅游质监部门协调之后才成立的，所以旅行社不存在擅自解除接待合同的情况。旅行社在准备时间匆忙的情况下提出的增加住宿费、交通费的要求，不是“乘人之危”，且得到了公司的同意，属于双方协商一致的结果，对双方当事人都具有约束力。因此，公司多支付 4500 元是履行合同的行为，旅行社无须返还。

2. 该旅行社拟定的合同是格式合同。旅行社不能在合同中加上“一切安全事故由旅游者自己负责”的条款，原因有两个：①这种约定对旅游者不公平，而且不合法，旅行社应保证所提供的服务符合保障旅游者人身、财物安全的要求，约定一切安全事故由旅游者自己负责不合法律要求，对旅游者也不公平，这样的规定即使出现在合同中也是无效的，出了事故，旅行社该担的责任还得担；②《民法典》规定，提供格式条款一方免除对方主要权利的条款无效。本案例中，旅行社是提供格式条款的一方，规定“一切安全事故由旅游者自己负责”实际上是旅行社在免除自身责任，排除旅游者的主要权利，因此这一条款是无效的。

第 六 章

一、选择题（有一个或多个正确答案）

1. ABCD 2. ACD 3. B 4. CD 5. D 6. A 7. C 8. ABCD

二、是非题

1. × 2. × 3. √ 4. × 5. ×

三、简答题

略

四、案例分析题

参考答案：

1. 饭店有义务保障客人的人身、财产安全。本案例中，陈某在饭店住宿期间在饭店内遭人殴打，饭店没有有效地防止并制止事件的发生，致使陈某受伤，说明饭店提供的服务并不符合保障人身、财产安全的要求，理应承担赔偿责任。

2. 小李将客人遗忘的皮鞋认定为客人扔掉的，过于武断，顺手就将皮鞋扔掉也过于轻率。一般情况下，客人不要的东西一般会扔进垃圾桶、废纸篓，而放在床边的皮鞋很可能是客人遗忘的，饭店应作为遗忘物处理。《旅馆业治安管理办法》规定，旅馆对旅客遗留的物品，应当妥为保管，设法归还原主或揭示招领；经招领3个月后无人认领的，要登记造册，送当地公安机关按拾遗物品处理。

第 七 章

一、选择题（有一个或多个正确答案）

1. C 2. D 3. D 4. B 5. B 6. BD 7. A 8. B

二、是非题

1. √ 2. ×

三、简答题

略

四、案例分析题

参考答案：

1. 承运人应当对运输过程中旅客的伤亡承担损害赔偿责任，但伤亡是旅客自身健康原因造成的或者承运人证明伤亡是旅客故意、重大过失造成的除外。这一规定同样适用于按照规定免票、持优待票或者经承运人许可搭乘的无票旅客。王某显然属于“经承运人许可搭乘的无票旅客”，因此，李某应该对王某的损失承担赔偿责任。

2. 该行为属于在航空器内发生的危及飞行安全和扰乱航空器内秩序的行为，属于禁止之列。该乘客应由民航公安机关依照《治安管理处罚法》有关规定予以处罚，并应赔偿航空部门的损失。

第 八 章

一、选择题（有一个或多个正确答案）

1. ABCD 2. ABCD 3. BCD 4. A 5. D 6. ACD 7. C 8. ABD 9. B 10. C

二、是非题

1. √ 2. × 3. √ 4. √ 5. × 6. √

三、简答题

略

四、案例分析题

参考答案：

1. 发生食物中毒后，饭店方面出于维护声誉考虑不送旅游者去大医院治疗，耽误了治疗时间，是不负责任的表现。此外，饭店方面除应采取抢救措施外，还应及时向事故发生地县级人民政府食品安全监督管理、卫生行政部门报告，而饭店没有这样做。

2. ①《食品安全法》规定，生产不符合食品安全标准的食品或销售明知是不符合食品安全标准的食品，消费者除要求赔偿损失外，还可以向生产者或销售者要求支付价款 10 倍的赔偿金。

②《食品安全法》规定，超过保质期的食品属于不符合食品安全标准的食品，是禁止生产经营的食品，本案例中的香肠已过保质期，该超市不应该将其摆上货架并进行销售。

③ 本案例中的李某购买香肠后并没有用于再次销售经营，也没有证据表明李某是出于生产经营的目的而购买香肠，因此可认定李某的行为是消费者行为。作为消费者，李某因购买到超过保质期的食品而提出索赔，属于行使法定权利。法律并未对消费者的主观购物动机作出限制性规定，因此即使李某明知是过了保质期的食品而购买，也不影响其索赔权利的存在。

④ 食品销售者负有保证食品安全的法定义务，应当对不符合安全标准的食品自行及时清理，但超市仍将过期食品摆上架，可视为“销售明知是不符合食品安全标准的食品”。根据上述分析，李某可以要求超市给予 10 倍的赔偿。

第 九 章

一、选择题（有一个或多个正确答案）

1. ABCD 2. B 3. BC 4. D 5. B

二、是非题

1. × 2. × 3. √ 4. × 5. √ 6. √

三、简答题

略

四、案例分析题

参考答案：

1）汤姆将人打成重伤，涉及刑事案件，将不被允许出境。

2）根据规定，外国人在中国境内旅馆住宿的，旅馆应当按照旅馆业治安管理的有关规定为其办理住宿登记，并向所在地公安机关报送外国人住宿登记信息。旅馆未按照规定办理外国人住宿登记的，依照《治安管理处罚法》的有关规定予以处罚；未按照规定向公安机关报送外国人住宿登记信息的，给予警告；情节严重的，处1000元以上5000元以下罚款。

第 十 章

一、选择题（有一个或多个正确答案）

1. C　2. D　3. B　4. BC　5. B　6. AC　7. B　8. CD　9. ABCD　10. ABC

二、是非题

1. ×　2. √　3. ×　4. √　5. √

三、简答题

略

四、案例分析题

参考答案：根据《风景名胜区条例》的规定，在风景名胜区内进行开山、采石、开矿等破坏景观、植被、地形地貌的活动的，由风景名胜区管理机构责令停止违法行为、恢复原状或者限期拆除，没收违法所得，并处50万元以上100万元以下的罚款。因此，该剧组应限期拆除违法建筑，恢复景区原状，并将被处以至少50万元的罚款。

第 十 一 章

一、选择题（有一个或多个正确答案）

1. ABCD　2. A　3. B　4. D　5. A　6. B　7. C　8. AB　9. ABCD

二、是非题

1. √　2. ×

三、简答题

略

四、案例分析题

参考答案：一旦发生火灾，小王作为一名导游可采取以下措施。

① 立即报警并叫醒全团。

② 通知旅游者通过安全通道迅速撤离。

③ 判断火情，引导自救。如果情况危急，不能马上离开火灾现场或被困，导游人员应引导旅游者自救：告诫旅游者不可搭乘电梯或从高层跳楼；必须通过浓烟时，用浸

湿的衣物披裹身体，用湿毛巾捂住口、鼻，身体贴近地面顺墙爬行；若身上着火，可就地打滚，将火苗压灭，或用厚重衣物压灭火苗；大火封门无法逃脱时，可用浸湿的衣物、被褥将房门封堵严实，避免有害气体进入，若有水源，可对门进行泼水降温，等待救援；摇动色彩鲜艳的衣物呼唤救援人员；若迫不得已必须往下跳，可将被单撕成长条，连接成一条长绳顺着滑下。

④ 协助处理善后事宜。旅游者得救后，导游人员应立即配合救援人员抢救伤员，将重伤者立即送往医院；采取各种措施，稳定旅游者的情绪；设法解决旅游者因火灾所造成的生活上的各种困难；尽可能使旅游活动继续进行。

⑤ 协助索赔。

⑥ 就火灾事故的全过程写出书面报告。

第十二章

一、选择题（有一个或多个正确答案）

1. ACD 2. ABC 3. C 4. B

二、是非题

1. √ 2. ×

三、简答题

略

四、案例分析题

参考答案：该旅行社的错误之处在于将旅行社责任险与旅游者个人保险混淆。旅行社责任保险是旅行社必须投保的，属强制保险，其被保险人是旅行社，而不是旅游者。旅行社投保了旅行社责任险，不能取代旅游者的个人保险。

第十三章

一、选择题（有一个或多个正确答案）

1. ABC 2. B 3. BCD 4. C 5. BC 6. ABCD 7. C 8. A

二、是非题

1. √ 2. × 3. × 4. √

三、简答题

略

四、案例分析题

参考答案：

1）旅游纠纷是指旅游主体之间因权利和义务的矛盾而引发的争议。陈某作为旅游者与旅行社签订旅游合同，双方的纠纷属于旅游主体之间因权利和义务的矛盾而引发的争议，因此属于旅游纠纷。

2）陈某要解决纠纷，至少有以下几种途径：与旅行社协商、请第三方调解、申请仲裁、向法院起诉、向旅游行政管理部门提出投诉。

3）陈某交的3500元是用于办理护照、签证和订购机票等的费用支出的，而不是用于确保合同履行的，因此，这3500元不应是定金，而应是预付款。旅行社在扣除已经发生的费用之后，应将余款退还陈某。当然，如果旅游合同中约定了其他违约责任，陈某还应依法承担相应的违约责任。

参考文献

本书编委会，2004．旅游法规案例精选与解析[M]．北京：中国旅游出版社．

本书编写组，2009．导游法规知识[M]．北京：中国旅游出版社．

陈小君，1999．合同法学[M]．北京：中国政法大学出版社．

董玉明，陈耀东，孟凡哲，2006．旅游法学论点述评[M]．北京：知识产权出版社．

法律出版社法规中心，2013．中华人民共和国旅游法注释本[M]．北京：法律出版社．

法律出版社法规中心，2016．旅游法律纠纷处理依据与解读[M]．北京：法律出版社．

广东省导游人员考评委员会办公室，2009．政策法规[M]．广州：广东旅游出版社．

郭赤婴，2006．新导游带团案例[M]．北京：中国旅游出版社．

国家旅游局旅游质量监督管理所，2001．旅游质量监督管理工作实用手册[M]．北京：中国旅游出版社．

国家旅游局政策法规司，2002．旅游法规规章汇编[M]．北京：旅游教育出版社．

国务院法制办公室，2000．新编中华人民共和国常用法律法规全书[M]．北京：中国法制出版社．

韩玉灵，2004．旅游法教程[M]．2 版．北京：旅游教育出版社．

黄恢月，2015．旅游法律纠纷答疑 100 例[M]．北京：中国旅游出版社．

蒋炳辉，2005．导游带团艺术新篇[M]．北京：中国旅游出版社．

金祖良，等，2006．旅游危机处理指南[M]．杭州：浙江大学出版社．

梁杰，2006．导游服务成功秘诀[M]．北京：中国旅游出版社．

梁智，1999．旅行社运行与管理[M]．大连：东北财经大学出版社．

乜瑛，等，2005．旅游政策与法规[M]．杭州：浙江大学出版社．

彭万林，1999．民法学[M]．北京：中国政法大学出版社．

全国导游人员资格考试教材编写组，2005．旅游法规常识[M]．4 版．北京：旅游教育出版社．

全国导游人员资格考试教材编写组，2018．政策与法律法规[M]．3 版．北京：旅游教育出版社．

全国普法办公室，2014．公民宪法知识读本[M]．北京：法律出版社．

宋才发，杨富斌，2006．旅游法教程[M]．北京：知识产权出版社．

孙子文，2007．旅游法规教程[M]．3 版．大连：东北财经大学出版社．

唐卫东，2005．旅行社经营管理[M]．北京：高等教育出版社．

田勇，2005．规范旅业：旅游法规实务[M]．南昌：江西人民出版社．

田勇，2005．旅游法规概论[M]．广州：华南理工大学出版社．

田勇，2014．旅游法规[M]．南昌：江西科学技术出版社．

汪鑫，1999．金融法学[M]．北京：中国政法大学出版社．

徐堃耿，2001．导游实务[M]．北京：中国人民大学出版社．

杨朝晖，2019．旅游法规实务[M]．3 版．大连：东北财经大学出版社．

张伯双，2005．旅游政策与法规[M]．北京：科学出版社．

赵利民，2012．旅行社经营管理[M]．2 版．北京：中国人民大学出版社．

赵林余，赵勤，1999．旅游政策与法规[M]．上海：上海三联书店．

浙江省旅游局，2014．导游业务[M]．北京：中国旅游出版社．

浙江省旅游局，2014．旅游政策与法规[M]．北京：中国旅游出版社．

中国法制出版社，2020．中华人民共和国民法典[M]．北京：中国法制出版社．